REPÈRES PRATIQUES

L'ÉCONOMIE

Renaud CHARTOIRE
Sophie LOISEAU

Nathan

sommaire

Les fondements de l'économie

L'économie est une science qui s'est progressivement construite depuis la fin du XVIIIe siècle, avec des méthodes d'analyse et des concepts qui lui sont propres. Cette partie présente :

- les **spécificités de la démarche de l'économiste**, qui lui donnent le statut de science ;
- les **principaux courants de pensée** qui ont marqué la pensée économique.

Microéconomie

La microéconomie constitue l'une des grandes approches des phénomènes économiques. Cette partie en présente les concepts-clés et les modes de raisonnement, à partir de :

- l'analyse du **consommateur** : comment prend-il ses décisions ? Avec quels objectifs, et quelles contraintes ?
- l'analyse du **producteur et de la production** : comment un producteur détermine-t-il son niveau de production ? Comment choisit-il les facteurs de production pour réaliser son activité productive ?
- l'analyse du **fonctionnement d'une économie de marché** : comment un marché parvient-il spontanément à l'équilibre ? Quelles sont les propriétés du point d'équilibre ? À quelles défaillances le marché doit-il faire face ?

Macroéconomie

La macroéconomie constitue la deuxième grande approche des phénomènes économiques, qui a pour objectif d'analyser les phénomènes économiques globaux, et non pas les comportements individuels. Cette partie aborde :

- **les grands principes de l'analyse macroéconomique ;**
- **quelques-uns des grands agrégats macroéconomiques** : la consommation, l'épargne, l'investissement, les revenus.

Croissance et régulation

La **croissance économique** est une notion aujourd'hui centrale, tant elle est influente et se trouve à la confluence de la plupart des autres concepts de l'analyse économique. Dans cette partie, seront présentées :

– **la mesure et les origines de la croissance** : calcul du PIB, impacts des facteurs de production et du progrès technique sur l'activité économique… ;
– les **modalités de régulation de l'activité économique** par les pouvoirs publics : redistribution, politiques de court et de long terme… ;
– les **limites de l'intervention publique** pour soutenir l'activité et lutter contre les crises contemporaines et leurs conséquences.

sommaire

Monnaie et financement

Les phénomènes financiers sont au cœur du fonctionnement d'une économie de marché. Ce chapitre présente :
- les fonctions et les formes de **la monnaie** ;
- les mécanismes de **création monétaire** ;
- la **masse monétaire** et ses contreparties ;
- l'analyse des **politiques monétaires** ;
- les différents **marchés boursiers** ;
- les **krachs boursiers** et autres crises financières.

La mondialisation

La mondialisation est une réalité économique incontournable. Qu'elle prenne la forme d'une internationalisation des échanges, d'une multinationalisation des firmes ou d'une globalisation financière, elle change en profondeur le mode de régulation des activités économiques. Ce chapitre présente :
- les théories du **libre-échange** et celles du **protectionnisme** ;
- **les échanges internationaux de biens et services** ;
- **les mouvements de capitaux** et leur impact sur la valeur des monnaies ;
- le cas particulier de **l'Union européenne**.

Qu'est-ce que la science économique ?

L'économie ne s'est réellement constituée en science autonome, avec un objet d'étude propre, qu'après l'émergence des sociétés « modernes ». Avec l'institutionnalisation du marché, les activités économiques se sont distinguées des autres structures sociales, sur lesquelles elles ont exercé une influence croissante.

La science économique

– La science économique est la science qui étudie la production, la répartition et la circulation des richesses, entendues au sens de biens et services résultant d'une activité productive. D'une manière plus formelle, c'est la *science qui étudie l'allocation optimale des biens rares* à des fins alternatives (Lionel Robbins).
– En effet, l'économie ne concerne que ce qui relève directement ou indirectement de l'activité productive. Or, tout bien qui est disponible en quantité illimitée n'a pas besoin d'être produit – il se situe donc hors du champ économique. La rareté est la situation dans laquelle l'offre naturelle d'un bien est inférieure à sa demande ; c'est donc une situation où le bien a un prix. Ainsi, un dessin réalisé par un enfant de trois ans n'a pas de prix ; comme personne ne désire l'acheter, il n'est pas « rare » au sens économique. Par conséquent, la science économique analyse la manière dont, à partir de ressources rares – les matières premières par exemple –, on peut générer le niveau de production le plus élevé possible.
– L'économie, science qui étudie l'activité productive, cherche donc à répondre à trois questions : Pourquoi produire ? Cela pose le problème de la nature des besoins à satisfaire. Comment produire ? Cela pose la question de l'efficacité du système productif. Comment répartir la production ? C'est une problématique en terme de justice sociale qui se pose alors.

Microéconomie et macroéconomie

L'activité économique s'étudie sous deux angles différents.
– L'approche *microéconomique* analyse la réalité économique à partir du comportement des individus. Selon elle, pour comprendre le système économique dans son ensemble, il suffit de généraliser ce qui est vrai à l'échelle individuelle. Les lois économiques générales sont donc les mêmes que les lois économiques qui régissent les comportements individuels : le « tout » est égal à la somme des parties. Cette approche est celle du courant libéral, qui repose sur l'hypothèse de la rationalité des agents économiques individuels comme fondement explicatif des comportements économiques.
– L'approche *macroéconomique* avance au contraire que le « tout » n'est pas réductible à la somme des parties. Par exemple, s'il est vrai qu'au niveau individuel chaque entrepreneur à intérêt à ne verser que des salaires faibles pour augmenter ses profits, si tous les entrepreneurs agissent ainsi, alors la consommation globale sera faible, de même que la production globale et donc… les profits eux-mêmes. Ce qui est vrai au niveau individuel n'est donc pas généralisable au niveau collectif. C'est l'approche keynésienne, qui raisonne sur des agrégats, des quantités globales (PIB, FBCF…).
– Depuis une trentaine d'années, un nouveau courant de pensée est apparu, celui de la synthèse, qui cherche à donner des fondements microéconomiques à l'approche macroéconomique.

LA MODÉLISATION

Qu'est-ce qu'un modèle ?

Chaque jour, en France, près de 3 millions d'entreprises produisent tout un ensemble très divers de biens et de services. Ces biens et services sont destinés aux 60 millions de consommateurs potentiels, qui, chaque jour, prennent chacun des dizaines de décisions : qu'acheter ? En quelle quantité ? Dans quel magasin ? Quelle marque choisir ?... C'est l'addition de toutes ces décisions individuelles qui, au final, détermine le niveau et la structure de l'activité économique de la France.
Comment comprendre une réalité si complexe, où chaque décision individuelle peut avoir des conséquences multiples pour tout un ensemble d'autres individus ?

Pour ce faire, les économistes utilisent des modèles, qui sont autant d'outils fondamentaux. Comme l'écrit Paul Krugman dans son ouvrage *Microéconomie*, « la théorie économique consiste principalement en un ensemble de modèles, une série de représentations simplifiées de la réalité économique qui nous permet de comprendre une grande diversité de problèmes économiques ».
Un modèle est donc une représentation simplifiée de la réalité, utilisée pour mieux comprendre les situations réelles.

À cet effet, l'économiste a deux choix :
– créer de toutes pièces une économie « miniature » pour pouvoir « tester » toute une série de lois économiques et tenter de les valider ou de les invalider par l'expérience. Mais on imagine à quel point cela serait coûteux et difficilement réalisable... ;
– réaliser une « maquette » idéale de l'économie et simuler son fonctionnement par ordinateur. C'est ce second choix qui a été retenu par les économistes.

Un modèle est donc, en premier lieu, une « maquette » de l'économie, qui tente de reproduire à une échelle plus réduite le fonctionnement réel de l'économie.

Une simplification de la réalité

Pour cela, il faut donc « simplifier » la réalité, c'est-à-dire en conserver les traits les plus importants, et oublier l'accessoire. Un modèle n'est pas une représentation parfaite de la réalité, c'est une représentation schématisée, idéalisée, simplifiée, qui a pour ambition d'en montrer les principaux aspects afin de mieux les comprendre et les analyser... en laissant de côté les détails inutiles ou secondaires.
Les économistes modélisent donc les comportements des individus en utilisant l'outil mathématique.

Modèles théoriques et empiriques

• Les modèles théoriques visent à tirer des conclusions vérifiables sur des comportements économiques en partant du principe que les agents cherchent à atteindre autant que possible des objectifs spécifiques dans les limites de contraintes bien définies dans ces modèles.

• Les modèles empiriques visent à vérifier les prévisions qualitatives des modèles théoriques et à les convertir en résultats chiffrés.

À quoi sert un modèle ?

Pour l'économiste, un modèle a principalement trois fonctions. Il lui permet :
– de comprendre le passé ;
– d'anticiper l'avenir ;
– de tester les conséquences possibles de mesures de politiques économiques.

La démarche de l'économiste

Toute science repose sur le respect d'un ensemble de procédures de validation des savoirs, sans lesquelles ces derniers ne peuvent être considérés comme légitimes. La science économique a donc produit une démarche particulière, qui est au cœur de sa raison d'être.

La rationalité des agents économiques

L'*hypothèse de rationalité des agents économiques* est centrale. Elle signifie que toute décision prise par un individu se réalise à la suite d'un calcul coût/avantage. Le comportement retenu sera donc celui qui apportera l'avantage le plus élevé par rapport au coût supporté. Les agents économiques sont alors considérés comme des *Homo œconomicus*, c'est-à-dire des individus uniquement motivés par un calcul rationnel.

Une science définie par son objet ou sa démarche ?

Longtemps, la science économique a été définie par son objet d'étude : la production, la consommation, la finance... À partir des années 1970, cette approche a évolué. Gary Becker (prix Nobel d'économie en 1992 et chantre de « *l'impérialisme économique dans les sciences sociales* ») a cherché à appliquer ce modèle de rationalité à toutes les dimensions du comportement humain. Il a ainsi développé des modèles économiques de la criminalité, du mariage... Dès lors, « l'économie est avant tout une méthodologie d'analyse des faits sociaux et humains. Elle permet de traiter un très grand nombre de sujets à partir d'un nombre limité de principes » (Étienne Wasmer).

Établir des causalités

Comme toute science, *la science économique cherche à établir des liens de causalité entre des phénomènes*, en s'efforçant de mettre systématiquement en lumière les effets d'une ou de plusieurs variables sur l'une ou plusieurs autres (ex. : dans quelle mesure la consommation influe sur la production, ou le taux d'intérêt sur l'investissement).

Il y a causalité lorsque l'on a pu isoler théoriquement un mécanisme particulier qui relie une variable à une autre, de telle sorte qu'au moins le niveau de l'une d'elles influe sur le niveau de l'autre.

L'importance de l'hypothèse *ceteris paribus*

Une baisse des impôts a-t-elle nécessairement un impact sur la consommation des ménages ? Difficile de répondre à cette question, tant la consommation dépend de variables diverses. Toutefois, les économistes posent l'hypothèse *ceteris paribus* (« toutes choses égales par ailleurs »), c'est-à-dire qu'ils partent du principe que les autres variables restent stables (ce qui n'est pas forcément le cas dans la réalité) afin de voir dans quelle mesure la variation de la fiscalité a un impact sur la consommation.

POURQUOI LES ÉCONOMISTES PEUVENT-ILS SE TROMPER ?

Des modèles au cœur de la production de savoirs

• Les économistes doivent expliquer pourquoi ce qu'il s'est passé s'est déroulé ainsi, ce qui, *a posteriori*, est relativement aisé à réaliser à l'aide des outils de la science économique. Mais ils sont aussi sommés, en particulier par les gouvernements, de prévoir comment les grandes variables économiques sont amenées à évoluer. Pour cela, ils font « tourner » leurs modèles, à partir des informations dont ils disposent et des hypothèses qu'ils posent.

• Exemple : comment va évoluer le PIB l'année prochaine ? Si un modèle suppose que le PIB est une variable déterminée par le montant de la consommation, de l'investissement et des exportations, et si ce même modèle postule que la consommation dépend des revenus, l'investissement des taux d'intérêt, et les exportations du taux de change, alors il suffit d'entrer dans le modèle les valeurs supposées de ces variables pour anticiper le montant du PIB pour l'année à venir.

Comment valider ou invalider des modèles ?

Le plus souvent, le résultat trouvé ne correspond pas à la réalité. Pourquoi ? Parce qu'un modèle est une *simplification* de la réalité et que d'autres variables viennent, elles aussi, influer sur les déterminants supposés.

Donc, le plus souvent, les prévisions se révèlent fausses. C'est ce qui permet d'ailleurs de faire évoluer les modèles : si les prévisions d'un modèle sont durablement fausses, il est empiriquement invalidé, ce qui peut pousser les économistes à l'abandonner pour un autre ou à le faire évoluer, en introduisant par exemple d'autres variables ou en affinant certains liens de causalité.

L'idée fondamentale est que, en moyenne, sauf situation exceptionnelle non anticipable qui changerait radicalement la situation économique (ex. : un tsunami, une crise financière mondiale), *les modèles doivent donner des résultats qui « gravitent » autour de la réalité*. Si les économistes anticipent 0,2 % de croissance et qu'elle se situe finalement à 0,4 %, ils se seront certes trompés, mais auront malgré tout su réaliser une « bonne » prévision, au sens où elle aura permis aux décideurs politiques d'avoir une vision relativement proche de la réalité au moment de la prise de décision. Il est en effet préférable de disposer d'un tableau de bord imparfait mais qui indique la bonne direction que de naviguer « à l'aveugle ».

Pourquoi les économistes sont-ils parfois en désaccord ?

Il n'existe pas un mais plusieurs modèles, qui sont tantôt complémentaires, tantôt en concurrence les uns avec les autres. En effet, les économistes ne posent pas forcément les mêmes hypothèses et ne construisent donc pas les mêmes modèles : ils n'aboutiront donc pas aux mêmes conclusions.

Ceci montre l'importance des hypothèses : pas de modèle sans hypothèses sous-jacentes. Mais pourquoi tous les économistes ne retiennent-ils pas les mêmes hypothèses ? Avant tout, parce qu'ils n'analysent pas le système économique de la même façon et qu'en fonction de leurs analyses, ils ne retiennent pas les mêmes variables explicatives.

Le courant classique

Le courant classique est à l'origine de la science économique. Il cherche à analyser le fonctionnement d'une économie de marché capitaliste, en en montrant les bienfaits. Il est mené par quatre principaux auteurs : Smith, Ricardo, Say et Malthus.

Le libéralisme et l'approche classique

Le libéralisme est né à la fin du XVIIIe siècle avec l'apparition du courant classique. Il a régné quasiment sans partage sur la pensée économique académique jusqu'à la crise de 1929, puis a été éclipsé par le keynésianisme. Il a fallu attendre la crise des années 1970 pour que le libéralisme redevienne d'actualité.
À l'intérieur de ce courant, deux écoles se sont succédé : l'école classique, puis l'école néoclassique après les années 1870. Selon les auteurs classiques, le mode d'organisation des activités économiques le plus efficace est l'*économie de marché*. Les échanges se réalisent sur des marchés par la confrontation de l'offre et de la demande. De cette confrontation naît un prix, qui égalise l'offre et la demande. Des marchés libres permettent donc d'engendrer le niveau d'activité économique le plus élevé.

Adam Smith, fondateur du courant classique

Considéré comme le « père » de l'économie politique classique, A. Smith (1723-1790) est l'auteur de l'ouvrage fondateur de ce mouvement : *Recherche sur la nature et les causes de la richesse des nations* (1776). Il y pose les bases de toute l'analyse classique et manifeste, notamment, que *la division du travail est source de croissance*, ce pour trois raisons :
– elle permet une dextérité accrue des travailleurs ;
– elle génère un gain de temps lié au fait que les ouvriers n'ont plus besoin de changer d'outil pour passer d'une activité à une autre ;
– elle est propice à l'invention de machines pouvant effectuer des tâches simples et répétitives.
Cette division du travail est cependant limitée par l'étendue des marchés. Smith avance donc que *le libre-échange peut être bénéfique* (théorie des avantages absolus, voir p. 138).

Les autres auteurs

– *David Ricardo* (1772-1823) est le véritable fondateur du libre-échange entre les nations. Dans son livre *Des principes de l'économie politique et de l'impôt*, il développe la *théorie des avantages comparatifs* (voir p. 138), selon laquelle les pays ont intérêt à se spécialiser dans la production du bien pour lequel ils sont relativement les plus productifs, ou relativement les moins improductifs.
– *Jean-Baptiste Say* (1767-1832), par sa *loi des débouchés* (« l'offre crée sa propre demande »), souligne qu'une économie de marché est toujours équilibrée et qu'il ne peut donc y avoir ni pénurie ni surproduction.
– *Thomas Malthus* (1766-1834) est connu pour sa loi de population, selon laquelle les surfaces cultivables s'additionnent alors que les bouches à nourrir se multiplient. Les subsistances augmentent de façon arithmétique et les besoins de façon géométrique. Cet écart croissant entre ressources disponibles et population est source de paupérisation. Selon T. Malthus, la seule manière de l'éviter est le *contrôle des naissances* dans les populations pauvres, *via* l'abstinence.

« LA MAIN INVISIBLE » : CONCEPT FONDATEUR DU MOUVEMENT LIBÉRAL

Une citation d'Adam Smith

L'homme a presque continuellement besoin du secours de ses semblables, et c'est en vain qu'il l'attendrait de leur seule bienveillance. Il sera bien plus sûr de réussir, s'il s'adresse à leur intérêt personnel et s'il leur persuade que leur propre avantage leur commande de faire ce qu'il souhaite d'eux. C'est ce que fait celui qui propose à un autre un marché quelconque : le sens de sa proposition est ceci : Donnez-moi ce dont j'ai besoin, et vous aurez de moi ce dont vous avez besoin vous-mêmes ; et la plus grande partie de ces bons offices qui nous sont nécessaires s'obtient de cette façon. Ce n'est pas de la bienveillance du boucher, du marchand de bière et du boulanger, que nous attendons notre dîner, mais bien du soin qu'ils apportent à leurs intérêts. Nous ne nous adressons pas à leur humanité, mais à leur égoïsme.

Adam Smith, Recherche sur la nature et les causes de la richesse des Nations, 1776.

Intérêt personnel et intérêt collectif

Les économistes libéraux pensent que les agents économiques sont avant tout mus par leur intérêt personnel. Par leurs échanges, ils cherchent à obtenir le niveau de satisfaction maximal en fonction de leurs ressources. Or, chacun, en n'agissant que pour son propre intérêt, œuvre sans le savoir, et peut-être même sans le vouloir, au plus grand bonheur du plus grand nombre. Prenons l'exemple d'un boucher. Son objectif est de réaliser le maximum de profits. Pour ce faire, il a intérêt à vendre aux consommateurs la viande de meilleure qualité au meilleur prix. En répondant à leurs besoins, il s'assure une clientèle, et donc des ventes génératrices de profits. Le boucher, en ne pensant qu'à son intérêt personnel, met en œuvre un comportement qui répond au mieux à l'intérêt des clients. La recherche de l'intérêt personnel est donc compatible avec l'intérêt collectif.

« La main invisible » : une régulation automatique

A. Smith décrit dans son ouvrage le fameux concept de la « main invisible », qui correspond à un mécanisme de régulation automatique de l'économie.

• Sur des marchés libres, les agents économiques sont comme mus par une « main invisible » qui fait en sorte que chacun soit à une place et ait un comportement qui correspondent à ce qui est le plus efficace pour la collectivité.

• Ainsi, l'économie de marché est le système d'organisation des activités économiques le plus efficace qui soit, car les prix, résultant du jeu de l'offre et de la demande, sont des signaux pertinents indiquant aux agents économiques vers quel type d'activité ils doivent se diriger. Si le prix d'un bien baisse, c'est que la demande de ce bien diminue, et donc qu'il ne répond plus à des besoins insatisfaits. Un agent économique désirant faire des profits à donc intérêt à se désengager de cette activité, pour se diriger vers une autre activité qui réponde mieux aux besoins de la population, c'est-à-dire vers un bien dont le prix augmente… car la demande augmente.

• Chacun, en ne pensant qu'à son intérêt égoïste, agit donc bien en fonction du bien-être général. Les prix sont donc des vecteurs d'information permettant une allocation optimale des ressources. Ils véhiculent à eux seuls toute l'information nécessaire aux prises de décisions individuelles de l'ensemble des agents économiques. Smith admet cependant que dans certains cas (infrastructures utiles mais non rentables par exemple), l'État doit intervenir car le marché est inefficace. Il n'a donc pas une conception ultralibérale du système économique.

Le courant néoclassique

Le courant néoclassique est né dans les années 1870, dans le prolongement de l'école classique. Aujourd'hui largement dominant dans la science économique, il a donné lieu à de nombreuses ramifications : monétaristes, nouveaux classiques, école du Choix Public...

Une école néoclassique dans la lignée du courant classique

L'école néoclassique est née principalement des travaux épars mais complémentaires des économistes Léon Walras, Stanley Jevons et Carl Menger. Elle partage un certain nombre de points avec l'école classique :
– l'économie de marché comme mode d'organisation des échanges le plus efficace ;
– la promotion de la propriété privée et de la liberté individuelle ;
– le refus d'une intervention active et massive d'un État de type « État-providence » ;
– la neutralité de la monnaie : les phénomènes monétaires n'affectent pas l'activité économique réelle.

Des nouveautés importantes

Les néoclassiques vont modifier la méthodologie utilisée par les économistes classiques, transformant l'« économie politique » en « science économique ». Pour cela, ils introduisent:
– *la formalisation, via l'outil mathématique* : les analyses reposent dorénavant sur des modèles. Le plus fondamental et le plus célèbre est celui dit « de *concurrence pure et parfaite* », dont les hypothèses seront progressivement levées dans la seconde moitié du XXe siècle pour donner lieu à des modèles plus explicatifs ;
– l'*approche microéconomique* (voir p. 18) : elle suppose que le système économique dans son ensemble n'est que la résultante des choix économiques individuels à la suite d'un phénomène d'agrégation ;
– l'hypothèse de rationalité des agents économiques : ce sont de véritables *Homo œconomicus* dont la finalité est de maximiser leur bien-être *via* leur fonction d'utilité (voir p. 20) ;
– le calcul à la marge : il démontre que les agents économiques raisonnent en réalisant un calcul coût/avantage à chaque unité produite ou consommée (voir p. 19) ;
– un élargissement des objets d'étude : selon Lionel Robbins, la science économique étudie « l'allocation optimale des ressources rares à des fins alternatives ». Tout choix humain (choix du conjoint, partage des tâches au sein du couple...) pourra être analysé à partir des outils des économistes néoclassiques.

Équilibre partiel *versus* équilibre général

L'analyse des marchés par les néoclassiques suivra deux voies différentes :
– l'une dite « de l'équilibre partiel », initiée par Alfred Marshall, met en avant que, s'il est possible de montrer qu'un marché parvient spontanément à l'équilibre, on peut en déduire automatiquement que tous y parviendront ;
– l'autre dite « de l'équilibre général », de L. Walras, avance au contraire qu'il faut mathématiquement démontrer, à partir d'un système de n équations à n inconnues, que les marchés sont tous mutuellement à l'équilibre.

COMMENT MESURER LA VALEUR D'UN BIEN OU D'UN SERVICE ?

Le XIXe siècle est marqué par des débats importants autour de la question de l'origine de la valeur. Qu'est-ce qui donne de la valeur aux biens et services ?
À la vision des classiques reposant sur le travail, les néoclassiques développent la notion de valeur utilité-rareté.

À l'origine : la vision de Smith

Pour Adam Smith, il faut une mesure invariable de la valeur, une unité de compte dont la valeur propre ne varie pas dans le temps. Selon lui, seul le travail remplit ce rôle : la valeur d'une marchandise doit être mesurée par la quantité de travail qu'elle « commande », c'est-à-dire qu'elle permet d'acheter.

Pour arriver à cette conclusion, A. Smith commence par distinguer la valeur d'échange, qui résulte de la valeur relative des différents biens *via* leurs conditions d'échange, et la valeur d'usage, qui est liée à l'utilité ressentie par les individus par la consommation du bien.
Or, il soulève un paradoxe : si certains biens sont dotés d'une forte valeur d'échange et d'une faible valeur d'usage (c'est le cas des métaux précieux, par exemple), d'autres (comme l'eau ou le pain) se caractérisent par une faible valeur d'échange et une forte valeur d'usage.

Smith en déduit que la valeur d'usage et la valeur d'échange sont indépendantes, et il choisit de faire reposer son analyse sur la valeur d'échange. Il en conclut que la valeur d'une marchandise se mesure à la quantité de travail que son propriétaire peut commander et donc à la quantité de travail qu'il peut lui-même économiser, en échange de cette marchandise.

La vision de Ricardo

David Ricardo adopte une démarche différente de celle de Smith, mais conserve la théorie de la valeur travail.

Il met en avant la théorie de la valeur travail incorporé, en avançant que la valeur des marchandises reproductibles (c'est-à-dire qu'on peut produire à l'identique en plusieurs unités) trouve sa source dans la quantité de travail nécessaire pour les obtenir de manière directe (travail nécessaire pour la production du bien) ou indirecte (travail nécessaire à la production du capital incorporé dans le processus de production, comme les machines).
Il introduit toutefois la notion de rareté pour les biens non reproductibles (tels que les vins de grands crus ou les tableaux de maîtres), dont la valeur est bien supérieure à la quantité de travail incorporé en leur sein.

L'approche de Walras

Avec Léon Walras, les néoclassiques adoptent une approche subjective de la valeur, en mettant en place une analyse en termes d'« utilité-rareté ».

La valeur provient des hommes qui achètent les biens et, dès lors, n'est pas intrinsèque aux biens en question. Elle reflète la satisfaction que leur consommation procure et non la quantité de facteurs de production qu'exige leur fabrication.

Par conséquent, un bien vaut d'autant plus :
– qu'il est plus rare, ce qui l'amène à être plus demandé qu'offert ;
– qu'il génère une utilité élevée chez les consommateurs, ce qui le conduit, là aussi, à être très demandé.

Le courant keynésien

John Maynard Keynes a révolutionné la pensée économique dans les années 1930 en proposant une alternative au libéralisme. Il a théorisé l'impact positif d'un interventionnisme public dans l'économie, et a été à l'origine du développement de l'État-providence. L'approche keynésienne a été hégémonique durant les Trente Glorieuses, avant d'être remise en question depuis les années 1970.

Une légitimation de l'interventionnisme

John Maynard Keynes est né en 1883. Après une carrière dans l'administration publique, marqué par la crise de 1929 et l'incapacité des économistes à proposer des solutions pertinentes pour en sortir, il écrit *Théorie générale de l'emploi, de l'intérêt et de la monnaie* en 1936. Cet ouvrage va révolutionner la pensée économique, en justifiant les politiques interventionnistes. Keynes meurt en 1946, mais ses théories vont être mises en application avec succès durant les Trente Glorieuses. Cependant, l'ouverture des économies va peu à peu réduire la légitimité de ces politiques. Aujourd'hui, la pensée keynésienne n'est plus dominante, même si l'interventionnisme étatique reste important.

Une approche qui se démarque de l'optique libérale

– La possibilité d'un *équilibre de sous-emploi* : pour les libéraux, le libre jeu du marché amène nécessairement à l'équilibre du marché du travail, c'est-à-dire au plein-emploi (voir p. 78). Keynes, au contraire, cherche à montrer qu'il peut exister des équilibres de sous-emploi : le marché des biens et des services est en équilibre (l'offre est égale à la demande), mais l'offre de travail des individus est en même temps supérieure à la demande de travail des entreprises. Par conséquent, des marchés libres n'engendrent pas automatiquement le plein-emploi.
– Le marché du travail n'est pas un marché comme un autre : selon Keynes, le salaire n'est pas un prix, il s'agit d'une variable soumise à de nombreux rapports de force (rôle des syndicats, des conventions collectives). Ainsi, l'équilibre n'est pas automatique sur ce marché, puisque les salaires sont rigides à la baisse.
– Keynes, à la différence des néoclassiques défend une approche macroéconomique : par exemple, il ne va pas seulement analyser le salaire comme étant *un coût de production* pour l'entreprise (vision « micro »), mais aussi en considérant qu'il s'agit *d'un revenu* qui constitue, dans les économies modernes, la composante principale de la demande globale (avec l'investissement). Keynes montre que la diminution des salaires exerce un effet dépressif sur la demande, et donc sur le niveau de production des entreprises.

L'impact de la demande effective sur l'emploi

Pour Keynes, le niveau de l'emploi ne dépend pas du salaire, mais de la demande de biens et services anticipée par les entreprises. En effet, ce qui motive un entrepreneur à embaucher, c'est avant tout la perspective de devoir augmenter son volume de production. Les décisions d'embauches vont donc dépendre de la demande effective, c'est-à-dire la demande globale anticipée par les entrepreneurs. Si la demande effective est faible, les entrepreneurs embaucheront peu, ce qui sera source de production faible et donc de chômage. Par conséquent, le niveau de l'emploi dépend du niveau de l'activité économique, qui lui-même dépend de la demande effective. S'il y a du chômage, il est involontaire, car les demandeurs d'emplois ne sont pas responsables de leur situation.

LES POLITIQUES ÉCONOMIQUES D'INSPIRATION KEYNÉSIENNE

La nécessité des politiques de relance

• Pour les économistes néoclassiques, il y a chômage lorsque l'offre de travail est supérieure à la demande de travail (voir p. 78), c'est-à-dire lorsque le niveau des salaires est trop élevé. Il faut donc baisser les salaires pour réduire le chômage ; s'il persiste alors, c'est qu'il est volontaire. Pour Keynes, cette solution est inefficace, comme le montre le cercle vicieux suivant :

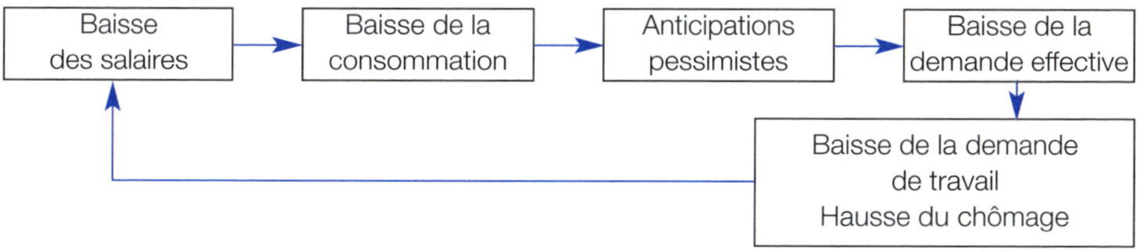

• Le chômage est consécutif à une demande effective trop faible. Si le libre jeu du marché n'est pas apte à générer un niveau de demande suffisant pour engendrer le plein-emploi, c'est à l'État d'intervenir pour relancer cette demande. Or, la demande effective dépend de plusieurs variables :

- **C** : consommation nationale de biens et services par les entreprises (CI) et par les ménages (CF)
- **I** : investissements (des entreprises et ménages)
- **G** : consommation et investissements des administrations publiques
- **X** : biens et services exportés (demande des agents non-résidents)

} **Demande effective = C + I + G + X**

• Le chômage résultant d'une insuffisance de la demande effective, il faut donc stimuler cette demande et ses différentes composantes. D'une manière générale, toutes les politiques de relance (voir p. 89) effectuées par l'État sont favorables à l'emploi.

La stimulation de la demande

• **Le soutien à la consommation des ménages**
Il s'agit de faire en sorte que les revenus des ménages soient plus importants pour qu'ils puissent consommer davantage.
En particulier, il est important d'accroître les revenus des personnes les plus pauvres, car ce sont elles qui consommeront en priorité tout nouveau revenu.
Cela passe par une augmentation des allocations chômage, du RSA, du SMIC, et d'une manière générale de toutes les aides à la consommation (prêts à taux zéro, aides sociales diverses…).

• **Le soutien à l'investissement**
Pour relancer la demande, il faut également accroître le niveau de l'investissement en :
– développant les investissements publics (construction d'autoroutes, de TGV, de bâtiments publics…) ; c'est ce qu'on désigne par les politiques dites de « grands travaux », qui visent à compenser des investissements privés trop faibles ;
– incitant les entreprises privées à augmenter le montant de leurs investissements. Pour ce faire, l'État peut subventionner les entreprises qui investissent, ou encore diminuer les taux d'intérêts pour que le coût du crédit nécessaire au financement des investissements soit plus faible (depuis 1993, en France, l'État n'est plus en mesure d'influer sur le niveau des taux d'intérêts, car la Banque centrale est devenue indépendante).

Le courant marxiste

Karl Marx est un auteur de la seconde moitié du XIXe siècle qui a présenté une critique radicale du capitalisme, en particulier dans son ouvrage intitulé *Le Capital*. S'il a relativement peu écrit sur le système qui, selon lui, lui succédera, il a longuement décrit les défauts du capitalisme. Son œuvre théorique a pour objectif de mobiliser les prolétaires contre le capitalisme.

La lutte des classes

Selon Marx, « l'Histoire est l'histoire de la *lutte des classes* ».
– Une classe sociale est un groupement d'individus occupant la même place dans le mode de production. Cette place est définie essentiellement par la possession ou non des moyens de production. Placés dans les mêmes conditions matérielles d'existence, les membres d'une classe développent une conscience de classe qui débouche sur la lutte des classes.
– Marx distingue *les classes en soi*, qui existent de fait, mais sans que leurs membres en aient conscience ; et les *classes pour soi*, dont les membres ont conscience de former une classe et sont amenés à lutter contre les autres classes. Le système capitaliste oppose deux classes sociales antagonistes : les *bourgeois* (capitalistes) qui détiennent les moyens de production, et les *prolétaires*, qui ne disposent que de leur seule force de travail, qu'ils sont contraints de vendre.
– Dans le système capitaliste, il arrive un moment où les rapports sociaux de production entrent en conflit avec le développement des forces productives. Pour poursuivre la croissance économique, il faut que les rapports de production se transforment. Cette transformation se fait à travers des conflits (ou luttes), qui constituent donc le moteur du changement social, c'est-à-dire de l'Histoire.

Une critique du capitalisme

– Pour Marx, le capitalisme est un système aliénant pour les prolétaires. L'*aliénation* se définit comme la déshumanisation des salariés : dépossédé du fruit de son travail, l'ouvrier ne se reconnaît plus dans son œuvre et devient étranger à lui-même.
– Les prolétaires sont *exploités*, car une part de la richesse qu'ils créent par leur travail – la *plus-value* – est extorquée à leur profit par les capitalistes.

Vers la fin du capitalisme… et après ?

– Le capitalisme est voué à disparaître, miné par ses contradictions internes. Il est en effet marqué par ce que Marx appelle la « *baisse tendancielle du taux de profit* » (voir ci-contre). Or, comme les profits sont nécessaires à l'existence des entreprises, leur diminution inéluctable entraîne l'apparition régulière de crises économiques de plus en plus violentes et étendues dans l'espace et le temps.
– Pour Marx, le système capitaliste perdurera jusqu'à ce que les prolétaires prennent conscience de sa logique. Dès lors, ils comprendront que seule une révolution pourra faire évoluer leur situation. Cette révolution sera marquée par une appropriation collective des moyens de production : il n'y aura alors plus de classes sociales. Ce sera l'avènement du *socialisme*, où un État fort, véritable extension du peuple, gérera l'ensemble du système productif. Puis, ce système laissera place au *communisme* : l'État disparaîtra et chacun sera libre d'œuvrer comme il le souhaite, en fonction des besoins de la communauté.

LA THÉORIE ÉCONOMIQUE MARXISTE

Une théorie de la valeur

• Dans le système capitaliste, l'objectif des propriétaires des moyens de production est de réaliser des profits. Or, selon Marx, ces profits découlent directement de l'exploitation de la main-d'œuvre, c'est-à-dire des prolétaires.

En effet, les prolétaires, par leur travail, créent deux valeurs : une *valeur d'usage*, correspondant à la richesse créée, et une *valeur d'échange*, mesurée par le salaire perçu en échange du travail réalisé. Comme le montre le schéma ci-dessous la différence entre ces deux valeurs constitue ce que Marx appelle la « plus-value » (à ne pas confondre avec la somme perçue par des actionnaires en revendant leurs actions, voir p. 118) :

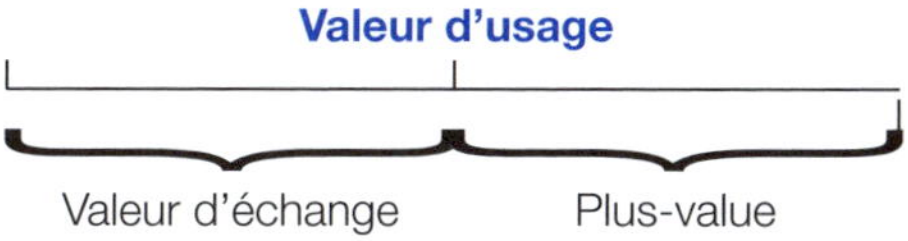

• La plus-value, qui correspond approximativement au profit, est créée par la force de travail apportée par le prolétariat, mais elle est la propriété de la bourgeoisie qui possède les moyens de production. Par conséquent, les bourgeois « extorquent » une partie du travail (surtravail) réalisé par les prolétaires à leur profit : c'est en ce sens que Marx parle d'exploitation. Sans celle-ci, les bourgeois ne réaliseraient pas de profit, et donc le capitalisme ne perdurerait pas.

• La plus-value est d'autant plus élevée que la valeur d'échange, c'est-à-dire le salaire, est faible. Or, le salaire est d'autant plus faible que le chômage est élevé. Par conséquent, les capitalistes vont créer une « armée industrielle de réserve » (nom donné par Marx aux chômeurs) pour faire pression sur les salaires des prolétaires. Le chômage est donc inhérent au capitalisme : c'est la condition de l'existence de profits.

La baisse tendancielle du taux de profit

Pour Marx, le capital se compose de capital constant (C, qui correspond aux moyens de production) et de capital variable (V, c'est-à-dire la valeur du travail). Le taux de profit correspond au rapport entre la plus-value et le capital total (C + V). La bourgeoisie utilise le profit pour accroître la part du capital constant dans le capital total (notion d'*accumulation*). C'est là que réside la contradiction du capitalisme : en augmentant sans cesse le capital constant, on diminue la part relative du travail. Or c'est du travail que vient le profit (plus il y a de travail, plus la plus-value est élevée). Marx parle alors de baisse tendancielle du taux de profit, car cette baisse est inscrite dans la logique même du capitalisme. Le schéma suivant résume l'essentiel de cette approche :

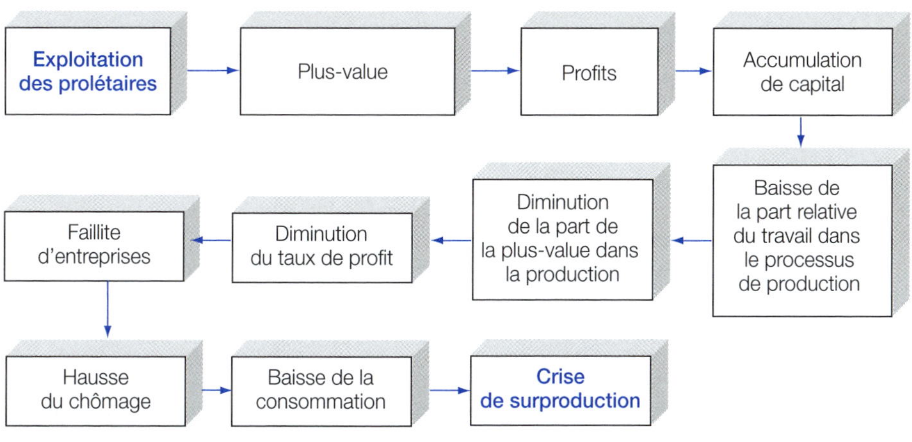

Les autres courants de pensée majeurs

Libéralisme, approche keynésienne, et marxisme forment le socle de la pensée économique. Toutefois, de nouvelles générations d'économistes sont apparues, formant un ensemble très disparate, et s'appuyant plus ou moins sur les apports de leurs prédécesseurs. Sans être exhaustif, on peut présenter certains de ces courants.

Les économistes hétérodoxes

On regroupe sous ce nom une pléiade d'économistes en rupture plus ou moins radicale avec les théories dominantes, en pointant des questions que celles-ci intègrent mal.
– Joseph Schumpeter a consacré une grande partie de son œuvre à l'analyse de l'évolution du capitalisme. En particulier, il a montré le rôle central de l'entrepreneur et des vagues d'innovations dans l'évolution cyclique de l'activité économique.
– Le courant *institutionnaliste*, porté notamment par T. Veblen et J.K. Galbraith, se définit par le rôle majeur donné aux institutions – et, de manière plus générale, aux faits socioculturels – dans l'analyse de la réalité et de l'évolution économique.
– *L'école de la régulation*, représentée surtout par des auteurs français (M. Aglietta, R. Boyer, J. Mistral…), s'inscrit dans la mouvance institutionnaliste, et s'efforce d'analyser la diversité des formes de développement des économies capitalistes.

Les « descendants » de Keynes

Avec la crise du début des années 1970, on assiste au déclin du keynésianisme « pur », mais de nouvelles générations de keynésiens apparaissent.
– Les *néo-keynésiens* s'inspirent des préceptes de Keynes (imperfection du marché et intervention étatique), mais ils intègrent aussi les nouveaux acquis de la microéconomie. Ainsi, ils admettent que le chômage comporte une composante « offre », avec une certaine rigidité du travail, s'expliquant par les comportements rationnels des agents économiques.
– Les *post-keynésiens* s'emploient à prolonger la théorie de Keynes, en adoptant encore un point de vue critique à l'égard des théories libérales. Même si elles ont des effets pervers, les analyses de Keynes sont toujours considérées comme valides, mais il convient de préciser les conditions d'efficacité des politiques de relance dans un contexte économique moderne.

Le renouveau de la pensée libérale

Aujourd'hui, les économistes d'inspiration libérale se scindent en plusieurs écoles.
– Les *monétaristes*, avec Milton Friedman en chef de file, condamnent les politiques laxistes de l'État en matière monétaire et budgétaire. Elles n'ont, selon eux, aucun effet sur l'économie réelle (production et échanges), mais sont source d'inflation.
– Les *nouveaux classiques* renouent avec une vision « classique » de l'économie et accordent une importance particulière aux anticipations rationnelles.
– L'*économie de l'offre* accuse les prélèvements obligatoires de décourager l'offre de travail et de capital. A. Laffer dénonce les effets pervers d'un taux d'imposition excessif, en montrant que « trop d'impôt tue l'impôt » (voir p. 97).
– *L'école du Public Choice* critique l'inefficacité de l'intervention de l'État, en appliquant au domaine de la politique les principes de la microéconomie (comportement rationnel).

LES COURANTS DE LA PENSÉE ÉCONOMIQUE

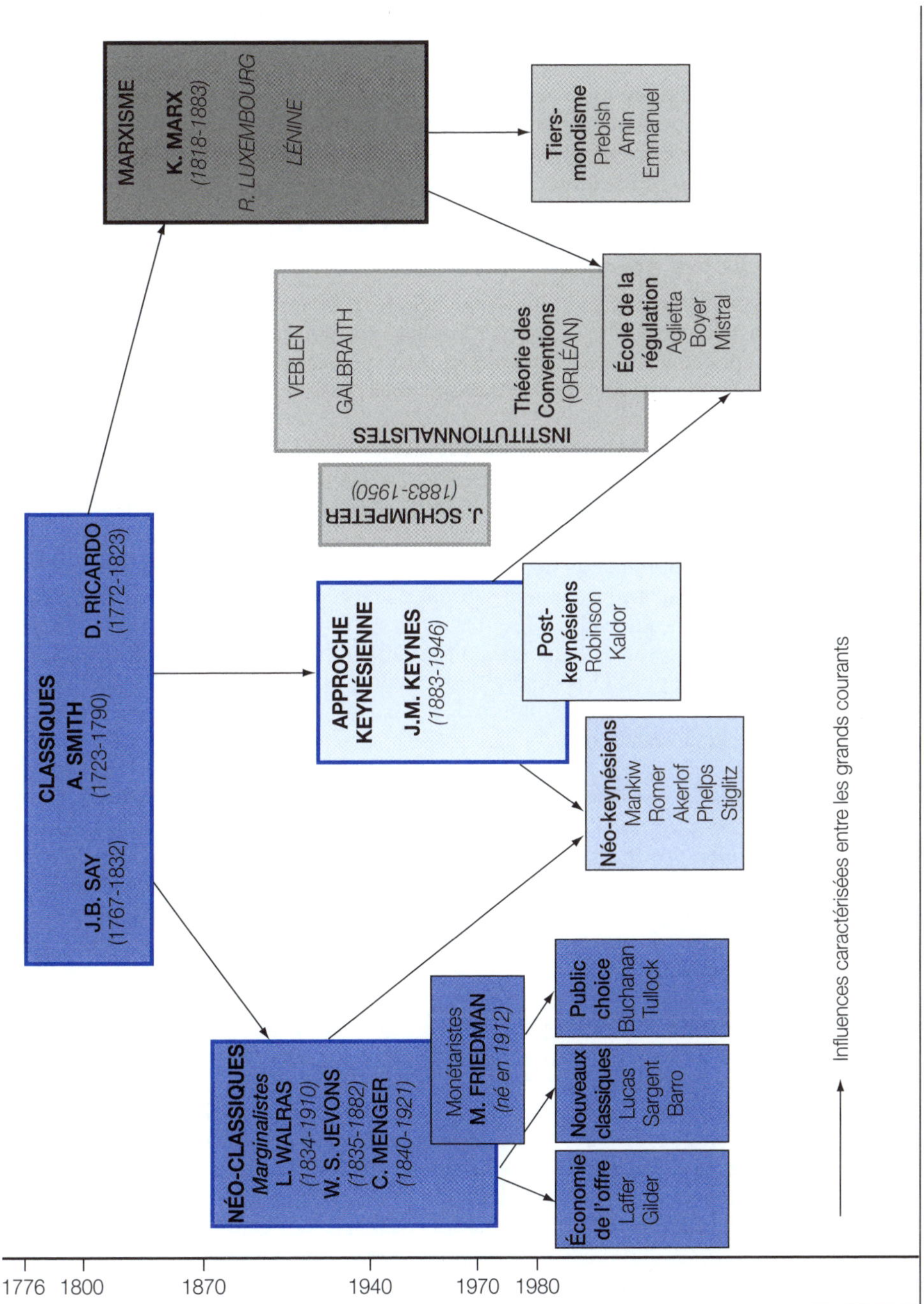

Qu'est-ce que la microéconomie ?

La science économique ne s'est réellement constituée en tant que science qu'avec l'avènement de la microéconomie. Cette approche consiste, à partir des choix individuels opérés par les agents économiques, à comprendre le fonctionnement du système dans son ensemble.

La démarche des microéconomistes

La microéconomie s'attache à comprendre comment les ménages et les entreprises prennent leurs décisions et comment ces décisions s'influencent mutuellement sur le marché. Elle utilise de manière privilégiée l'outil mathématique, en construisant des modèles formalisant les comportements humains. Elle repose sur quelques concepts essentiels.

Un comportement humain maximisateur

Reprenant l'hypothèse de rationalité individuelle, les microéconomistes postulent que les agents économiques sont « maximisateurs », c'est-à-dire hédonistes, recherchant par leurs choix *à obtenir la satisfaction la plus élevée* possible à partir des ressources dont ils disposent. Ainsi, tous les comportements humains résultent de calculs coûts/avantages : un individu ne se contente pas d'être seulement satisfait par son choix, il cherche le choix induisant la situation la plus profitable.

En 1947, l'économiste et sociologue américain Herbert Simon (1916-2001), dans un contexte d'information imparfaite, pose l'hypothèse de rationalité limitée, mettant en avant que l'individu, après s'être fixé un niveau minimum de satisfaction, choisira la première option qui lui semblera répondre à ses attentes.

L'importance du coût d'opportunité dans les choix individuels

Choisir, c'est renoncer à ce que l'on aurait pu faire avec une autre option. Choisir implique donc un coût, le *coût d'opportunité*, qui est égal au niveau de satisfaction maximal que l'on aurait ressenti en faisant un autre choix. Cela montre que le vrai coût d'un bien, ce n'est pas son prix en tant que tel, mais c'est ce à quoi il faut renoncer pour l'obtenir. Par exemple, le coût d'une année d'étude supplémentaire doit intégrer le salaire que l'on aurait pu toucher si on avait fait le choix de travailler.

L'importance des incitations

Il est possible qu'autrui (notre employeur, notre assureur, la collectivité…) souhaite nous voir adopter un autre comportement que celui que nous avons choisi. Comment faire ? Une idée essentielle des microéconomistes est que l'individu réagit aux *incitations*. Ainsi, des mesures prises par un agent économique amèneront un autre agent économique à adopter un comportement qu'il n'aurait pas spontanément adopté. Pour cela, il faut que l'incitation soit telle que ce nouveau comportement lui apporte un avantage dont il n'aurait pas bénéficié avec sa conduite habituelle, ou entraîne un coût en cas de refus du changement. Une grande part de l'analyse économique vise justement à déterminer quelles sont les procédures d'incitation les plus efficaces et comment les mettre en place.

LE CALCUL À LA MARGE

L'approche marginaliste

Les économistes néoclassiques sont parfois qualifiés de « marginalistes », tant l'introduction du calcul à la marge a été une notion essentielle dans l'histoire de la pensée économique.

L'idée de départ est de mettre en avant que l'agent économique est constamment face à deux types de choix :

a) les choix de type « soit-soit » (ex. : soit je vais au cinéma, soit j'achète un livre de poche) ;

b) les choix de type « combien » (ex. : vais-je une, deux ou trois fois au cinéma dans la semaine ?).

Le type « combien » suppose une décision à la marge, qui implique un arbitrage, c'est-à-dire un calcul coût/avantage pour chaque unité retenue. Le raisonnement à la marge est un principe qui consiste à prendre des décisions, non pas en choisissant directement le montant du volume global de consommation ou de production, mais en se demandant, pour chaque unité, s'il est rationnel de la consommer ou de la produire.

Un exemple relatif au consommateur

Repartons de l'hypothèse de rationalité individuelle. Le consommateur est donc capable d'anticiper le niveau de satisfaction qu'il va tirer de la consommation de tel ou tel bien et, pour simplifier, nous poserons qu'il est en mesure de donner un « équivalent monétaire » à cette satisfaction. Par conséquent, il ne consommera un bien que si cet équivalent monétaire fait plus que compenser le coût d'acquisition du bien, à savoir son prix.

Imaginons qu'un consommateur aime manger des pommes. Si la première pomme consommée lui apporte un plaisir important, à mesure qu'il augmentera sa consommation, chaque unité supplémentaire lui apportera un plaisir additionnel de plus en plus faible (cela correspond à l'hypothèse d'utilité marginale décroissante, voir p. 21). Si le prix de vente d'une pomme est de 0,20 €, on a alors :

	Prix	Équivalent monétaire de la satisfaction
1re pomme	0,20 €	2,00 €
2e pomme	0,20 €	1,00 €
3e pomme	0,20 €	0,50 €
4e pomme	0,20 €	0,20 €
5e pomme	0,20 €	0,10 €

Quelle quantité choisir ? Le calcul à la marge indique qu'il faut raisonner sur chaque unité. Prenons la première pomme : la satisfaction ressentie à sa consommation (2 €) est supérieure à son coût : rationnellement, le consommateur a intérêt à la choisir. Le raisonnement est le même pour les deuxième, troisième et quatrième pommes (pour laquelle il est indifférent). Par contre, il refusera la cinquième, qui lui coûte plus qu'elle ne lui rapporte.

La formalisation

Le calcul à la marge conduit à formuler la loi suivante : *un consommateur n'achètera un bien supplémentaire que si la satisfaction tirée de sa consommation est supérieure ou égale à son prix,* c'est-à-dire si son utilité marginale (Um) est supérieure ou égale au prix (p), soit : $Um \geq p$.

De la même façon, un producteur ne produira une unité supplémentaire de son bien que si son prix (qui mesure son gain) est supérieur ou égal au coût généré par la production de cette dernière unité, soit : $p \geq Cm$, Cm étant le coût marginal (voir p. 26).

Les préférences des consommateurs

Les microéconomistes partent du principe que, pour comprendre le système économique dans son ensemble, il faut analyser la façon dont les individus agissent et sur quelles bases se réalisent leurs choix.

Un agent économique rationnel

Suivant la démarche propre à la microéconomie, la consommation est analysée à partir d'un *agent représentatif* dont la démarche est supposée être la même que celle de tous les autres consommateurs. Il suffit donc, par la suite, d'agréger les choix individuels pour obtenir la consommation totale.

Le principe de base est que le consommateur est rationnel : il ne réalise pas de choix impulsif, n'agit pas par habitude ; au contraire, chacune de ses décisions est le résultat d'un *calcul coût/avantage* qui le pousse à rechercher la *satisfaction maximale* en utilisant au mieux les ressources dont il dispose.

Des préférences exogènes

– La satisfaction d'un consommateur dépend de ses goûts. Comme l'économiste ne peut ni connaître *a priori* ces derniers, ni les modéliser, il le fait indirectement en déterminant les *préférences* du consommateur, à partir de l'ordonnancement de paniers de biens.

Par exemple, si un individu dit avoir une attirance pour le panier A (1,2), dans lequel il se procurerait 1 unité du bien x et 2 unités du bien y, plutôt que pour le panier B (2,1), dans lequel il aurait possédé 2 unités du bien x et 1 unité du bien y, l'économiste en déduira qu'il préfère le panier A au panier B, et que, en l'occurrence, la satisfaction apportée par 1 unité de bien y est supérieure à celle apportée par 1 unité de bien x.

Notons que nous n'avons pas encore introduit les prix. Nos goûts sont ce qu'ils sont, ils sont *exogènes* au système économique, c'est-à-dire qu'ils existent avant même que nous n'entrions dans l'échange, et sont par conséquent indépendants des conditions de l'échange, et donc des prix.

– *Les préférences sont propres à chaque individu.* C'est pourquoi, à partir des mêmes ressources, nous ne ferons pas tous le même choix. En outre, avec les mêmes préférences, deux individus peuvent ne pas faire les mêmes achats ; ainsi, si deux personnes préfèrent les Ferrari aux Fiat, mais que l'une est milliardaire et l'autre au Smic, il y a fort à parier que leur choix final ne sera pas identique.

Des préférences à l'utilité

Afin de pouvoir mathématiser son analyse, l'économiste passe de la notion de préférence à celle d'utilité, qui permet une *représentation chiffrée des goûts des consommateurs.* La notion d'utilité est ainsi une fonction de la consommation de x biens. Elle classe les paniers de biens selon divers profils de consommation, associant un nombre représentant un certain niveau d'utilité à chaque panier.

LA REPRÉSENTATION GRAPHIQUE DES PRÉFÉRENCES

Quelques hypothèses sur le comportement du consommateur

Pour représenter graphiquement les préférences des consommateurs, il faut au préalable poser quelques hypothèses.

• *Les agents économiques sont hédonistes*. Par conséquent, entre deux paniers de consommation P = (*x*, *y*) et P' = (*x*', *y*), si *x*' représente une quantité supérieure à *x*, alors l'individu préfère P'. Cette hypothèse est dite « de *non-satiété* » car elle montre que lorsqu'un individu accroît sa consommation d'une unité, il voit nécessairement sa satisfaction augmenter. Il n'existe pas de phénomène de dégoût ou de saturation.

• Il existe une *transitivité des préférences* : soit trois paniers de biens Pa, Pb et Pc. Si Pa est préféré à Pb et Pb à Pc, alors Pa est nécessairement préféré à Pc, sans quoi les choix ne seraient pas cohérents, et donc pas rationnels.

• *L'utilité marginale de la consommation est décroissante*, ce qui signifie que si la consommation d'une unité supplémentaire d'un bien apporte une satisfaction additionnelle, ce surcroît de plaisir sera de plus en plus faible à mesure que la consommation augmente. Ainsi, si un individu aime les pommes, la première lui apportera une satisfaction intense ; la deuxième aussi, mais un peu moindre car il a déjà été en partie rassasié par la première, etc.

La notion d'indifférence

Pour modéliser le comportement du consommateur, l'économiste utilise la notion d'indifférence. On dira qu'un agent économique est indifférent entre deux paniers de biens s'il estime que chacun lui apportera le même niveau de satisfaction : il ne peut donc pas les départager. À partir de là, il est possible de relier tous les paniers qui apportent le même niveau de satisfaction, ou la même utilité, sur un graphique, appelé « *courbe d'indifférence* ».

Ainsi, ici, consommer 8 bananes et 2 pommes apporte la même satisfaction que consommer 4 bananes et 4 pommes ou 2 bananes et 8 pommes.

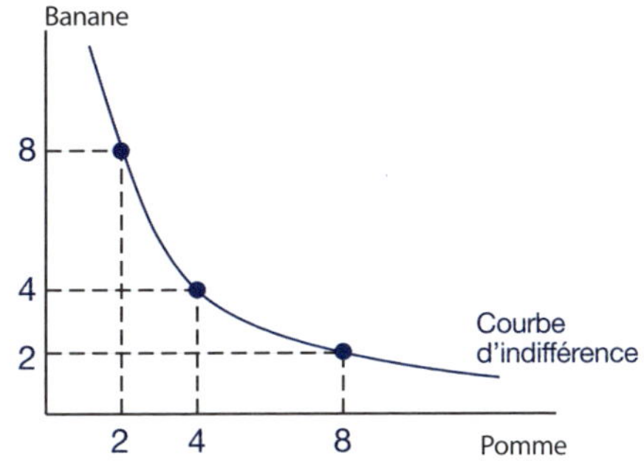

Des courbes multiples

Il existe autant de courbes d'indifférence qu'il y a de niveaux de satisfaction possibles : la courbe 1 reliera tous les paniers de biens auxquels, par convention, on donnera le même niveau de satisfaction 1, la courbe 2 identiquement pour un niveau de satisfaction 2. Plus la courbe sera éloignée de l'origine, plus le niveau de satisfaction associé sera élevé.

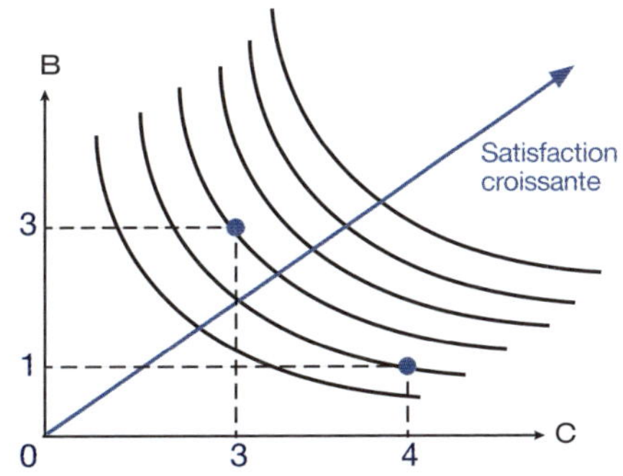

Le choix du consommateur

À partir de leurs goûts, et donc de leurs préférences, les individus font des choix, mais ceux-ci sont contraints par les possibilités financières.

La contrainte budgétaire

– Les agents économiques sont capables de classer tous les paniers de biens possibles en fonction de leurs préférences ; cependant, certains ne leur sont pas accessibles. Ils subissent alors une *contrainte budgétaire* qui dépend du niveau de leur revenu et de celui du prix des biens considérés.
Un agent économique ne peut consommer plus qu'il n'a de ressources financières. Sa contrainte budgétaire exprime donc le fait que son revenu doit être supérieur ou égal à ses dépenses.

– Supposons qu'il n'existe que deux biens A et B à consommer. Formellement, la contrainte budgétaire s'écrit ainsi : $p_A A + p_B B = R$

Avec p_A le prix du bien A, p_B le prix du bien B et R le revenu.
Comme l'agent économique cherche à obtenir la satisfaction maximale et que plus il consomme, plus cette satisfaction est élevée, logiquement il souhaitera consommer l'intégralité de son revenu, d'où l'égalité de la contrainte budgétaire entre revenu et dépenses.

Maximiser sous contrainte

– Pour obtenir la satisfaction maximale, l'agent économique doit choisir le panier de biens compatible avec sa contrainte budgétaire et qui lui apportera ce niveau de satisfaction. Pour cela, il doit *maximiser son utilité*, c'est-à-dire générer l'utilité la plus haute possible en choisissant la quantité de biens B et de biens C.
– Pour trouver ce panier, on cherche la solution au problème suivant, qui est une maximisation sous contrainte, et que l'on nomme le « programme du consommateur » :

$$\max_{A,\,B} U(A, B) \qquad p_A A + p_B B = R$$

La fonction d'utilité, une modélisation essentielle

– Pour déterminer le choix de consommation d'un agent économique, il faut donc au préalable représenter ses goûts sous forme mathématique. On construit alors une « fonction d'utilité », qui donne un niveau d'utilité associé à chaque panier de consommation.

– *Exemple* : $F(A, B) = 5A^3B^2$. Ainsi, pour un panier de biens (2, 2), correspondant à la consommation de deux unités de A et de deux unités de B, l'agent économique obtient un niveau d'utilité de 160.
Que signifie ce résultat ? Dans *la vision ordinale de l'utilité*, les nombres attribués sont arbitraires : ils ne donnent pas un niveau « concret » d'utilité, mais permettent de classer les différents paniers de biens. Dans *la vision cardinale de l'utilité*, au contraire, l'utilité correspond à une quantité mesurable qui équivaut à un état psychologique de satisfaction qu'il est possible de déterminer avec précision.

RÉSOUDRE LE PROGRAMME DU CONSOMMATEUR

Par la méthode graphique

Le consommateur doit maximiser son utilité sous contrainte. Pour cela, il choisit un panier de consommation qui se trouve sur la courbe d'indifférence la plus haute possible, mais qui reste compatible avec sa contrainte budgétaire.

Cette contrainte peut être représentée par une droite qui ouvre l'« ensemble des possibles » pour le consommateur : au-dessus, les paniers de biens ne lui sont pas accessibles, car trop chers. Cette droite est tracée en utilisant la formule : $p_A A + p_B B = R$, pour chaque niveau d'unités de A et de B consommées, étant donné un niveau de prix et un niveau de revenu donnés. Graphiquement, il est possible de déterminer le panier optimal : c'est celui qui est situé au point de tangence entre la contrainte de budget et la courbe d'indifférence qui frôle cette contrainte.

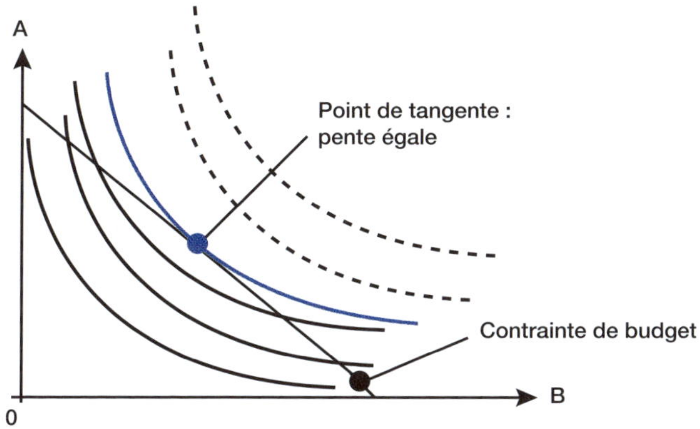

Par la méthode mathématique

On fait l'hypothèse habituelle que l'agent économique dépense son revenu de manière à maximiser son utilité, sous la contrainte de budget. La méthode du lagrangien permet de résoudre le programme du consommateur en introduisant une nouvelle variable appelée le « multiplicateur de Lagrange ». On pose :

$$\max_{A, B, \lambda} L = U(A, B) + \lambda(R - p_A A + p_B B)$$

Où λ est le multiplicateur de Lagrange.

Trois conditions de premier ordre doivent être respectées : l'une sur B, une autre sur C et la dernière sur λ. Il faut alors dériver le lagrangien à partir des trois variables B, C et λ, puis égaliser les dérivées partielles à zéro. On a ainsi : $U_A'(A, B) - \lambda p_A = 0 \Rightarrow U_A'(A, B) = \lambda p_A$, ce qui signifie que l'utilité marginale par rapport à A doit être égale à λp_A.

$U_B'(A, B) - \lambda p_B = 0 \Rightarrow U_B'(A, B) = \lambda p_B$, ce qui signifie que l'utilité marginale par rapport à B doit être égale à λp_B.

$R - p_A A + p_B B = 0$. Cette égalité se déduit de la dérivée du lagrangien par rapport à λ.

On obtient ainsi un système de trois équations à trois inconnues. Dans la troisième équation, il suffit d'écrire B en fonction de A, puis de remplacer B dans la première équation par cette formulation, et par étapes, on en déduit A et B. Au point optimal, on aura l'équation suivante :

$$TMS\ (B, A) = \frac{U_{mB}}{U_{mA}}$$

Où TMS (B, A) est le taux marginal de substitution, qui est une quantité représentant le sacrifice du bien A qu'il faut consentir pour augmenter d'une unité la consommation du bien B en restant au même niveau de satisfaction.

L'approche du producteur

Un marché est un lieu de rencontre réel ou fictif entre consommateurs et producteurs. Tout comme les consommateurs, les producteurs réalisent leurs choix de production selon une certaine logique.

Les deux grandes questions que se posent les producteurs

Produire implique de se poser deux types de questions.
– Tout d'abord : combien produire ? Quelle quantité de biens choisir de fabriquer rationnellement ?
– Ensuite : comment produire la quantité retenue ? Quels facteurs de production employer, et en quelle quantité ? Pour produire, il faut en effet utiliser du travail et du capital.

La fonction de production

Pour répondre à la question « Combien produire ? », le producteur doit construire une fonction de production F (K, L), qui est une relation indiquant le niveau maximal de production qui peut être obtenu par les différentes combinaisons de facteurs de production, la technologie étant donnée. Cette fonction, qui représente l'« horizon technologique » de la firme, permet, à partir de la quantité de travail et de capital utilisés, d'en déduire la quantité maximale que l'entreprise pourra produire.
L'une des fonctions de production les plus utilisées est celle de Cobb-Douglas : $Y = c \cdot K^{\alpha} \cdot L^{\beta}$, avec K et L les quantités respectives de travail et de capital retenues ; c, α et β, des constantes déterminées par la technologie. Il est usuel de poser : $\alpha = 1 - \beta$, de telle sorte que les rendements d'échelle sont constants.

Rendements factoriels et rendements d'échelle

Le choix de la quantité de travail et de capital retenus résulte d'un calcul à la marge (voir p. 19) : pour chaque unité additionnelle de travail ou de capital, la question est de savoir s'il est avantageux ou non d'utiliser cette unité additionnelle. Pour ce faire, on prend en compte :
– les rendements factoriels : il s'agit de définir la quantité de production additionnelle qu'il est possible d'obtenir en augmentant d'un certain pourcentage la quantité de l'un des facteurs de production (capital ou travail), l'autre restant fixe ;
– les rendements d'échelle : on calcule la quantité de production additionnelle qu'il est possible d'obtenir en augmentant d'un même pourcentage la quantité de chacun des facteurs de production (capital et travail).
Une hypothèse couramment posée en microéconomie est que *les fonctions de production sont à rendements d'échelle constants ou décroissants.*

Une maximisation sous contrainte

Pour définir la quantité à produire, le producteur cherche la quantité qui maximisera son profit sous la contrainte des possibilités techniques de production qui lui sont données par sa fonction de production. Formellement, on écrit :
$\text{Max}(\pi) \qquad \text{s.c. } Y \geq F(K, L)$

LA REPRÉSENTATION GRAPHIQUE DU CHOIX DE PRODUCTION

La fonction de production

La fonction de production relie la quantité de facteurs de production utilisés à la production maximale qu'il est possible de réaliser à partir de ces facteurs. Si les facteurs capital et travail sont réunis au sein d'un même ensemble *inputs* qui correspond à la quantité totale de facteurs utilisés, il est alors possible de représenter graphiquement la quantité d'*outputs* (la production) obtenue en échange.

Comment choisir la quantité retenue ?

Parmi toutes les combinaisons possibles, quel niveau de production doit-on retenir pour quel niveau d'inputs ? La réponse est obtenue en traçant sur un même plan les droites d'isoprofit, qui donnent, pour chaque niveau de production possible, le montant du profit associé. L'objectif du producteur est alors de se situer sur la droite d'isoprofit la plus haute, car c'est elle qui correspondra au niveau de profit le plus élevé. Il faut donc trouver le point de tangence entre la droite d'isoprofit la plus haute possible et la courbe représentant la fonction de production.

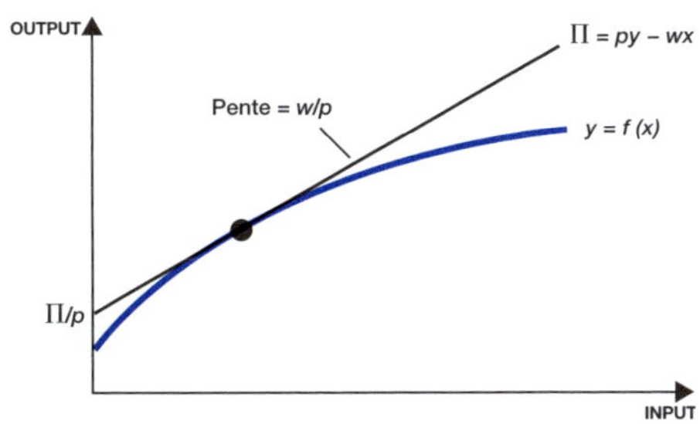

Comment choisir la combinaison productive ?

• Le producteur connaît le niveau de production retenu ainsi que la quantité de facteurs de production à utiliser. Mais comment doit-il répartir cette quantité entre les facteurs travail et capital ?

• Pour le savoir, on trace les *isoquantes donnant les différentes combinaisons productives nécessaires à la production d'une certaine quantité*. Il y a autant d'isoquantes que de niveaux de production possibles. Ici, les trois courbes indiquent les différentes quantités de capital et de travail qu'il faut combiner pour produire soit la quantité q, soit la quantité q*, soit la quantité q'. Ces isoquantes sont, comme chez le consommateur, des courbes d'indifférence : le producteur peut choisir n'importe laquelle des combinaisons présentes sur cette courbe.

• Ensuite, on trace les *droites d'isocoût, qui rassemblent les différentes combinaisons de capital et de travail présentant le même coût pour le producteur*.

• La représentation graphique permet de répondre à la question de la combinaison productive : si, par exemple, le niveau de production retenu est q*, alors il faut choisir la combinaison productive permettant de produire cette quantité au coût de production le plus faible. Cette combinaison est donnée en retenant le point de tangence entre l'isoquante correspondant à q* et la droite d'isocoût la plus faible compatible avec ce niveau de production.

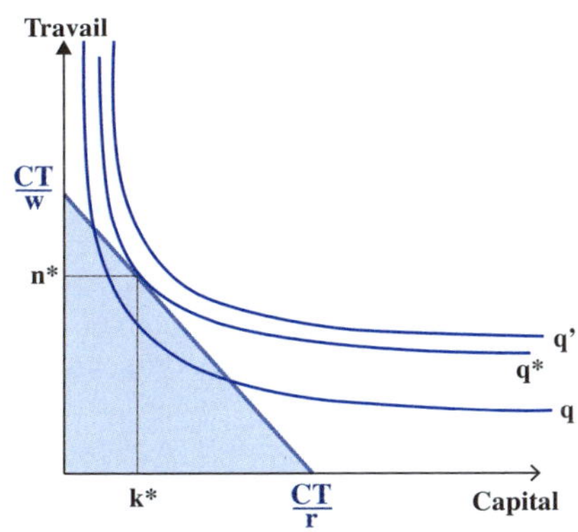

Les coûts de production

Les coûts de production désignent l'ensemble des dépenses engagées par une entreprise pour se procurer les ressources ou facteurs de production dont elle a besoin pour assurer le processus productif. L'analyse de ces coûts est essentielle puisque leur niveau et leur évolution vont déterminer, en comparaison avec les recettes, les éventuels bénéfices de l'entreprise.

Coûts fixes et coûts variables

On distingue traditionnellement deux types de coûts selon qu'ils sont dépendants ou non des quantités produites.

– *Les coûts fixes* (CF) correspondent aux dépenses engagées par l'entreprise dont le niveau demeure identique quelles que soient les quantités produites (et même si l'entreprise ne produit pas). C'est le cas par exemple de la location des bâtiments ou des équipements, de certains impôts (comme les impôts fonciers).

– *Les coûts variables* (CV) sont ceux dont le niveau varie en fonction du volume de production, soit de manière proportionnelle avec les quantités produites (achat de matières premières par exemple), soit de manière non proportionnelle (c'est le cas des salaires si l'entreprise a recours à des heures supplémentaires rémunérées plus cher).

– *Le coût total* (CT), aussi nommé *coût global*, est la somme des coûts fixes et des coûts variables.

Coût moyen et coût marginal

– *Le coût moyen* (CM), ou coût unitaire, désigne le coût par unité produite. Il s'obtient en divisant le coût total par les quantités produites. La courbe de CM est traditionnellement présentée en forme de U (voir graphique ci-contre). En effet, quand les quantités produites sont faibles, les coûts fixes pèsent lourdement sur le coût moyen, puisqu'ils ne se répartissent que sur quelques unités produites. Progressivement, le coût moyen diminue car les coûts fixes sont « amortis » : ils se répartissent sur une quantité de plus en plus grande de produits fabriqués. On dit que, dans cette situation, l'entreprise réalise des *économies d'échelle*. Ensuite, à partir d'un certain volume de production, les coûts variables tendent à l'emporter sur les coûts fixes, ce qui fait croître le coût moyen. Une telle représentation repose sur l'hypothèse de *rendements d'échelles décroissants* passé un certain niveau de quantités produites.

– *Le coût marginal* (Cm) représente le supplément de coût engendré par la production d'une unité supplémentaire (unité dite marginale). On l'obtient en faisant le rapport entre la variation du coût total et la variation des quantités produites. La courbe de coût marginal est en forme de J (voir graphique ci-contre) : le Cm est décroissant puis croissant, mais atteint son minimum pour une quantité produite plus faible que le coût moyen.

– La position relative des deux courbes s'explique économiquement. Dans un premier temps, le Cm est inférieur au CM car la production d'unités supplémentaires (marginales) coûte moins cher que les unités déjà produites. L'entreprise a donc intérêt à produire davantage. Ensuite, il vient un moment où la loi des *rendements décroissants* rend la production d'unités supplémentaires plus chère que les unités déjà produites. Le Cm devient donc supérieur au CM.

COÛTS DE PRODUCTION ET MAXIMISATION DU PROFIT

Le point mort

• L'entreprise doit connaître le seuil minimal de production au-dessous duquel elle réaliserait des pertes (et donc à partir duquel elle réaliserait des profits). Ce niveau de production est appelé *seuil de rentabilité*, ou encore *point mort*. Pour connaître ce seuil, il lui faut étudier les coûts de production puisque ce *point mort* correspond au niveau de production pour lequel les *recettes totales* (mesurables par le *chiffre d'affaires*, CA) égalisent les coûts totaux (CT). Au-dessus de ce point mort, l'entreprise réalise des *profits* (CA > CT) ; en dessous on est dans une zone de *pertes* (CA < CT) :

Profits (ou pertes)
= prix × quantités – coût total

• Deux situations sont alors envisageables :
– dans le cadre de *rendements d'échelles décroissants*, les bénéfices réalisés augmentent jusqu'à un certain point, à partir duquel ils diminuent, du fait de l'augmentation du coût moyen par unité produite.
– dans le cadre de *rendements d'échelles croissants*, l'augmentation des bénéfices perdure avec l'accroissement des quantités produites (cas du graphique ci-dessous).

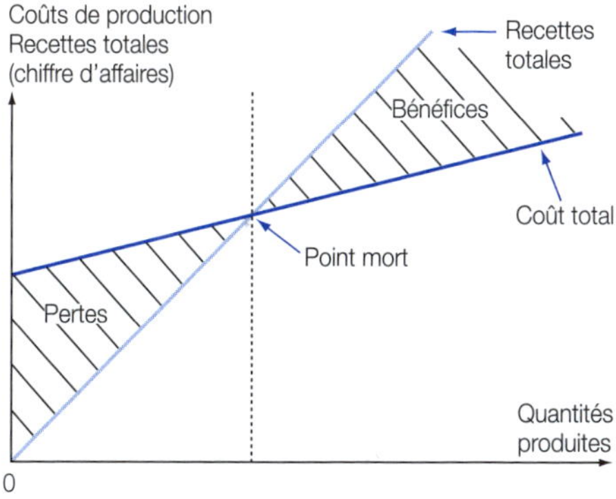

La maximisation du profit

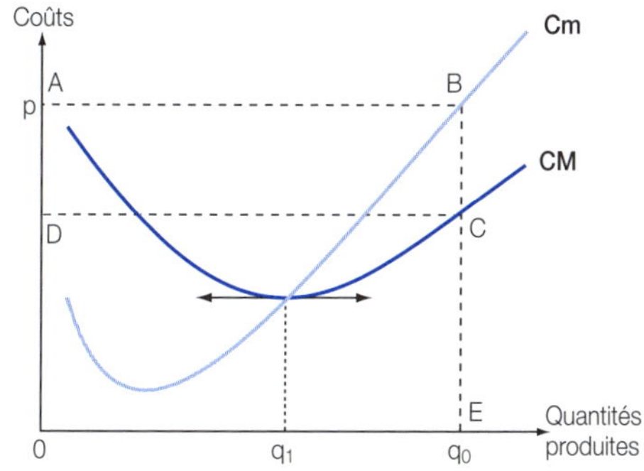

• L'entreprise a intérêt à augmenter sa production tant que le coût de la dernière unité produite (soit le coût marginal) est inférieur ou égal au prix de vente. Autrement dit, pour maximiser son profit, l'entreprise doit produire une quantité telle que :

C_m = recette marginale = prix de vente

• L'offre (les quantités produites) est une fonction croissante du prix de vente. En effet, les recettes et les profits augmentent avec le prix de vente, mais par ailleurs, puisque le coût marginal est inférieur au nouveau prix de vente, produire plus est rentable pour l'entreprise jusqu'à ce qu'ils s'égalisent.

Interprétation graphique :

Le profit total est représenté par la surface ABCD. En effet, la recette totale liée à la vente de q_0 unités est représentée par la surface ABE0. Et, CE étant le coût moyen pour une production de q_0 unités, alors la surface DCE0 représente le coût total.

Profit total	=	**Recettes totales**	-	**Coût total**
⇓		⇓		⇓
Surface ABCD	=	Surface ABE0	-	Surface DCE0

Le facteur travail

Le travail est l'un des deux facteurs de production utilisés par les entreprises. Il est fourni par les ménages qui « vendent » leur « force de travail » en échange d'un salaire. Il peut être analysé sous deux angles différents : quantitatif (le volume de travail disponible) et qualitatif (le travail n'est pas une donnée homogène, il varie selon la qualification des travailleurs).

L'aspect quantitatif du travail

La quantité de travail disponible dans un pays est fonction de *la population active*, c'est-à-dire de l'ensemble des individus exerçant (*population active occupée*) ou cherchant à exercer (*chômeurs*, voir p. 100) une activité rémunérée. Sont aussi classés parmi les « actifs occupés » : les personnes aidant un membre de leur famille dans son travail (si la personne aidée n'est pas salariée), les apprentis sous contrat, les stagiaires rémunérés et les personnes qui, tout en poursuivant leurs études, exercent une activité professionnelle.

Les facteurs de variation de la population active

Depuis la fin des années 1960, le nombre d'actifs a fortement augmenté, passant d'environ 21,5 millions à près de 28 millions aujourd'hui. Cet accroissement de la population active est dû à la conjonction de plusieurs facteurs.
– La *démographie* : la population active future dépend de l'accroissement démographique passé. Plus le *taux de natalité* est élevé, plus la population active sera importante lorsque ces classes d'âge arriveront sur le marché du travail (une vingtaine d'années plus tard). Le *baby-boom*, qui a suivi la Seconde Guerre mondiale et a duré jusqu'au milieu des années 1960, a ainsi été un facteur très important d'accroissement de la population active à partir de la fin des années 1960 jusqu'aux années 1980.
– Le *solde migratoire* a aussi un impact non négligeable : si il y a plus d'immigrés que d'émigrés (en âge de travailler) une année donnée, la population active va croître.
– Les *comportements d'activité* font également varier le niveau de la population active. L'allongement de la durée des études ou les mesures de préretraites font diminuer les taux d'activité respectivement des plus jeunes et des plus âgés. Parallèlement, depuis la fin des années 1960, les femmes sont de plus en plus actives.

L'aspect qualitatif du travail

Le travail n'est pas une donnée homogène : il nécessite presque toujours des compétences et donc des qualifications particulières. La qualification des travailleurs peut être abordée par l'étude de la répartition de la population active en *catégories socioprofessionnelles*, puisque cette nomenclature établie par l'INSEE repose en grande partie sur la qualification des individus. L'analyse de cette nomenclature sur les cinquante dernières années fait ressortir un certain nombre de tendances : baisse de la proportion d'ouvriers, qui s'explique en particulier par l'automatisation croissante ; chute des effectifs agricoles due à la mécanisation et aux gains de productivité ; forte hausse des catégories « employés », « professions intermédiaires » et « cadres et professions intellectuelles supérieures », du fait de l'essor croissant des activités liées aux services. L'accroissement de ces deux derniers groupes souligne les besoins accrus en travail qualifié.

LA POPULATION ACTIVE FRANÇAISE

Évolution de la population active (observée et projetée)

	Observations			Projections		
	1968	1990	2012	2020	2040	2060
Nombre d'actifs (en milliers)	21 462	24 886	28 566	29 568	30 427	31 238
Part des femmes (en %)	35,9	43,8	47,7	48,1	47,3	46,9
Part des hommes (en %)	64,1	56,2	52,3	51,9	52,7	53,1
Part des 15-24 ans (en %)	20,5	14,9	9,7	9,9	10,1	10,1
Part des 25-54 ans (en %)	60,2	76,3	76,1	73,3	72,2	72,0
Part des 55 ans et plus (en %)	19,3	8,8	4,2	16,8	17,7	17,9
Rapport actifs / inactifs de 60 ans et plus	3,0	2,5	2,1	1,9	1,6	1,5

Champ : France métropolitaine. Source : INSEE, *Enquêtes emploi et projections de la population active 2010-2060.*

Depuis 1968, la population active s'est fortement accrue, sous l'effet de deux phénomènes principaux : l'entrée sur le marché du travail des générations, nombreuses, du baby-boom et l'accroissement continu du nombre de femmes exerçant une activité rémunérée (aujourd'hui plus de 47 % des actifs sont des femmes). Toutefois, les scénarios de projection de la population active laissent penser que celle-ci va se stabiliser dans les années à venir, puis diminuer à plus long terme. En effet, les nombreux départs à la retraite des générations du baby-boom ne vont pas être compensés par l'entrée des nouveaux actifs (relativement peu nombreux). C'est ce que montre d'ailleurs l'évolution (à la baisse) du rapport actifs/inactifs de 60 ans et plus : en 2060, on estime qu'il n'y aura que 1,5 actif pour un inactif de 60 ans et plus !

Évolution des taux d'activité selon l'âge et le sexe

Le *taux d'activité* mesure le rapport entre le nombre d'actifs et la population totale correspondante. Les études ont mis en évidence trois phénomènes.

• La féminisation continue de la population active : en 2012, 66,6 % des femmes de 15 à 64 ans sont actives, contre seulement un peu plus d'une sur 2 en 1975.

• La baisse du taux d'activité des plus jeunes (15-24 ans), et ce aussi bien pour les femmes que pour les hommes. L'allongement des études en est la principale explication.

• La baisse du taux d'activité des 50 ans et plus, en particulier pour les hommes. Cette baisse est particulièrement visible au début des années 1980, marquées par la baisse de l'âge de la retraite, et le développement des mesures de préretraites. Toutefois, depuis les années 1990, le taux d'activité des plus âgés est « reparti » à la hausse.

Répartition socioprofessionnelle des actifs occupés

Depuis une trentaine d'années, la structure socioprofessionnelle de la population active occupée (PAO) a connu d'importantes transformations. Ainsi, en 2012, les « employés » formaient la catégorie la plus nombreuse (avec plus de 7,2 millions d'actifs occupés, soit près de 28 % de la PAO) « devançant » les ouvriers (environ 5,3 millions de personnes, soit 20,8 % de la PAO) qui ont constitué pendant longtemps la catégorie socioprofessionnelle la plus importante en France. Les « professions intermédiaires » (24,7 %) et les « cadres » (18 %) ont connu une forte progression, alors que les catégories « artisans, commerçants et chefs d'entreprises » (6,5 %) et les « agriculteurs exploitants » (2 %) ont vu chuter leurs effectifs. Certaines catégories sont plus « féminisées » que d'autres : c'est le cas des « employés », où les femmes représentent plus des trois quarts des effectifs et des « professions intermédiaires » avec près de la moitié de femmes.

Le facteur capital

Le travail ne suffit pas pour assurer la production de biens et de services. Le capital est l'autre facteur indispensable à l'activité productive. Il est constitué par l'ensemble des biens intervenant dans le processus de production. Toutefois, la notion de capital recouvre des réalités très diverses.

Le capital : une notion polysémique

Le « *capital* » est un terme ambigu qui recouvre des notions différentes selon le point de vue adopté : économique, juridique, comptable…
– Du point de vue de la production, le capital correspond à l'ensemble des biens destinés à produire d'autres biens et services : le capital est alors un facteur de production, appelé *capital technique*.
– Du point de vue de la répartition, le capital désigne un ensemble de ressources dont l'emploi permet d'obtenir un revenu. Dans cette optique beaucoup plus générale, on parle de *capital économique*. Celui-ci regroupe un ensemble très divers de ressources : machines, matières premières, bâtiments, monnaie, valeurs mobilières… Le capital économique inclut le capital technique, mais ne se réduit pas seulement à ces biens de production.
– Le *capital financier* désigne les ressources (fonds propres et fonds disponibles à long et moyen terme) qui permettent à l'entreprise de financer son activité.
– Le *capital social* d'une entreprise correspond à l'apport en nature ou en numéraire des différents propriétaires.

Les formes du capital technique

C'est la notion de capital technique qui définit le capital facteur de production. Il existe deux catégories de capital technique :
– Le *capital fixe* désigne les moyens de production durables qui participent à plusieurs processus de production. Plus précisément, ils sont utilisés pendant au moins un an et font l'objet d'un *amortissement* économique. C'est le cas des bâtiments, du matériel de transport, de la plupart des machines… L'amortissement correspond à la perte de valeur subie au cours d'une année par un bien de production durable du fait de son usure ou de son obsolescence. Il se mesure par le rapport entre le prix d'acquisition et la durée de vie du bien, et est déductible du bénéfice imposable.
– Le *capital circulant* correspond aux biens qui sont détruits ou transformés pendant le processus de production. Ils ne servent donc qu'une seule fois. Il en est ainsi des matières premières, des produits semi-finis, de l'énergie… Les capitaux circulants sont donc des *consommations intermédiaires*.

Le capital : un stock variable

Les unités de production disposent à un moment donné, d'un « stock » de capital, stock qui leur permet de produire des biens et des services.

Quand ils décident d'augmenter, pour diverses raisons, ce stock de capital, c'est-à-dire d'acheter de nouveaux moyens de production, ils investissent. Cet *investissement* (voir p. 56) réalisé par l'unité de production est un *flux* qui va venir accroître son stock de capital déjà disponible (sauf s'il s'agit uniquement de remplacer le capital usé).

LES COMBINAISONS PRODUCTIVES

L'intensité capitalistique

Pour obtenir un certain niveau de production, les entreprises doivent combiner leurs facteurs de production, travail et capital. Il existe en effet plusieurs combinaisons de facteurs possibles pour réaliser une même quantité de produits. L'entreprise peut utiliser beaucoup de facteur capital et relativement peu de facteur travail. Dans ce cas on parlera de *combinaison productive* (ou technique de production) *à forte intensité capitalistique*. Inversement, elle peut davantage avoir recours à la main-d'œuvre et donc utiliser relativement peu le facteur capital. Il s'agit alors d'une *combinaison à faible intensité capitalistique*.

Le choix de la combinaison se fait essentiellement en fonction du coût relatif du travail et du capital. Ainsi, lorsque les salaires sont relativement faibles, l'entreprise a intérêt à mettre en place des techniques peu intensives en capital, et inversement lorsque le coût du travail est relativement élevé.

Facteurs substituables, facteurs complémentaires

Le choix de la technique de production dépend aussi des types de facteurs utilisés.

Pour certaines productions, les facteurs de production sont dits *substituables*. Dans ce cas, l'entreprise peut choisir entre utiliser plus ou moins de travail et plus ou moins de capital puisque ces deux facteurs de production peuvent se substituer l'un à l'autre assez facilement. Par exemple, une entreprise de travaux publics, pour réaliser une route, a le choix entre utiliser une centaine d'hommes ne travaillant qu'avec un outillage de base (pelles, pioches...), ou n'avoir recours qu'à dix hommes travaillant avec du matériel important (pelleteuses, bulldozers...).

Pour d'autres productions, les facteurs sont *complémentaires* puisque pour atteindre un niveau de production donné, le travail et le capital doivent être combinés dans une proportion fixe. Par exemple, pour l'activité d'une entreprise de transport, à un camion correspond un chauffeur : les facteurs travail et capital sont complémentaires.

Fonction de production

La substituabilité et la complémentarité des facteurs peuvent faire l'objet de représentations graphiques sous forme d'isoquantes. Une *isoquante* est une courbe indiquant l'ensemble des combinaisons de travail (L) et capital (K) qui permettent d'obtenir un même niveau de production. Une *fonction de production* représente la relation technique qui relie la quantité produite (notée Y) et la combinaison des facteurs travail et capital : Y = *f* (K, L).

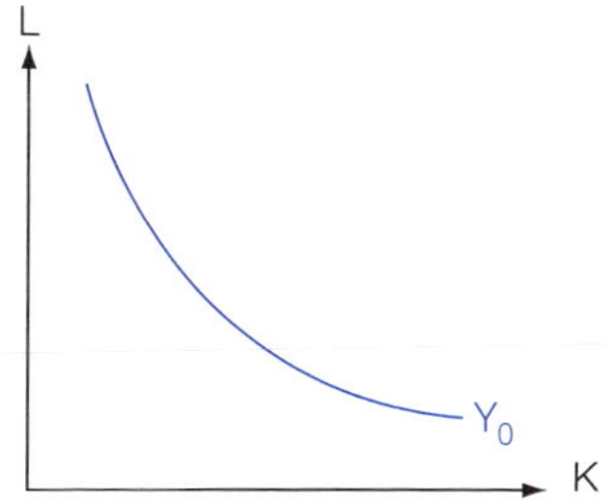

Fonction de production
à facteurs substituables

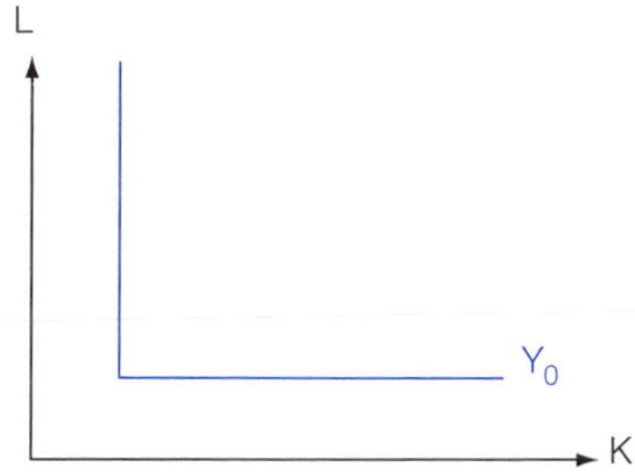

Fonction de production
à facteurs complémentaires

L'économie de marché

L'économie de marché désigne un mode de fonctionnement de l'économie qui accorde un rôle central aux mécanismes de marché pour assurer la régulation des activités économiques. Dans la logique libérale, chaque marché s'autorégule par l'intermédiaire des prix, ce qui permet d'atteindre une situation d'équilibre qui satisfait tous les agents.

Le marché

– Un *marché* désigne un lieu de rencontre, souvent fictif, entre l'offre et la demande d'un produit (bien, service, monnaie, travail...). Il existe autant de marchés que de produits.
– La *demande* émane des acheteurs et correspond à la quantité de produits qu'ils sont prêts à acquérir à un prix donné.
– L'*offre* émane des producteurs et correspond à la quantité de produits que les vendeurs sont prêts à céder à un prix donné.

Le marché de concurrence pure et parfaite

Le marché de concurrence pure et parfaite (CPP), défini par les néoclassiques, respecte les cinq conditions suivantes.
– *Atomicité du marché* : un nombre important d'agents intervient sur le marché, aucun n'étant ainsi en mesure, à lui seul, d'influencer significativement la formation des prix.
– *Homogénéité des produits* : les produits d'une même catégorie sont supposés similaires, on doit pouvoir comparer les produits sous le seul angle de leur prix.
– *Fluidité du marché* : c'est le principe de libre entrée sur le marché ; celui-ci doit être ouvert à tout agent qui souhaiterait s'y implanter, et à tout acheteur potentiel.
– *Transparence du marché* : tous les agents doivent pouvoir avoir accès immédiatement et gratuitement à toutes les informations nécessaires aux décisions : nature des produits, quantités offertes et demandées aux différents prix...
– *Mobilité des facteurs de production* : le travail et le capital doivent être parfaitement mobiles.
Les trois premières conditions caractérisent une concurrence « pure », les deux dernières une concurrence « parfaite ».

La formation des prix sur un marché concurrentiel

En situation de CPP, les mécanismes du marché aboutissent à un prix d'équilibre stable.
– Si le prix est trop élevé, de telle sorte que l'offre est supérieure à la demande, alors le jeu de la concurrence va engendrer une baisse des prix. En effet, les producteurs n'arrivant pas à écouler leur production, ils vont alors accepter de vendre moins cher.
– Si, inversement, les prix sont trop bas, de telle sorte que la demande est supérieure à l'offre, les vendeurs vont augmenter leurs prix et le nombre d'acheteurs va diminuer jusqu'à ce que la demande égalise l'offre.
Par conséquent, la flexibilité totale des prix permet d'aboutir à une situation d'équilibre où l'offre égalise la demande. Pour les libéraux, cette situation est la meilleure possible car, à ce prix d'équilibre, tous les agents économiques sont satisfaits : tous les acheteurs acceptant ce prix vont satisfaire leurs besoins, et tous les producteurs acceptant ce prix trouveront à écouler leur production.

LA RÉGULATION CONCURRENTIELLE

À la fin du XIXe siècle, l'économiste français Léon Walras a proposé une représentation du mécanisme d'ajustement qui conduit au prix d'équilibre. Celui-ci serait similaire à celui qui résulterait d'un tâtonnement organisé par un commissaire-priseur dans une bourse de marchandises ou de valeurs mobilières.

Walras décrit ainsi ce mécanisme d'ajustement :

- Un prix (par exemple P_0) est d'abord annoncé par le commissaire-priseur. En se basant sur ce prix, les agents transmettent leurs propositions d'échanges : les acheteurs formulent une quantité demandée (D_0), les entreprises une quantité offerte (O_0). Si la demande totale est supérieure à l'offre totale, alors le commissaire-priseur révise le prix à la hausse ; il le revoit à la baisse dans le cas contraire (voir ci-dessous).
- Un nouveau prix (P_1) est annoncé par le commissaire-priseur. Les agents expriment alors de nouvelles propositions d'échanges qui conduiront à une nouvelle modification du prix par le commissaire-priseur (P_2 et ainsi de suite).
- Un tel processus d'ajustement devrait conduire à un prix qui fasse en sorte que l'offre totale et la demande totale s'égalisent. Ce prix est le prix d'équilibre (P^*).

Représentation graphique du tâtonnement walrasien

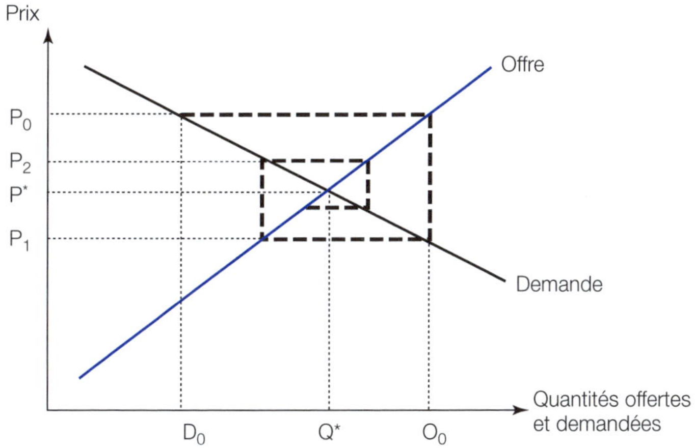

- Selon Walras, le mécanisme d'ajustement des prix sur un marché de concurrence pure et parfaite est donc équivalent à celui qui existe dans une bourse : les acheteurs et les vendeurs n'y sont pas individuellement responsables de la formation du prix mais ils considèrent ce prix comme une donnée qui leur est communiquée par le commissaire-priseur. On dit alors qu'ils sont « *preneurs de prix* » (ou *price takers*).
- Dans la réalité, les marchés où un agent bien identifié jouerait le rôle de commissaire-priseur sont très rares.

Cependant, l'hypothèse de concurrence parfaite conduit à supposer que le marché fonctionne « comme si » ce commissaire-priseur existait et permettait l'obtention d'un prix d'équilibre avant que les transactions aient effectivement lieu.

Les vertus de l'économie de marché

Les économistes classiques et néoclassiques ont cherché, par leurs travaux, à montrer les vertus de l'économie de marché et la supériorité de ce mode d'organisation des échanges sur tout autre système économique.

Prix, information et incitation

La flexibilité des prix est une condition à l'autorégulation des marchés. Les prix marchands possèdent en effet une double vertu essentielle :

– ils véhiculent à eux seuls toute l'information dont les agents économiques ont besoin pour prendre des décisions optimales. En effet, que produire ? En quelle quantité ? Pour le savoir, il suffit d'observer l'évolution des prix. Si un prix augmente sur un marché, c'est que la demande y est supérieure à l'offre ; pour répondre au mieux aux besoins de la population, les producteurs ont donc intérêt à élever le volume de production, et vice versa lorsque le prix diminue. Grâce à ce mécanisme, on aboutit à une *allocation optimale des ressources* (voir p. 10) ;

– ils sont générateurs d'*incitations*, au sens où ils poussent les agents économiques à prendre les décisions qui s'avéreront répondre le mieux non seulement à leur propre intérêt, mais aussi à celui de l'ensemble des autres individus (voir « la main invisible », p. 9).

Un équilibre générant le niveau de production le plus élevé

Le point d'équilibre correspond à un certain niveau de production Q* (voir p. 32), qui est le plus élevé qu'on puisse obtenir sur un marché. En effet, si un prix plancher ou un prix plafond – c'est-à-dire un prix minimum (comme le Smic) ou un prix maximum – est mis en place, l'autorégulation ne peut plus avoir lieu. Résultat : *le marché est rationné*, soit du côté de la demande en cas de prix plancher, soit du côté de l'offre en cas de prix plafond. La quantité échangée est alors nécessairement moindre.

Un équilibre optimal

– L'équilibre de marché est un état dans lequel tous les échanges mutuellement avantageux ont été réalisés : c'est ce que nous apprend le premier théorème de l'économie du bien-être. Cette situation est un *optimum de Pareto,* au sens où tout nouvel échange générerait nécessairement une perte pour l'un des coéchangistes, ce qui serait contraire au postulat de liberté de choix posé par les économistes néoclassiques.

– Ce critère, qui permet de considérer l'équilibre de marché comme un équilibre « optimal », fait débat car il est tout à fait compatible avec une situation extrêmement inégalitaire où la plus grande partie de la population vivrait autour du seuil de pauvreté. En fait, tout dépend des dotations initiales que possèdent les individus avant d'entrer sur le marché. Si les ressources initiales sont très inégalitairement réparties et qu'une seule personne détient à elle seule 99 % des richesses, lui imposer un échange qui réduirait très faiblement son bien-être mais qui augmenterait significativement celui de l'ensemble de la population serait malgré tout considéré comme non optimal.

LE SURPLUS GLOBAL DE LA NATION

Qu'est-ce que le surplus ?

Les économistes néoclassiques postulent que les agents économiques sont nécessairement gagnants à l'échange, sinon ils le refuseraient.

• Mais comment estimer ce gain ? Les agents économiques arrivent sur le marché avec un *prix de réserve* qui correspond, pour le consommateur, au prix maximum qu'il est prêt à payer, et pour le producteur, au prix minimum auquel il est prêt à vendre son produit.

• Comment se détermine ce prix ? Pour le consommateur, il correspond à l'équivalent monétaire de la satisfaction qu'il escompte retirer de la consommation du bien ; il n'acceptera donc pas de le payer plus cher, sans quoi il ne serait pas rationnel. Pour le producteur, le prix de vente doit être au moins égal au coût unitaire du bien vendu.

Il y a gain à l'échange quand le prix de vente est inférieur au prix de réserve du consommateur et supérieur au prix de réserve du producteur. Si l'un des deux « perdait » à l'échange, il le refuserait et l'échange n'aurait donc pas lieu. Pour qu'un échange soit possible, il faut par conséquent que les prix de réserve des deux coéchangistes soient compatibles.

À tout échange marchand correspond donc nécessairement un surplus pour les deux coéchangistes, qui n'est pas nécessairement égal. Tout dépend du prix de vente retenu : plus il est proche du prix de réserve de l'un, moins ce dernier gagne à l'échange.

La représentation graphique du surplus

L'aire qui se trouve entre la courbe de demande (qui représente le prix de réserve des différents consommateurs qui ont échangé) et le prix de marché forme le surplus des consommateurs.

L'aire qui se trouve entre la courbe d'offre (qui représente le prix de réserve des différents producteurs qui ont échangé) et le prix de marché forme le surplus des producteurs.

La somme des deux aires donne le *surplus global de la nation au point d'équilibre*, c'est-à-dire le gain à l'échange qu'ont réalisé l'ensemble des agents économiques sur les marchés.

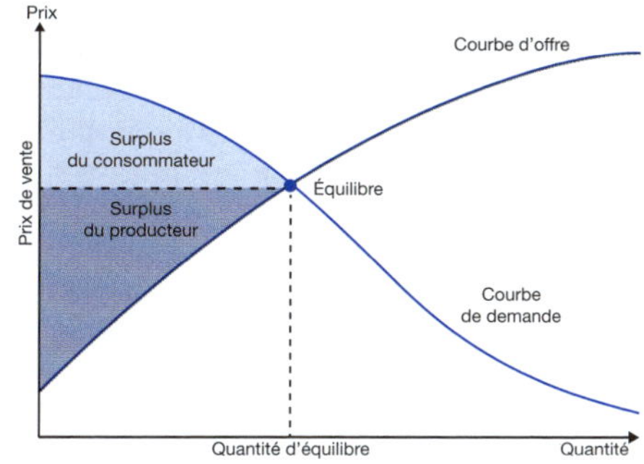

Un surplus maximal

Tout autre prix que le prix d'équilibre génèrerait un surplus plus faible, consécutif à la réduction du volume des échanges.

Par exemple, en cas de prix plafond inférieur au prix du marché (un prix maximum imposé par l'État), la demande augmente, mais l'offre diminue. Par conséquent, le marché est rationné par l'offre, et la quantité échangée devient celle imposée par l'offre. À cette quantité, les consommateurs achètent à un prix inférieur au prix de marché et voient donc leur surplus augmenter. Mais la diminution de la quantité échangée fait qu'un certain nombre de demandeurs et d'offreurs perdent l'intégralité de leur surplus. Dès lors, la perte est supérieure au gain : il y a « *perte sèche* ».

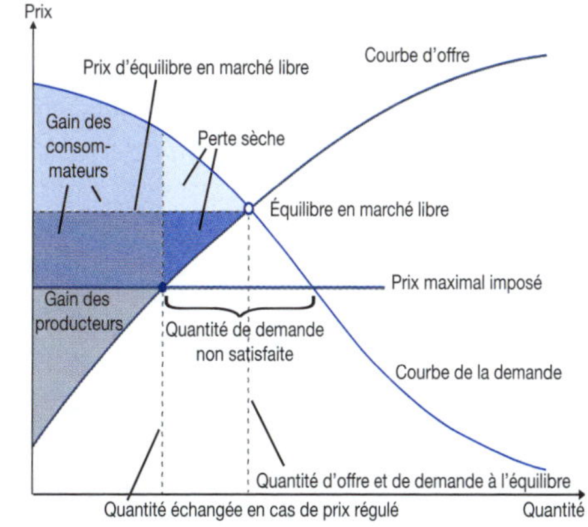

Les marchés de concurrence imparfaite

Dans la réalité, les marchés ne sont jamais en situation de concurrence pure et parfaite, toutes les conditions étant difficilement remplies simultanément. La concurrence est alors dite « imparfaite », la régulation par les prix ne pouvant pas avoir lieu de manière optimale.

De multiples situations de marché

Les marchés sont traditionnellement classés selon le nombre de vendeurs et d'acheteurs présents (voir le tableau de Stackelberg ci-contre). La CPP apparaît alors comme une forme de marché parmi d'autres. Les autres marchés sont dits « imparfaits » car les agents en présence peuvent influencer, plus ou moins significativement, la formation des prix. On distingue particulièrement :
– le *monopole* : pour un produit donné, il n'y a qu'un seul producteur, l'acheteur étant obligé d'avoir recours à cet unique fournisseur. Le monopole est caractérisé par un pouvoir important du producteur sur l'acheteur, il contrôle le prix et la quantité ;
– l'*oligopole* : pour une production donnée, il n'y a qu'un petit nombre de producteurs face à une multitude d'acheteurs. Avec un nombre restreint de producteurs, la tentation est alors forte de limiter la concurrence de façon plus ou moins formalisée.

La « concurrence monopolistique »

La concurrence ne s'exerce pas uniquement par l'intermédiaire des prix. Les produits d'une même catégorie sont loin d'être homogènes : les entreprises s'efforcent de se différencier de leurs concurrents par des procédés de fabrication (brevets), par la qualité du produit, son design, sa présentation, par l'utilisation de la publicité, par les techniques de vente…
Les situations réelles de marché sont dites de *concurrence monopolistique* car il y a à la fois une multitude de vendeurs et d'acheteurs pour une même catégorie de produit (concurrence), et des éléments caractéristiques du monopole, chaque vendeur tentant de différencier son produit.

Des marchés qui manquent de fluidité et de transparence

– La concurrence est limitée par la présence de *barrières à l'entrée* qui permettent aux firmes déjà présentes sur un marché de conserver leur position. Elles peuvent résulter par exemple de coûts fixes d'installation importants, difficiles à couvrir pour de nouveaux entrants. De même, il peut y avoir des barrières stratégiques : des entreprises déjà implantées qui veulent préserver leurs profits peuvent pratiquer des prix bas, rendant ainsi non rentable l'entrée de concurrents potentiels. Les coûts de sortie générés par le désengagement d'un marché sont aussi un frein.
– Les marchés sont souvent *opaques* : l'information nécessaire aux prises de décisions n'est pas gratuite et pas disponible immédiatement. Pour les entreprises, la documentation, les enquêtes nécessitent un long traitement de l'information engendrant des charges financières importantes. Quant aux consommateurs, il leur est quasiment impossible techniquement et financièrement d'avoir accès à l'intégralité de ces informations, malgré la montée en puissance des TIC (Technologies de l'Information et de la Communication) comme Internet.

MONOPOLES ET OLIGOPOLES

La pluralité des formes de marchés selon Stackelberg

Nombre de vendeurs / Nombre d'acheteurs	Un seul vendeur	Quelques vendeurs	Un grand nombre de vendeurs
Un seul acheteur	Monopole bilatéral	Monopsone contrarié	Monopsone
Quelques acheteurs	Monopole contrarié	Oligopole bilatéral	Oligopsone
Un grand nombre d'acheteurs	Monopole	Oligopole	Concurrence pure et parfaite

Les origines des monopoles

• On parle de *monopole naturel* quand l'efficacité économique est mieux assurée si la production est confiée à un seul producteur. C'est la situation typique des activités économiques qui exigent de forts investissements et des équipements très coûteux mais dont les coûts de production par unité supplémentaire vont décroissant. Un monopole naturel exige normalement d'importants investissements fixes initiaux, d'où la difficulté pour une nouvelle entreprise, qui ne peut profiter des mêmes économies d'échelle, de pénétrer sur le marché et de vendre moins cher que l'entreprise en place.

• Les *monopoles de droit* (ou *monopoles institutionnels*) trouvent leur origine dans la protection accordée par les pouvoirs publics à une entreprise particulière. Ils sont donc créés par la loi et peuvent couvrir des secteurs ou des activités qui sont ou non des monopoles naturels. Ils n'existent que parce que la concurrence est interdite, et ce souvent parce que les besoins en matière d'infrastructures ne peuvent être correctement satisfaits (qualité ou quantité) si on s'en remet entièrement au marché.

• Les *monopoles de fait* ne résultent pas nécessairement de fondamentaux économiques ou de dispositions légales. C'est l'absence de concurrence qui en est à l'origine, due au fait, par exemple, qu'une entreprise contrôle intégralement une ressource rare, ou qu'elle dispose (temporairement) d'un brevet de fabrication.

Les formes d'oligopoles

L'oligopole se définit comme une situation de marché où coexistent plusieurs vendeurs, mais leur nombre est assez restreint pour que chaque vendeur pèse assez sur le marché pour ne pas laisser les autres indifférents. Le *duopole* est un cas particulier d'oligopole où il n'y a que deux vendeurs.

L'oligopole se caractérise par une tension permanente entre deux objectifs contradictoires : maximiser le profit collectif de l'ensemble des firmes et faire en sorte d'accroître sa part de marché au détriment de ses concurrents.

On peut ainsi distinguer deux formes d'oligopoles en fonction de l'objectif dominant :

• L'*oligopole « en paix »* est caractérisé par une entente, plus ou moins formalisée entre les firmes en présence.

La coordination la plus explicite est celle résultant des accords de *cartels*, où les entreprises vont tenter de s'entendre sur les prix de vente, le volume de production, ou encore les conditions d'approvisionnement. On se trouve alors dans une situation assimilable à un monopole.

• L'*oligopole « de combat »* est défini par l'absence d'entente entre les firmes en présence.

Pour améliorer sa position sur le marché, l'entreprise va menacer ses concurrents d'une guerre des prix, va développer de nouveaux procédés...

Ce type d'oligopole fonctionne alors comme en situation de concurrence.

L'information dans la théorie économique

L'information est devenue une variable centrale dans les travaux des microéconomistes. Si, à l'origine, ces derniers postulaient que les agents économiques étaient omniscients, l'introduction d'imperfections informationnelles a renouvelé en grande partie la théorie économique.

De la microéconomie traditionnelle à la nouvelle microéconomie

La microéconomie traditionnelle, qui a accompagné les débuts de l'école néoclassique, reposait sur un ensemble d'hypothèses communément regroupées sous le terme *« concurrence pure et parfaite »*, où l'information était considérée comme parfaite.
Durant les années 1960, des travaux ont débouché sur une nouvelle microéconomie particulièrement féconde. Si elle reprend la plupart des outils et des méthodes de la microéconomie traditionnelle, elle s'en écarte sur plusieurs points. Ainsi, elle analyse les comportements des agents économiques dans un cadre d'information imparfaite. L'hypothèse de rationalité de ces agents est maintenue, mais ils doivent intégrer cette absence au moins partielle d'information dans leurs prises de décision.

Asymétrie informationnelle, sélection adverse et aléa moral

On parle d'*asymétrie informationnelle* lorsque l'information est inégalement distribuée entre les agents, de telle sorte que certains possèdent une information que d'autres n'ont pas. L'information devient ainsi une ressource pour les agents qui la possèdent. Cette approche permet de mettre en avant les *comportements stratégiques des coéchangistes* en distinguant situation de sélection adverse et situation d'aléa moral :
– la *sélection adverse* advient lors d'une transaction, lorsqu'un agent économique détient sur le bien ou le service échangé une information constitutive sur laquelle il n'a pas de prise et qui n'est pas à la connaissance du coéchangiste. Par exemple, lorsqu'un individu vend une voiture d'occasion, il possède une information sur la qualité de cette voiture que l'acheteur potentiel n'a pas ;
– l'*aléa moral* est quelque peu différent : un agent économique possède une information que l'autre n'a pas, mais celle-ci ne porte pas sur un paramètre exogène mais sur une action que l'agent peut ou non commettre. Par exemple, lorsqu'un salarié est embauché, comment l'employeur peut-il être sûr qu'il donnera le meilleur de lui-même dans son activité ?

Une nouvelle source de défaillances du marché ?

En situation d'asymétrie informationnelle, il se peut que les décisions des agents économiques ne soient plus optimales. Par exemple, un assureur met en place des cotisations telles que les assurés les plus « sûrs » et prudents partent, tandis que les assurés les plus dangereux multiplient les risques, car ils se savent couverts par l'assurance. L'économiste George Akerlof a démontré, en 1970, que le marché américain des voitures d'occasion pourrait disparaître du fait de l'absence d'informations sur la qualité des voitures, alors même qu'il répondait à un besoin.

RISQUE ET INCERTITUDE

La différence entre risque et incertitude

Quand l'information est imparfaite, les agents économiques peuvent être confrontés à deux situations différentes.

• Le risque

On parle de *risque* pour caractériser une situation où *la distribution du résultat parmi un ensemble de cas* est connue soit par le calcul *a priori*, soit par des statistiques fondées sur les fréquences observées. Une situation est donc risquée quand la prévision peut se faire à partir de probabilités mathématiques ou fréquentistes :

– les probabilités mathématiques (nombre de cas favorables / nombre de cas total) sont calculées *a priori,* comme dans les jeux de hasard où les chances sont égales ;

– à l'inverse, les probabilités fréquentistes sont calculées à partir d'un grand nombre d'observations d'un événement qui se répète avec une certaine fréquence, comme le nombre de défaites d'un club de football sur une saison.

• L'incertitude

On parle d'*incertitude* lorsque la situation à venir ne peut être anticipée à partir d'un calcul de probabilité car elle est considérée comme trop singulière. La prévision est alors réalisée en deux étapes :

– lors de la première étape, l'individu se fonde sur son « intime conviction », à partir de ses propres expériences ou de celles qui lui ont été relatées ;

– la seconde étape le conduit à s'interroger sur le degré de confiance qu'il peut apporter au jugement formulé lors de la première étape ; on parle alors de « probabilité épistémique ».

Les conséquences sur l'analyse économique

La distinction entre risque et incertitude a été réalisée pour la première fois par l'économiste américain Frank Knight (1885-1972), mais elle sera au cœur des travaux du Britannique John Maynard Keynes (1883-1946) et de l'Autrichien Friedrich Hayek (1889-1992). L'attribution du *prix Nobel d'économie* à des spécialistes de l'incertitude témoigne de la vitalité des recherches dans ce domaine (George Akerlof, Michael Spence et Joseph Stiglitz en 2001, Daniel Kahneman et Vernon Smith en 2002).

• Risque et optimalité

Pour les néoclassiques, que l'information soit imparfaite n'est pas un problème si elle est probabilisable, c'est-à-dire si l'on se retrouve en situation de risque, et non d'incertitude. Dans ce cas, les agents économiques peuvent quand même réaliser des calculs rationnels coûts/avantages, en cherchant à maximiser non plus leur utilité, mais l'espérance de leur utilité.

Si l'on postule des anticipations rationnelles, ce qui signifie que les agents prennent en compte toute l'information disponible même si elle est imparfaite, *leurs calculs seront optimaux en moyenne* ; le système aboutit donc, là aussi, à une *allocation optimale des ressources*.

• Incertitude et optimalité

Pour F. Hayek, l'environnement incertain génère un échec important dans les choix des individus, mais ce n'est pas grave. En effet, le marché concurrentiel est un système optimal qui possède la capacité de sélectionner les comportements optimaux, quand bien même ceux qui les ont opérés l'ont fait en grande partie par hasard. Les « gagnants » ne seront pas forcément les plus méritants, ni les plus talentueux ; ce seront ceux qui auront fait le bon choix au bon moment, même si ce choix ne résulte pas d'un calcul optimal. Les autres, moins performants, seront exclus du marché.

Au final, ne resteront que les agents ayant réalisé des choix optimaux, que les autres imiteront. On aboutit, une fois encore, même en situation d'incertitude, à une allocation optimale des ressources.

Les défaillances du marché

La régulation par le marché n'est pas seulement limitée par l'existence de situations de concurrence imparfaite. En effet, certaines productions échappent au contrôle du marché. Par ailleurs, l'agrégation des comportements individuels ne mène pas automatiquement à l'optimum économique défini par les néoclassiques.

L'existence d'externalités et de biens collectifs

– Une *externalité* (ou *effet externe*) désigne une situation dans laquelle l'activité d'un agent influe sur celle d'un autre agent, sans que cette interaction ne transite par le marché.
L'externalité est *négative* quand l'activité a des effets néfastes pour des tierces personnes qui ne peuvent pas obtenir de compensations pour le dommage subi. C'est le cas quand une industrie qui, en produisant, pollue l'atmosphère ou l'eau et engendre des nuisances pour les riverains.
L'externalité est *positive* quand l'activité d'un agent améliore la situation d'un autre sans que celui-ci ait à payer pour l'avantage reçu, par exemple quand une firme s'implante dans une ville et permet « gratuitement » aux commerces environnants d'augmenter leur chiffre d'affaires, ou à la municipalité d'obtenir une taxe professionnelle supplémentaire.
– Sans intervention externe, le marché n'intègre pas ces externalités négatives ou positives, et cela conduira, dans le premier cas, à une production trop abondante ou, dans le second, à une production insuffisante. Le marché, même concurrentiel, est mis en échec car il n'assure plus une allocation optimale des ressources. L'importance des effets externes pour certains biens conduit à les mettre sous la tutelle de l'État : ils sont qualifiés de *biens tutélaires* (santé, éducation...)
– Un *bien collectif pur* se caractérise par deux propriétés : la *non-exclusion* (personne ne peut être écarté de l'utilisation d'un bien collectif) et la *non-rivalité* (un bien collectif peut être consommé simultanément par plusieurs agents, sans que la quantité consommée par les uns ne diminue les quantités disponibles pour les autres). Les utilisateurs d'un bien collectif pur ne sont pas incités à révéler leurs préférences individuelles, car ils bénéficieront de toute façon de ce bien sans rien dépenser. Il n'y a donc ni demande, ni prix pour ce bien. Pour combler cette lacune, l'État prend en charge la production de ce bien ou la confie à une entreprise privée concessionnaire.

Une régulation par le marché pas toujours optimale

Les mécanismes du marché ne conduisent pas toujours à un équilibre stable et automatique et ne correspondant pas forcément à une situation optimale pour tous les agents présents sur le marché. En effet, l'équilibre peut être instable, comme le montre par exemple l'observation des marchés boursiers : les spéculateurs et les comportements moutonniers peuvent engendrer des crises boursières, relativisant les capacités autorégulatrices du marché.
Ainsi, l'agrégation des comportements individuels ne contribue pas nécessairement à l'intérêt général. Des choix individuels rationnels peuvent ne pas être optimaux pour la collectivité. Le concept de « *main invisible* » de Smith (voir p. 9) est alors remis en question.
Enfin, les décisions des agents économiques ne sont pas toujours rationnelles, ce qui peut être source de déséquilibres.

LES DÉFAILLANCES DU MARCHÉ

Les biens collectifs

Deux critères sont utilisés par caractériser les biens ou services :
– la *non-rivalité (vs. rivalité) des consommateurs* : la disponibilité du bien n'est pas diminuée par la présence d'un consommateur supplémentaire, tout au moins dans la limite de capacité de l'infrastructure de production (cas d'un théâtre) ;
– la *non-exclusion (vs. exclusion)* : on ne peut exclure personne de la consommation de ce bien, même celui qui ne paie pas le prix (passager clandestin).

		Consommation	
		Rivale	*Non rivale*
Exclusion par les prix	*Possible (exclusion)*	**Biens privatifs purs (1)** *ex. : produits alimentaires, voiture…*	**Biens de club (2)** *ex. : autoroute à péage, chaîne TV codée, tunnel…*
	Impossible (non-exclusion)	**Biens en commun (3)** *ex. : ressources halieutiques, air propre…*	**Biens collectifs purs (4)** *ex. : Défense nationale, éclairage public, phare…*

• Les *biens privatifs purs* (cas n° 1) sont rivaux et excludables c'est le cas de l'ensemble des produits manufacturés, par exemple. Ils sont donc marchands.
• À l'opposé, les *biens collectifs purs* (cas n° 4) ne peuvent pas être produits par une entreprise privée : si celle-ci propose de produire un tel bien, chacun a intérêt à annoncer qu'il n'en souhaite pas car il pourra en bénéficier malgré tout gratuitement. Dans ces conditions, un bien collectif pur est un *bien hors-marché* : son financement ne peut se faire que de manière coercitive grâce à des prélèvements obligatoires imposés par l'État. Tout bien collectif pur est nécessairement un *bien public*.
• Entre ces deux cas, existent des biens intermédiaires, appelés *biens collectifs impurs* ou *mixtes* :
– Les « *biens de club* » (cas n° 2), sont *non rivaux* et *excludables par le prix*. Leur consommation est divisible quantitativement, d'où la possibilité d'exclusion par le prix en prévoyant notamment le paiement d'un droit d'accès comme un péage, mais leur offre est indivisible qualitativement – tant qu'il n'y a pas « encombrement » –, d'où l'impossibilité d'exclusion par l'usage.
– Les « *biens en commun* » (cas n° 3), sont *rivaux* et *non excludables par le prix*. Cette situation, moins fréquente, est celle par exemple d'une ressource naturelle épuisable dont l'accès est libre (ressources halieutiques). Son caractère rival fait que l'exploitation par les uns peut en dégrader la qualité et donc nuire à sa consommation par d'autres, voire épuiser la ressource. Il faut donc réglementer l'accès à ces biens.

Le dilemme des prisonniers

• La théorie des jeux, avec le dilemme des prisonniers, illustre le fait que la recherche par chacun de son intérêt personnel peut conduire à une situation sous-optimale. Deux individus ayant commis un vol sont appréhendés par la police, qui n'a pas de preuves contre eux. Elle les interroge séparément, en proposant à chacun le « marché » suivant : celui qui dénonce l'autre reçoit une prime ; celui qui est dénoncé sera condamné à une lourde peine de prison ; si les deux se dénoncent mutuellement, l'un et l'autre subiront une peine de prison légère ; si les deux se taisent, ils seront tous les deux remis en liberté.
• Dans ce jeu, « dénoncer l'autre » est une stratégie dominante : elle donne un gain supérieur à celui que procure l'autre stratégie, dans toutes les éventualités possibles. Pourtant, et c'est là qu'il y a dilemme, cette stratégie n'est pas optimale (les gains des prisonniers auraient été supérieurs s'ils s'étaient tus tous les deux). Les situations du type dilemme des prisonniers sont très fréquentes dans la vie en société, où les individus ont généralement intérêt à s'entendre et à collaborer, tout en étant incités à tirer parti de cette collaboration sans en subir les inconvénients.

Qu'est-ce que la macroéconomie ?

Le terme « macroéconomie » est créé en 1933 par l'économiste norvégien Ragnar Frisch. À l'inverse de la microéconomie, qui étudie les comportements individuels des agents économiques, la macroéconomie analyse le système économique à partir de données globales (PIB, investissement, consommation...).

Les grands principes de la macroéconomie

Il existe deux grandes conceptions de la macroéconomie :
– la première, dite « macroéconomie classique », consiste à analyser les phénomènes globaux comme de simples agrégats de phénomènes individuels. Dans ce cadre, la macroéconomie ne présente pas de spécificités méthodologiques, elle n'est que l'extension au niveau global de comportements déjà analysés par la microéconomie ;
– la seconde, qui correspond au sens actuel du mot, consiste à mettre en avant le fait que ce qui est vrai au niveau global ne l'est pas forcément au niveau individuel. Par conséquent, *le tout n'est pas la simple agrégation des parties* ; il existe des phénomènes d'émergence qui font que le tout est gouverné par des règles qui ne sont pas celles existant au niveau des parties. Par exemple, au niveau individuel, toute diminution des salaires permettant une réduction des coûts de production doit logiquement entraîner une augmentation des profits. En revanche, si cette action est prise au même moment par toutes les entreprises, la demande diminue au niveau global, ce qui entraîne une baisse des ventes, une baisse de la production, et donc, par extension, une baisse des profits. La règle « la baisse des salaires entraîne une hausse des profits » est donc vraie au niveau individuel, mais pas au niveau global.

À quoi sert la macroéconomie ?

La macroéconomie a plusieurs utilités. Elle permet :
– de *comprendre comment fonctionne le système économique global*, en mettant à jour des liens de causalité qui ne sont pas nécessairement ceux existant au niveau individuel ;
– de construire un « tableau de bord » de l'économie qui permettra aux responsables politiques de prendre des décisions en toute connaissance de la conjoncture économique ;
– d'anticiper l'avenir et de tester les conséquences de mesures de politique économique.

Petite histoire de la macroéconomie

La macroéconomie, au sens contemporain du terme, est née sous l'impulsion de John Maynard Keynes dans les années 1930. Avec les Trente Glorieuses et le triomphe du keynésianisme, elle connaît sa période la plus féconde.
Avec la crise du début des années 1970, le keynésianisme est remis en question. D'un point de vue méthodologique, la macroéconomie est alors critiquée et accusée de ne pas reposer sur des bases solides. Se développe alors une nouvelle approche, qui donne des fondements microéconomiques à la macroéconomie. Par exemple, on ne postule plus que les prix peuvent être rigides à court terme, mais on cherche à montrer que cette rigidité résulte de processus individuels d'optimisation par les agents économiques.

DEUX EXEMPLES D'ANALYSE MACROÉCONOMIQUE

Exemple 1

Soit une économie dont la modélisation de l'activité donne les informations suivantes (les données concernant C, I et Y sont en milliards d'euros) :

① La consommation est une fonction croissante des revenus et décroissante des taux d'intérêt : C (Y, r) = 0,7 Y – 400 r + 200.
Avec C le montant de la consommation, Y le montant des revenus distribués et r le niveau du taux d'intérêt en pourcentage.

② L'investissement est une fonction croissante du niveau de l'activité économique et décroissante du niveau des taux d'intérêt : I (Y, r) = 0,2 Y – 800 r + 100.
Avec I le montant de l'investissement.

③ Le niveau de l'activité économique Y (par construction égale au niveau des revenus versés) est une fonction croissante de la consommation et de l'investissement : Y = C + I.

- **Imaginons que le taux d'intérêt est de 10 %. Comment connaître le niveau du PIB ?**

D'après l'équation ③, Y = C + I.
On utilise les équations ① et ② pour remplacer C et I dans l'équation ③ :
Y = 0,7 Y – 400 r + 200 + 0,2 Y – 800 r + 100
D'où : 0,1 Y = – 1 200 r + 300
Donc : Y = 180 / 0,1 = 1 800 milliards d'euros

- **Quel est le niveau de la consommation ? le niveau de l'investissement ?**

On reprend l'équation ① :
C (Y, r) = 0,7 Y – 400 r + 200.
En remplaçant Y et r par leur valeur, on obtient un niveau de consommation de 1 420 milliards d'euros (0,7 × 1 800 – 40 + 200).
On reprend ensuite l'équation ② :
I (Y, r) = 0,2 Y – 800 r + 100.
En remplaçant Y et r par leur valeur, on obtient un niveau d'investissement de 380 milliards d'euros (0,2 × 1 800 – 80 + 100).
En additionnant la consommation et l'investissement, on trouve bien le niveau du PIB.

- **Toutes choses égales par ailleurs, quel est l'impact d'une augmentation d'un point du niveau du taux d'intérêt sur l'activité économique ?**

Si le taux d'intérêt augmente d'un point, il passe à 11 %. Cela réduit la consommation de 4 milliards d'euros (400 × 11 % = 44 milliards d'euros au lieu des 40 milliards avec un taux de 10 %) et l'investissement de 8 milliards. Toutes choses égales par ailleurs, le montant du PIB devrait donc diminuer de 12 milliards d'euros.

Exemple 2

Soit les données suivantes concernant un pays fictif. La variation des stocks y est égale à 50 milliards d'euros, le PIB à 2 000 milliards d'euros, l'investissement à 350 milliards d'euros. On sait par ailleurs que la fonction de consommation est : C (Y) = 0,8 Y, et que les importations (M) sont elles aussi une fonction de Y, le montant du PIB : M (Y) = 0,1 Y.

- **Quel est le montant des exportations de ce pays ?**

Pour connaître le montant des exportations, il faut passer par l'équilibre emplois-ressources :
PIB + M = C + I + Variation des stocks + X
On déduit des données fournies que les importations s'élèvent à 200 milliards d'euros et la consommation à 1 600 milliards d'euros.
On en déduit donc que :
X = PIB + M – C – I – Variation des stocks
Donc :
X = 2 000 + 200 – 1600 – 350 – 50
= 200 milliards d'euros.

Les agents économiques et leurs opérations

La comptabilité nationale fournit une représentation quantifiée du fonctionnement de l'économie nationale, qui met en jeu divers agents économiques. Ces agents économiques sont caractérisés et définis par leurs fonctions principales dans l'économie : produire, consommer, redistribuer.

L'économie nationale

L'économie nationale est l'ensemble des unités résidentes, c'est-à-dire celles ayant effectué des opérations économiques pendant au moins un an sur *le territoire économique* : France métropolitaine, espace aérien national, eaux territoriales, DOM (départements d'outre-mer), mais hors TOM (territoires d'outre-mer). C'est donc le *critère de la résidence* qui est pris en compte, et non celui de la nationalité.

Agents économiques et secteurs institutionnels

– Un *agent économique* (ou unité institutionnelle) est un centre élémentaire de décision économique qui jouit d'une autonomie de décision dans l'exercice de sa fonction principale.
– Les unités dont le comportement est analogue sont regroupées en catégories, appelées *secteurs institutionnels* (SI). Le comportement s'apprécie à partir de la fonction principale d'une part, et de la nature et l'origine des ressources principales d'autre part.

Cinq secteurs institutionnels et le reste du monde

– Les *ménages* regroupent les unités dont la fonction principale est la consommation et dont les ressources principales sont obtenues par la rémunération des facteurs de production et par des transferts effectués par d'autres secteurs institutionnels.
– Les *sociétés non financières* (SNF) sont l'ensemble des unités dont la fonction principale est de produire des biens et services marchands non financiers. Leurs ressources proviennent pour l'essentiel du produit de leurs ventes. Les SNF ne comprennent pas les entreprises individuelles (classées dans les ménages car on ne peut pas distinguer le patrimoine de l'entreprise de celui du ménage dont fait partie l'entrepreneur).
– Les *sociétés financières* regroupent les unités dont la fonction principale est de fournir des services d'intermédiation financière (banque et assurance) et/ou d'exercer des activités financières auxiliaires.
– Les *institutions sans but lucratif au service des ménages* (ISBLSM) : autrefois nommées administrations privées, les ISBLSM sont constituées des unités produisant des services non marchands au bénéfice des ménages, et dont les ressources proviennent pour l'essentiel de cotisations volontaires.
– Les *administrations publiques* (APU) regroupent les unités dont la fonction principale est de produire des services non marchands ou d'effectuer des opérations de redistribution du revenu ou du patrimoine. Leurs ressources principales sont composées des prélèvements obligatoires (impôts et cotisations sociales).
– Le *reste du monde* correspond à l'ensemble des unités non résidentes avec lesquelles l'économie nationale effectue des opérations pendant l'année. Il s'agit d'un SI fictif car il regroupe des unités institutionnelles très diverses (ménages, entreprises, banques…).

LES SECTEURS INSTITUTIONNELS

Nom du SI	Présentation	Fonction principale	Ressources principales
Ménages	**Définition :** groupe de personnes vivant sous le même toit, qu'elles aient ou non des liens de parenté. Une personne vivant seule constitue aussi un ménage. Les ménages comprennent : • des « **ménages ordinaires** » : ensemble de personnes vivant dans un même logement ; • des **« ménages collectifs »** : population des maisons de retraite, foyers de travailleurs… Les **entreprises individuelles** sont intégrées au SI des ménages.	• Consommation • Production de biens et services marchands (pour les entreprises individuelles)	• Rémunération des facteurs de production (travail et capital) • Transferts des autres SI • Vente de la production (pour les entreprises individuelles)
Sociétés non financières	Les SNF se subdivisent en : • **SNF publiques** (contrôlées par une APU) ; • **SNF privées nationales** (contrôlées ni par une APU, ni par une unité non résidente) ; • **SNF sous contrôle étranger** (contrôlées par une unité non résidente).	Production de biens et services marchands non financiers	Vente de la production
Sociétés financières	Les SF regroupent : • **les institutions financières :** banque centrale, autres institutions de dépôts (banques) et autres intermédiaires financiers (OPCVM) ; • **les auxiliaires financiers :** conseil en placement ; • **les sociétés d'assurance et fonds de pension** (y compris les mutuelles).	• Financement et gestion des moyens de financement • Garantie de la couverture des risques (pour les sociétés d'assurance)	• Ressources provenant de l'intermédiation ou de l'activité financière • Primes d'assurance • Cotisations volontaires (pour les mutuelles)
Administrations publiques	Les APU sont subdivisées en : • **administrations centrales (APUC)** : l'État et organismes divers d'administration centrale (ANPE, CNRS…) ; • **administrations locales (APUL)** : les régions, départements et communes et organismes divers d'administration locale (chambres de commerce par exemple) ; • **administrations de Sécurité sociale (ASSO) :** diverses unités qui distribuent des prestations sociales à partir de cotisations sociales obligatoires et organismes auxquels ces unités procurent leurs ressources principales (hôpitaux publics).	• Production de services non marchands • Redistribution du revenu et du patrimoine	Prélèvements obligatoires (impôts et cotisations sociales)
ISBLSM	**Exemples :** associations de consommateurs, partis politiques, syndicats, Églises… *Si elles reçoivent plus de 50 % de leurs ressources des APU, elles sont considérées comme APU ; si elles sont peu importantes, elles sont intégrées au SI des ménages.*	Production de services non marchands destinés aux ménages (sans but lucratif)	Cotisations volontaires et dons privés (le tout pour plus de 50 % du total des ressources)
Reste du monde	Le reste du monde regroupe l'ensemble des unités non résidentes (ménages, APU, SNF…) qui effectuent des opérations économiques avec des unités résidentes.	Tous les types d'opérations économiques	Tous les types de ressources

Le circuit économique

Les agents économiques (résidents et non résidents) sont reliés entre eux par leurs multiples activités économiques. Ces relations d'interdépendance sont souvent représentées de manière schématique sous la forme d'un circuit économique, soit en économie fermée (sans tenir compte du reste du monde), soit en économie ouverte.

La notion de flux

Le circuit économique fournit une représentation simplifiée de l'activité économique, faisant apparaître les principales interdépendances entre les agents économiques. Les mouvements *(flux)* représentés peuvent être :
– des *flux réels* portant sur des biens ou des services ; c'est le cas quand on représente la circulation du travail fourni par un salarié à son entreprise, ou celle d'une marchandise entre le vendeur et le consommateur ;
– des *flux monétaires* représentant la circulation « immédiate » de monnaie ; ces flux sont souvent la contrepartie des flux réels (par exemple le paiement d'un salaire en échange du travail fourni par le salarié) ;
– des *flux financiers* correspondant à des paiements différés. Ils peuvent être la contrepartie d'un flux réel (dette du consommateur envers l'entreprise qui lui a fourni un bien) ou d'un flux monétaire (dette envers une banque qui a accordé un prêt à son client).

La construction d'un circuit économique

Pour représenter les multiples relations qui existent entre les secteurs institutionnels, on utilise des flèches orientées et légendées qui relient les agents économiques concernés. Les circuits économiques sont plus ou moins complexes, selon qu'ils retracent ou non l'intégralité des opérations, et selon le nombre de secteurs institutionnels qu'ils mettent en relation : on peut construire un circuit en économie fermée (sans les relations avec le reste du monde), ou en économie ouverte (prise en compte des opérations avec l'extérieur).

L'équilibre emplois-ressources

– Le circuit économique s'inscrit dans une *approche macroéconomique* car il met en évidence l'interdépendance des agents économiques lors des opérations qui les relient. Sur le territoire national, l'ensemble des agents économiques dispose de ressources qui peuvent être utilisées de diverses manières (les emplois).
– Les *ressources* sont de deux types : la production nationale (composée des consommations intermédiaires – CI – et de la somme des valeurs ajoutées créées par les entreprises – soit le PIB) et les importations (M).
– Les *emplois* correspondent à la manière dont vont être utilisées les ressources précédemment citées. Elles peuvent être directement utilisées par les ménages (consommation finale : CF) ; par les entreprises, les ménages ou encore les APU sous forme de CI ou d'investissement (FBCF) ; ou encore faire l'objet d'une variation de stocks (ΔS) ou être destinées à l'exportation (X).
– *L'équilibre* emploi-ressources peut alors s'écrire : **PIB + CI + M = CF + CI + FBCF + ΔS + X**
Comme les CI se trouvent à la fois parmi les ressources et les emplois, on retient l'équilibre suivant : **PIB + M = CF + FBCF + ΔS + X**

DES AGENTS ÉCONOMIQUES EN INTERACTION

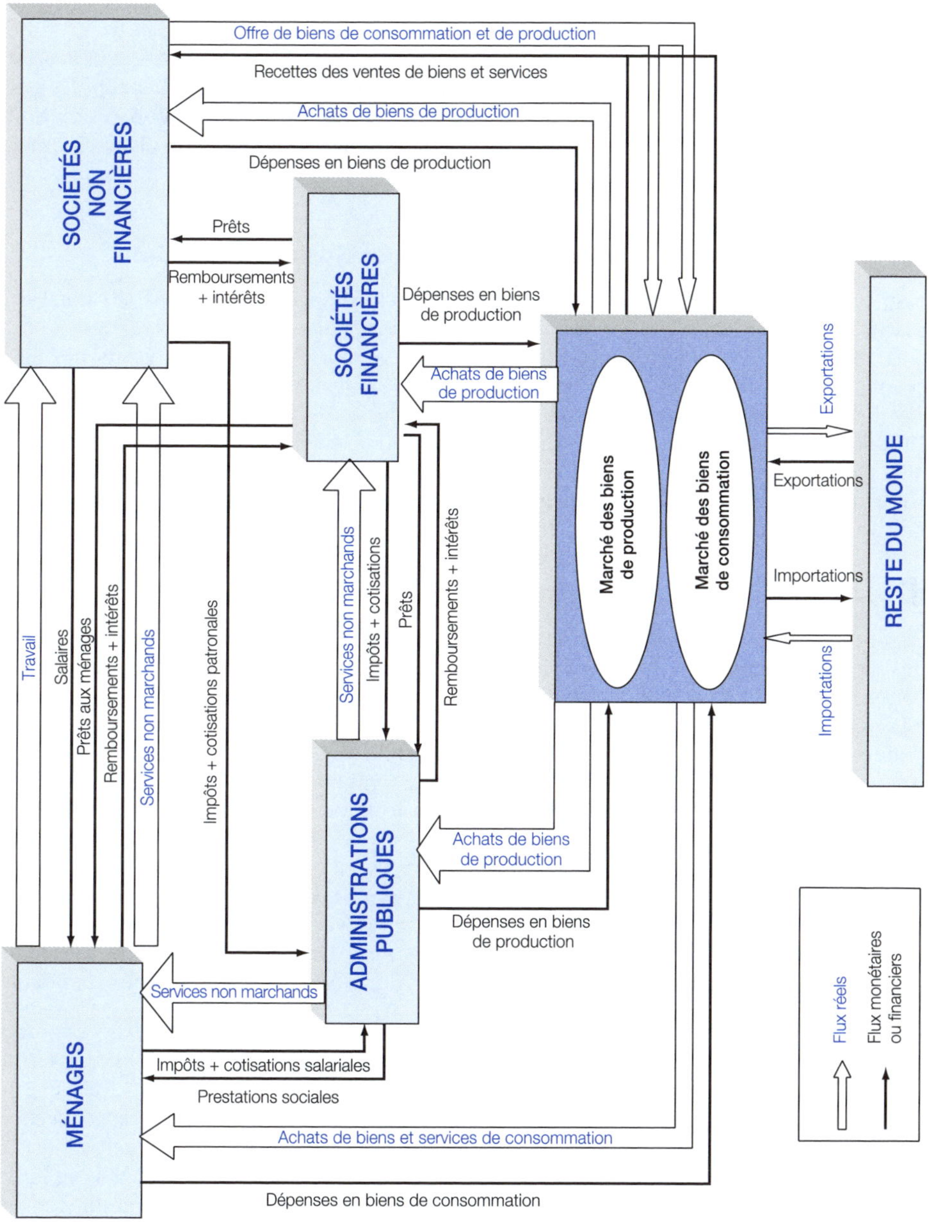

La notion de consommation

La consommation consiste en l'achat de biens et de services, dont l'utilisation entraîne la disparition, plus ou moins rapide, par destruction ou par transformation. La notion de consommation n'est pas homogène et peut être décomposée selon diverses caractéristiques.

La consommation dans le cadre du processus de production

Pour produire, les unités de production utilisent des facteurs de production : le capital et le travail. Elles consomment aussi des biens et des services dans le cadre de leur activité productive. Ce sont les *consommations intermédiaires*, qui correspondent à la valeur des biens et services transformés (exemple : pommes de terre pour des chips) ou détruits (exemple : électricité) au cours du processus de production.
Par convention, un bien ou un service, acquis par une unité productive auprès d'une autre unité productive, qui est utilisé durant moins d'un an dans le processus de production est comptabilisé comme une consommation intermédiaire (ou *capital circulant*) ; sinon, c'est un capital fixe, dont l'acquisition correspond à un investissement (voir p. 56).

La consommation des ménages

La *consommation effective* des ménages prend en compte les dépenses de consommation des ménages, mais aussi les consommations individualisables incluses dans la dépense de consommation finale des administrations.
– La dépense de consommation des ménages comprend les dépenses que les ménages supportent directement, mais aussi la part des dépenses de santé, d'éducation, de logement, restant à leur charge, après remboursements éventuels. On y inclut aussi les loyers imputés, que les ménages propriétaires de leur résidence principale se versent implicitement à eux-mêmes.
– Les *consommations individualisables* incluses dans la dépense de consommation finale des administrations sont celles dont les bénéficiaires peuvent être précisément définis. C'est le cas en particulier des dépenses pour l'éducation et pour la santé. En effet, ces services sont consommés par les ménages sans qu'ils n'aient à en payer directement le coût (en fait, ils le payent indirectement par l'intermédiaire des impôts). Comme il est possible d'identifier précisément qui a reçu ces services, on peut donc imputer aux personnes correspondantes le niveau de consommation considéré.

Consommation individuelle et consommation collective

Dans la consommation effective des ménages, sont incluses les consommations collectives individualisables. Il existe cependant aussi des services collectifs non individualisables (tels que la police ou la Défense nationale par exemple) qui ne peuvent être nommément imputés à telle ou telle personne, puisque c'est l'ensemble de la population qui, indistinctement, en profite.
Cette *consommation collective* (correspondant à des biens publics, voir p. 40) n'est donc pas incluse dans la consommation effective des ménages ; par convention, on l'inclut dans la consommation effective des administrations publiques.

LA FONCTION DE CONSOMMATION

Une fonction de consommation formalise la relation existant entre l'évolution de la consommation globale des ménages et le revenu disponible de ces mêmes ménages. La fonction de consommation mise en évidence par Keynes découle de sa loi psychologique fondamentale, selon laquelle la consommation augmente avec le revenu, mais dans des proportions moindres (voir p. 72). Mais la relation qu'il a mise en évidence a été remise en cause par d'autres économistes, notamment Milton Friedman.

Formalisation de la fonction de consommation keynésienne

• Le revenu courant (Y) se partage entre la consommation (C) et l'épargne (S). La fonction de consommation keynésienne est de la forme suivante :

$$C = c \,.\, Y + d$$

c représente la propension marginale à consommer, c'est-à-dire la variation de consommation induite par une variation du revenu (c = variation de C / variation de Y) ; d désigne une consommation dite incompressible, qui ne dépend pas du revenu. Cette consommation incompressible correspond au niveau nécessaire à la survie d'un individu. Passé ce niveau, sa consommation augmentera donc en fonction de l'accroissement de son revenu (cY).

• Dans son raisonnement, Keynes prend en compte le *revenu courant* des agents économiques, c'est-à-dire le revenu reçu à chaque période de la vie. Selon lui, l'avenir étant incertain, ces derniers raisonnent uniquement à court terme. Ainsi, les agents économiques consomment à chaque période de leur vie en fonction du revenu perçu au cours de cette période, sans prendre en compte leurs perspectives de revenus.

• Pour Keynes, le moteur de l'économie est la demande, qui est la somme de la consommation et de l'investissement. Il était donc partisan de politiques qui visent à accroître la consommation en agissant sur le revenu (politiques de redistribution, voir p. 72).

La théorie du revenu permanent

Milton Friedman a cherché à montrer que la fonction de consommation keynésienne n'était pas valable sur le long terme, aussi bien sur le plan empirique que théorique.

• Selon lui, ce n'est pas le revenu courant qui détermine la consommation d'un agent économique, mais la richesse de cet agent mesurée par son *revenu permanent*, qui peut être défini comme la somme totale qu'un agent peut utiliser pour sa consommation en maintenant constante la valeur de son capital. C'est en quelque sorte l'intérêt de son patrimoine.

• Le revenu permanent Yp peut se formaliser sous la forme suivante :

$$Yp = i \,.\, W$$

avec W la richesse de l'agent, et i le taux d'intérêt (ou le taux de rendement de son patrimoine)

• Le revenu courant (Y) est alors la somme du revenu permanent et du revenu transitoire (YT) :

$$Y = Yp + YT$$

Les agents économiques connaissent donc des périodes où leur revenu courant est inférieur à leur revenu permanent (dans ce cas, YT est négatif).

• Selon Friedman, les agents économiques déterminent leur niveau de consommation à partir de leur revenu permanent, suivant la fonction de consommation suivante :

$$C = Cp + CT$$

avec C représentant le niveau de la consommation courante, Cp celui de la consommation permanente, et CT celui de la consommation transitoire.

Le seul lien stable existant est celui qui lie la consommation permanente au revenu permanent. Il n'existe pas de relation stable entre la consommation et le revenu courant. Selon lui, une variation du revenu n'affectera la consommation que si elle modifie le revenu permanent. Une politique de relance de type keynésienne, basée sur l'accroissement des revenus distribués est donc inefficace selon Friedman.

La consommation des ménages

Pourquoi consommons-nous ? Quel est l'effet d'une hausse des prix ou des taux d'intérêt sur le niveau de consommation ? Le pouvoir d'achat est-il un déterminant important ?... Les variables économiques sont essentielles à la compréhension du comportement de consommation, et indirectement d'épargne.

Pouvoir d'achat et inflation

L'évolution de la consommation est directement corrélée avec celle du pouvoir d'achat, qui est égal au rapport entre l'évolution des revenus et celle des prix. Ce calcul est réalisé en euros constants. La consommation augmente donc lorsque les revenus progressent plus rapidement que les prix.

L'inflation peut avoir deux effets contraires sur le niveau de consommation :

– d'une part, elle peut inciter les agents économiques à réduire leur épargne car la valeur réelle de l'épargne diminue. Toute somme épargnée perdant de sa valeur du fait de l'inflation, l'épargne appauvrit ;

– d'autre part, l'« effet Pigou », ou l'« effet d'encaisses réelles », avance que les agents économiques désirent maintenir une certaine valeur réelle de leur épargne. Comme l'inflation réduit cette valeur, cela les incite à accroître leur niveau d'épargne pour « reconstituer leurs encaisses réelles » (de même, une baisse des prix les incite à consommer).

L'impact des taux d'intérêt

Une augmentation des taux d'intérêt a deux effets potentiels :

– l'*effet revenu* entraîne une diminution de l'épargne (et donc une augmentation de la consommation) : en effet, il est possible, quand les taux d'intérêt augmentent, de recevoir la même quantité d'intérêt avec un niveau d'épargne plus faible ;

– à l'inverse, l'*effet substitution* induit une augmentation de l'épargne : une hausse des taux d'intérêt rend l'épargne plus attractive car le sacrifice de la consommation présente pour épargner permettra de consommer plus dans l'avenir, du fait du montant des intérêts perçus.

Revenu courant et revenu permanent

– Pour les keynésiens, les agents économiques raisonnent à court terme. Leur consommation au cours d'une période dépend donc de leur *revenu courant* (c'est-à-dire le revenu au cours de cette période). Elle peut donc varier dans le temps.

– Au contraire, Milton Friedman a développé une théorie du *revenu permanent*, selon laquelle le raisonnement des agents économiques est intertemporel, c'est-à-dire réalisé en prenant en compte toutes les périodes de la vie. La consommation et l'épargne ne dépendent alors pas du revenu courant mais du revenu permanent, qui correspond à la somme des revenus actualisés sur toute la vie.

Les agents économiques qui anticipent des revenus futurs élevés mais disposent provisoirement de faibles ressources préfèrent utiliser immédiatement ces ressources futures. Ils vont donc réaliser des emprunts lorsque leur revenu courant sera inférieur à leur revenu permanent, et épargneront dans le cas contraire. Ils « lissent » ainsi leur consommation dans le temps afin de ne pas subir les variations de leur revenu courant.

L'ÉVOLUTION DE LA CONSOMMATION

La consommation a connu, dans les pays développés, une double et radicale évolution au cours du xxe siècle : quantitative, évidemment, avec la hausse du niveau de vie, mais aussi qualitative, avec l'évolution de la structure de consommation des ménages.

Une évolution quantitative

Le xxe siècle a connu une augmentation significative de la quantité de biens et de services à la disposition des agents économiques. Ainsi, depuis les années 1950, la consommation en volume des ménages français a été multipliée par 5.

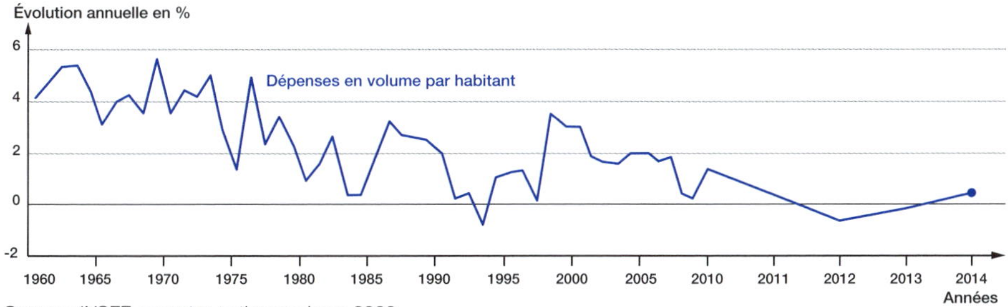

Source : *INSEE, comptes nationaux*, base 2000.

Une évolution qualitative

La structure de consommation évolue avec le niveau des revenus et de la consommation.

• Les agents économiques cherchent avant tout à répondre à leurs besoins primaires, c'est-à-dire ceux qui sont essentiels à la survie : se nourrir, se vêtir, se loger, s'éclairer, se chauffer… Une fois ces besoins satisfaits, le surplus de revenu est consacré à la satisfaction des besoins dits « secondaires », c'est-à-dire non nécessaires à la survie, comme les services (dont les loisirs).

• Cette idée a été confortée par l'économiste et statisticien allemand Ernst Engel, qui a observé empiriquement, à partir de 1857, l'évolution des dépenses de consommation en fonction du niveau de revenu. Il en a établi la loi suivante : *la part du revenu affectée aux dépenses d'alimentation est d'autant plus faible que le revenu est élevé*.

Par la suite, deux autres lois ont été établies par d'autres statisticiens :

– *la part affectée aux dépenses de vêtements, de logement, de chauffage et d'éclairage est sensiblement identique, quelle que soit l'importance du revenu ;*

– *la part affectée aux besoins d'éducation, de santé, de voyage s'accroît avec le revenu.*

Société de pénurie ou d'abondance ?

L'anthropologue américain Marshall Sahlins, dans *Âge de pierre, âge d'abondance*, a développé une idée originale : nos sociétés de consommation de masse seraient des sociétés de pénurie. En effet, nous transformons des besoins secondaires en besoins primaires (en particulier du fait de l'environnement publicitaire). Par exemple, peu de nos contemporains s'imaginent vivre sans téléviseur ou téléphone mobile. Ils entrent alors dans une frénésie de nouvelles dépenses sans fin : à peine une nouvelle consommation effectuée que le plaisir ressenti laisse la place à la frustration de ne pas posséder d'autres biens nouvellement apparus sur le marché.

L'épargne

L'épargne est la partie temporairement non consommée du revenu. Elle est donc principalement définie négativement comme étant une « non-consommation ». Elle peut prendre différentes formes. Le choix opéré par les ménages entre consommation et épargne est influencé par plusieurs variables économiques.

Les différents types d'épargne

L'épargne peut prendre deux formes essentielles :
– la *thésaurisation* : c'est la somme gardée par les agents économiques sous forme de liquidités, c'est-à-dire sous la forme d'encaisses monétaires utilisables ;
– les *placements financiers* : d'une part, les placements « sûrs », sans risque, à capital garanti, dont la rémunération (les intérêts versés) est assurée ; d'autre part, les placements risqués, censés générer des revenus ou des plus-values, dont le capital n'est pas garanti.

L'impact de l'inflation sur l'épargne

L'inflation a deux effets contraires possibles sur le niveau de l'épargne :
– d'une part, elle peut inciter les agents économiques à réduire leur épargne, car la valeur réelle de l'épargne diminue : toute somme épargnée perdant de sa valeur du fait de l'inflation, l'épargne appauvrit ;
– d'autre part, « l'effet Pigou », ou « effet d'encaisses réelles », avance que les agents économiques désirent maintenir une certaine valeur réelle de leur épargne. Comme l'inflation réduit cette valeur, cela les incite à accroître leur niveau d'épargne pour « reconstituer leurs encaisses réelles » (de même, une baisse des prix les incite à consommer).

L'impact des taux d'intérêts sur l'épargne

– Une augmentation des taux d'intérêts a deux effets potentiels : *l'effet revenu* entraîne une diminution de l'épargne puisque, si les agents économiques se fixent un montant attendu d'intérêts à recevoir, ils pourront l'obtenir en épargnant moins (puisque les taux d'intérêts ont augmenté) ; à l'inverse, *l'effet substitution* induit une augmentation de l'épargne, car une augmentation des taux d'intérêts rend l'épargne plus attractive, le sacrifice de la consommation présente consécutive à l'épargne permettant d'escompter une consommation plus élevée dans l'avenir.
– Selon les libéraux, le partage consommation/épargne dépend du niveau des taux d'intérêt. Les agents économiques ont selon eux une *préférence pour le présent* : ils désirent consommer immédiatement leur revenu. Cependant, comme ils sont rationnels, ils cherchent à maximiser leur consommation sur la durée de leur vie. Or, selon eux, l'effet substitution l'emporte sur l'effet revenu : lorsque les taux d'intérêts sont élevés, les agents économiques préfèrent épargner.
– À l'inverse, selon la *loi psychologique fondamentale* (voir p. 73) de Keynes, tout accroissement du revenu entraîne un accroissement plus que proportionnel du niveau d'épargne. Autrement dit, la propension marginale à épargner est croissante avec le revenu. Par conséquent, le partage entre la consommation et l'épargne dépend du montant du revenu, et non du montant des taux d'intérêts.

LA THÉORIE DU CYCLE DE VIE

Francesco Modigliani s'est appuyé sur la théorie du revenu permanent de Friedman (voir p. 47) pour développer une « théorie du cycle de vie » du consommateur, qui avance que le partage entre la consommation et l'épargne dépend de l'âge des agents économiques.

Emprunter, épargner, puis « désépargner »

Selon cette théorie, la vie d'un agent économique est principalement découpée en trois périodes.

• **La première période correspond à la jeunesse** : l'agent économique dispose de faibles revenus, inférieurs à son niveau désiré de consommation (on retrouve ici l'idée de la théorie du revenu permanent développée par M. Friedman, selon laquelle les agents économiques préfèrent disposer d'un niveau de consommation relativement stable à chaque période de leur vie).

Cette période sera marquée par des emprunts, afin de disposer d'un montant de ressources nécessaire à l'obtention du niveau de consommation désiré.

• **La seconde période correspond à la maturité professionnelle**, durant laquelle le niveau de revenu est cette fois-ci supérieur au niveau de consommation permanent.

Cette période se subdivise en deux : dans un premier temps, suite à son entrée dans la vie active, l'agent économique voit ses revenus régulièrement augmenter ; puis, arrivant sur la fin de sa vie active, son niveau de productivité diminue, ce qui entraîne une diminution progressive de ses revenus.

L'agent économique va alors en profiter pour rembourser ses emprunts, mais aussi pour épargner une somme qui lui sera nécessaire lors de sa troisième période de vie.

• **La troisième période est celle de la retraite**, où les revenus diminuent ; l'agent économique, pour maintenir son niveau de consommation, doit utiliser les ressources financières épargnées lors de la seconde période.

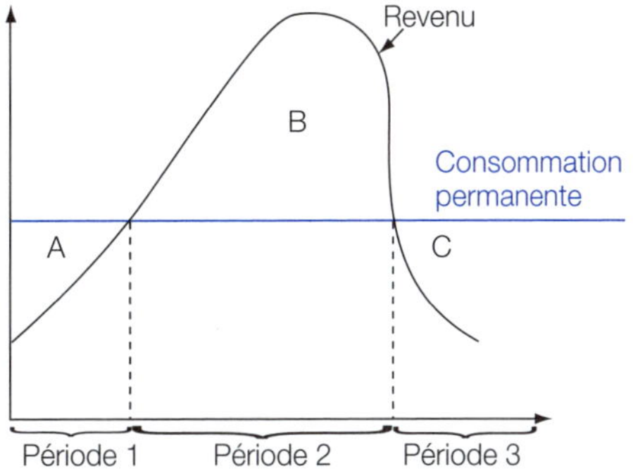

Si l'agent économique désire mourir sans dettes et en ayant pleinement profité de ses ressources, on doit avoir B = A + C (cependant, l'agent économique désire généralement laisser un patrimoine en héritage).

Ainsi, le montant de l'épargne dans un pays dépend de la pyramide des âges de la population : un baby-boom, ou un accroissement de la population retraitée va entraîner une diminution de l'épargne.

Les limites du modèle

Ce modèle repose sur des hypothèses contraignantes, qui en réduisent la portée :

– les agents économiques doivent savoir anticiper sans trop d'erreurs leurs revenus ;

– ils doivent pouvoir trouver sur les marchés financiers les ressources dont ils ont besoin, ceux-ci doivent donc être « parfaits » ;

– ils doivent savoir anticiper leur durée de vie ;

– le système de retraite doit fonctionner par capitalisation (voir p. 95).

Les revenus

Les revenus sont des flux de ressources (monétaires ou en nature) issus directement ou non de l'activité économique. Issus de la production, les revenus primaires sont répartis entre les différents acteurs avant d'être affectés à des emplois (consommation, investissement...). Au-delà de cette répartition primaire, la redistribution contribue aussi à la formation des revenus.

De la valeur ajoutée aux revenus primaires

La valeur ajoutée (voir p. 60) est répartie entre les divers agents qui ont contribué, directement ou indirectement, à la création de richesses. Les *revenus primaires* (ou *revenus des facteurs*) désignent ces revenus perçus en contrepartie de la participation à l'activité économique. Ils rémunèrent donc les facteurs de production : travail et capital. Ils comprennent :
– la *rémunération des salariés*, soit l'ensemble des versements effectués par les employeurs au titre de la rémunération du travail, qui inclut les salaires nets, mais aussi les cotisations sociales, ou encore les avantages en nature ;
– les *revenus mixtes* des entreprises individuelles, dans lesquelles les travailleurs indépendants participent à la production en apportant leur travail mais aussi des capitaux ;
– les *revenus de la propriété* (ou *revenus du patrimoine*) rémunèrent ceux qui ont participé à l'activité économique en fournissant des capitaux. Ils incluent donc la rémunération des actionnaires (dividendes), des créanciers (intérêts), les revenus fonciers (loyers, fermages...)

Des revenus primaires au revenu disponible

Les revenus primaires constituent la majorité des ressources des ménages, mais ils n'en disposent pas entièrement pour consommer et épargner. Ils doivent payer des prélèvements obligatoires qui réduisent leurs ressources, et ils reçoivent, grâce au processus de *redistribution* (voir p. 72), divers *revenus de transfert*.
– Le *revenu disponible brut* (RDB) des ménages désigne la part des revenus qui est à leur disposition pour la consommation et l'épargne :

RDB = revenus primaires + revenus de transfert – prélèvements obligatoires

– Les *revenus de transfert* (ou *revenus sociaux*) comptabilisés dans le calcul du RDB sont des prestations sociales en espèces. Les *prestations sociales* (qui peuvent aussi être en nature) correspondent aux transferts versés aux ménages dans le cadre d'un régime de protection sociale. Elles sont destinées à alléger la charge financière que représente la protection contre un certain nombre de risques ou de besoins (santé, vieillesse, maternité, famille, emploi...). La part de ces revenus de transfert dans le revenu des ménages est en constante augmentation et en représente aujourd'hui près de 30 %.
– Les *prélèvements obligatoires* pris en compte dans le calcul du RDB sont les *cotisations sociales* ainsi que les *impôts directs* (pour les ménages, il s'agit essentiellement des impôts sur le revenu et sur le patrimoine).
– Le *revenu disponible ajusté* est la somme du RDB et des *prestations sociales en nature* (remboursement des soins, valeur des services individualisables d'éducation et de santé fournis gratuitement par les administrations). Il est donc disponible pour la c*onsommation effective* et pour l'épargne.

LES REVENUS DES MÉNAGES EN FRANCE

Évolution de la structure du RDB des ménages

Du revenu primaire au revenu disponible brut des ménages (en % du revenu primaire)

	1960	1970	1980	1990	2000	2010	2014
Revenu primaire brut (en milliards d'euros)	**34,3**	**92,9**	**340,6**	**753,9**	**1 058,3**	**1 436,6**	**1 544,9**
Revenu primaire brut	**100,0**	**100,0**	**100,0**	**100,0**	**100,0**	**100,0**	**100,0**
Excédent brut d'exploitation et revenu mixte	33,7	27,6	20,9	20,3	19,8	18,9	18,9
Rémunération des salariés	61,2	67,1	73,3	71,2	71,5	72,5	73,9
Revenus du patrimoine	5,1	5,3	5,8	8,5	8,8	8,6	7,2
– Transferts nets de redistribution	**– 5,0**	**– 8,3**	**– 11,7**	**– 12,0**	**– 13,7**	**– 10,1**	**– 13,1**
Prestations sociales reçues	15,4	18,3	22,2	25,1	26,0	28,9	30,3
Cotisations sociales versées	– 16,7	– 21,3	– 27,5	– 30,5	– 27,5	– 28,3	– 29,6
Impôts sur le revenu et le patrimoine	– 4,4	– 5,5	– 6,9	– 7,6	– 12,6	– 11,4	– 13,6
Autres transferts courants	0,7	0,2	0,5	0,9	0,4	0,7	– 0,2
= Revenu disponible brut	**95,0**	**91,7**	**88,3**	**88,0**	**86,3**	**89,9**	**86,9**
Revenu disponible brut (en milliards d'euros)	**32,6**	**85,2**	**300,6**	**663,2**	**913,3**	**1 290,9**	**1 342,3**

Champ : y compris entreprises individuelles

Source : INSEE, comptes nationaux – base 2005.

La rémunération des salariés constitue toujours une part essentielle des revenus primaires (72,5 %). Toutefois (et ce, surtout depuis les années 1980), on note une hausse de la part des revenus du patrimoine qui constituent aujourd'hui près de 9 % des revenus primaires des ménages.
La redistribution joue un rôle de plus en plus important dans la formation du revenu des ménages. Certes, le poids des prélèvements obligatoires (et surtout celui des impôts : + 8,3 points en 52 ans) s'est accru, mais les revenus de transfert constituent aussi une part de plus en plus importante des revenus primaires (quasiment 29 % en 2012, contre seulement 15,4 % en 1960).

Prestations sociales et revenus des ménages

La part des prestations sociales dans le revenu disponible brut des ménages n'a cessé de croître depuis les années 1960 : l'augmentation a été particulièrement importante jusqu'au milieu des années 1980 (16,2 % en 1960, 20 % en 1970, pour atteindre environ 28,5 % en 1990) ; la hausse s'est ensuite poursuivie, mais à un rythme plus modéré (oscillant entre 29 % et 30,5 % dans les années 1990-2000). La période récente est marquée par une hausse significative avec 33,2 % en 2012.
Les comptes de la protection sociale, publiés annuellement, distinguent cinq catégories de prestations correspondant à autant de risques :

- le *risque « vieillesse – survie »* est le plus important, il représente 45,4 % du total des prestations en 2011. L'essentiel concerne les pensions de retraite, mais il inclut aussi la prise en charge de la dépendance avec l'allocation personnalisée d'autonomie ;
- le *risque « santé »* inclut la maladie, l'invalidité, les accidents du travail et les maladies professionnelles, et représentait en 2011 34,1 % des prestations ;
- le *risque « maternité – famille »* comprend notamment les indemnités journalières, l'allocation jeune enfant, les allocations familiales, l'allocation de parent isolé, l'allocation parentale d'éducation... Avec les aides au logement (prises en charge par la Caisse d'allocations familiales), ce risque représente près de 11,4 % des prestations ;
- le *risque « emploi »* correspond à l'indemnisation du chômage, aux aides à la réadaptation et la réinsertion professionnelle, aux mesures de préretraites, et équivaut à environ 6,6 % du total ;
- le *risque « pauvreté – exclusion »* concerne essentiellement la prise en charge du RSA (80 % de ce poste) et représente environ 2,5 % du total.

Le montant des prestations de protection sociale versées aux ménages en 2011 s'est élevé à 638,8 milliards d'euros, soit 31 % du PIB, en progression de plus de 5 points par rapport à 1990.

L'investissement

L'investissement désigne le flux qui vient renouveler ou accroître le stock de capital déjà existant. Il peut revêtir des formes très variées. Ainsi, il existe différents types d'investissements, classés selon leur nature (matériel ou immatériel) ou selon leurs objectifs (augmenter la production, la productivité, compenser les déclassements).

La notion d'investissement

– Quand une entreprise acquiert des biens de production, elle réalise une opération d'investissement. L'investissement se définit donc selon l'INSEE comme « la valeur des biens durables acquis pour être utilisés pendant au moins un an dans le processus de production ». Il correspond à la notion comptable de *formation brute de capital fixe (FBCF)*. La FBCF mesure *l'investissement brut*, elle englobe donc l'*investissement net* (flux positif) et l'*amortissement* (flux négatif constitué par les déclassements des biens de production durables usés ou obsolètes).
– L'effort d'investissement d'un pays se mesure grâce à son *taux d'investissement*, défini comme le rapport entre la FBCF et le PIB. Celui d'une entreprise est évalué par le rapport entre sa FBCF et sa valeur ajoutée.
– L'investissement n'est pas que le fait des entreprises. Les administrations publiques procèdent aussi à des investissements (infrastructures routières par exemple), de même que les ménages quand ils acquièrent un logement. On distingue ainsi les investissements *privés* des investissements *publics*, mais aussi les investissements *productifs* (achats de machines) des investissements *improductifs* (achats de logements en particulier).

Les objectifs de l'investissement productif

– L'investissement de *capacité* est destiné à accroître les capacités de production : on acquiert une nouvelle machine qui permettra un volume de production plus important. L'investissement de *productivité* (ou de rationalisation) vise des gains de productivité : on pourra obtenir un volume de production plus élevé avec la même quantité de facteur qu'auparavant. La production est alors plus efficace et on pourra réduire les coûts de production. L'investissement de *remplacement* a pour but de remplacer du capital usé ou obsolète.
– Dans les faits, la distinction entre investissement de productivité et investissement de remplacement reste souvent théorique : le nouveau matériel est normalement plus productif que l'ancien.

Les formes d'investissement

– L'investissement *matériel* correspond à l'acquisition de biens de production durables : machines, locaux,...
– L'investissement *immatériel* est constitué des dépenses de R&D (recherche et développement), de formation du personnel, de publicité, ainsi que des achats de logiciels, et de brevets et licences. Ces investissements immatériels, non comptabilisés dans la FBCF (sauf l'acquisition de logiciels depuis 1999) ne permettent pas d'accroître le stock de capital de l'entreprise. Ils sont toutefois un moyen d'augmenter ses capacités de production futures, c'est pourquoi les économistes les considèrent aussi comme des investissements. Ils constituent d'ailleurs aujourd'hui un poste de dépenses croissantes pour beaucoup d'entreprises (près d'un tiers du total des investissements en France).

LES DÉTERMINANTS DE L'INVESTISSEMENT

La décision d'investir dépend de l'entrepreneur. Il prend sa décision en fonction de multiples paramètres. Ainsi, les chefs d'entreprise semblent particulièrement sensibles à l'influence de la demande, aux profits attendus, ainsi qu'aux conditions financières de réalisation de leurs projets d'investissement.

Le rôle de la demande anticipée

L'entreprise ne prend la décision d'investir que si les débouchés lui paraissent suffisants. Sa capacité productive doit être durablement inférieure à celle qui permet de satisfaire la demande anticipée. Si elle pense que la hausse des débouchés n'est que provisoire ou si elle a des capacités de production inemployées, elle n'investira pas.

Si le *taux d'utilisation des capacités de production* (rapport entre capacités de production utilisées et capacités de production totales) augmente, elle a moins de marge de manœuvre pour ajuster sa production et va investir. Cet effet d'entraînement de la demande sur l'investissement est formalisé dans le principe de l'*accélérateur* (J.M. Clark), selon lequel une variation de la demande entraîne une variation plus que proportionnelle de l'investissement. Cet effet d'amplification joue tant à la hausse qu'à la baisse :

- une hausse de la demande engendre une hausse plus forte de l'investissement ;
- un simple ralentissement de la croissance de la demande suffit à provoquer une chute des investissements ;
- une baisse de la demande conduit à un désinvestissement, qui se réduit avec le ralentissement de la baisse de la demande.

Le rôle des profits escomptés

L'entreprise a aussi pour objectif de réaliser des *profits* : elle décide d'investir en fonction du rendement qu'elle attend de son nouvel équipement (profits escomptés). D'ailleurs, on observe traditionnellement une corrélation entre taux de marge et taux d'investissement : quand le partage de la VA se fait en faveur des entreprises, elles accroissent leurs investissements.

Le poids des contraintes financières

L'investisseur doit aussi tenir compte de sa capacité à financer son projet.

- La notion *d'efficacité marginale du capital* (emc) – ou rendement escompté de l'investissement – permet de savoir si le financement peut se faire dans des conditions satisfaisantes. L'entrepreneur n'investit que si l'emc est supérieure au taux d'intérêt, qu'il ait ou non les fonds nécessaires. S'il a des réserves, le taux d'intérêt correspond à un coût d'opportunité (ce que l'entreprise aurait pu gagner en plaçant ses fonds sur les marchés) : s'il est supérieur à l'emc, il est plus intéressant de prêter ses réserves. S'il n'a pas les fonds nécessaires, il devra emprunter. Si le taux d'intérêt est supérieur au rendement attendu de l'investissement il vaut mieux ne pas investir.
- La *profitabilité* mesure l'écart entre la *rentabilité financière* de l'investissement : (profits – intérêts) / fonds propres et le taux d'intérêt réel. Si celui-ci s'accroît, l'entreprise renonce à des investissements jugés non rentables. L'emprunt fragilise donc l'entreprise en augmentant son endettement et la soumet à l'influence du taux d'intérêt ; mais il contribue à accroître la *rentabilité financière* (les investissements financés par emprunt permettent de dégager des profits, qui ne sont répartis que sur les capitaux propres). Si le taux de profit est supérieur au taux d'intérêt, la rentabilité des capitaux propres est accrue par l'endettement : c'est *l'effet de levier*. Dans le cas contraire il s'exerce un *effet de massue*.

La production

La production constitue une opération essentielle de l'activité économique puisqu'elle fournit les biens et services nécessaires à la satisfaction des besoins. Il s'agit donc d'une fonction économique primordiale. Elle est essentiellement le fait des entreprises, mais d'autres agents économiques y participent également.

Qu'est-ce que la production ?

La production désigne une activité socialement organisée consistant à créer des biens ou des services qui satisfont des besoins individuels ou collectifs.

– L'activité de production fournit des *biens* (produits matériels) et des *services* (produits immatériels). Les produits peuvent être classés en fonction de leur utilisation ultérieure : les *produits de consommation* sont destinés à la satisfaction directe des consommateurs (que ces produits soient *durables* – comme un téléviseur – ou *non durables* – comme des biens alimentaires) ; les *biens de production* sont utilisés pour réaliser d'autres biens et services.

– Si la majeure partie de la production est réalisée par les entreprises (sociétés non financières et sociétés financières), il ne faut pas oublier que les administrations publiques, de même que les ISBLSM et les ménages (avec les entreprises individuelles), participent aussi à la production.

Comment mesurer la production et son évolution ?

Si la production peut se mesurer en quantités physiques – nombre de stylos, quintaux de blé… –, elle est plus fréquemment évaluée en unités monétaires. On utilise par exemple le *chiffre d'affaires* qui mesure la valeur de la production vendue par une entreprise. Il se calcule comme suit : **nombre de produits vendus   prix unitaire**.

Toutefois, cette mesure monétaire pose des problèmes si on veut faire des comparaisons dans le temps :

– la production *en valeur* (ou à prix courants) est mesurée avec les prix de l'année ;

– la production *en volume* (ou à prix constants) est calculée en neutralisant l'effet de la variation des prix sur le pouvoir d'achat de la monnaie (en déflatant). On utilisera alors les prix d'une année de base (année *t* de référence).

$$\text{Production en volume} = \frac{\text{Production en valeur}}{\text{Indice des prix, base 100 l'année } t} \times 100$$

ou

$$\text{Production en euros constants de l'année } t = \frac{\text{Production en euros courants}}{\text{Indice des prix, base 100 l'année } t} \times 100$$

Productions marchande et non marchande

– La *production marchande* est celle réalisée en vue d'être vendue sur un marché. Dans ce cas, le prix de vente doit couvrir au moins son coût de production. La production marchande est donc réalisée, dans un but lucratif, par des entreprises (privées ou publiques).

– La *production non marchande* est celle qui est fournie gratuitement ou quasi gratuitement (à un prix nettement inférieur à son coût de production). Elle est donc le résultat des activités qui ne se font pas dans un but lucratif : celles des administrations publiques, ou des ISBLSM (voir p. 44). On la mesure, par convention, à ses coûts de production.

MESURER L'ÉVOLUTION DE LA PRODUCTION

La prise en compte de l'inflation

• Étudier l'évolution de la production (ou de toute autre valeur d'ailleurs) lorsque celle-ci est mesurée en valeur monétaire pose toujours un problème dans la mesure où la valeur de cette unité monétaire varie avec l'évolution des prix. Il faut distinguer, dans cette évolution de la production, ce qui provient de « *l'effet quantité* » et ce qui provient de « *l'effet prix* ».

Quand on n'enlève pas l'effet prix, on parle de :	Quand on supprime l'effet prix (on déflate), on parle de :
Production en valeur	Production en volume
Production nominale	Production réelle
Production en euros courants	Production en euros constants

Prenons l'exemple d'une entreprise dont la production passe de 5 millions d'euros en 2005 à 6 millions en 2014. D'où provient cette augmentation ? De l'augmentation des quantités produites ou d'une variation des prix ? La *production en valeur* a augmenté de 1 million d'euros (soit une hausse de 20 %). Mais si on sait que, sur la période 2005-2014, les prix de cette production ont progressé de 15 %, alors le constat ne sera pas le même. Il faut *supprimer* l'« *effet prix* » de cette évolution pour connaître son évolution en volume :

$$\text{Production en volume en 2014} = \frac{\text{production en valeur en 2014}}{\text{indice des prix en 2014, base 100 en 2005}} \times 100$$

$$\text{soit : } \frac{\text{6 millions d'euros}}{115} \times 100 \approx \text{5,217 millions d'euros constants de 2005.}$$

Ainsi, *en volume* (ou *en euros constants* de 2005) la production n'a augmenté que d'environ 4,34 %.

La production française par branches et son évolution

(En milliards d'euros courants)	1970	1990	2014
Agriculture, sylviculture et pêche	**15,1**	**68,4**	**86,6**
Industrie manufacturière, industries extractives et autres	**86,9**	**562,4**	**894,2**
Industries extractives, énergie, eau, gestion des déchets et dépollution	*6,6*	*54,7*	*150,6*
Fabrication de denrées alimentaires, de boissons et de produits à base de tabac	*17,1*	*104,7*	*155,2*
Cokéfaction et raffinage	*3,4*	*20,6*	*48,4*
Fabrication d'équipements électriques, électroniques, informatiques ; fabrication de machines	*11,8*	*71,7*	*80,3*
Fabrication de matériels de transport	*6,5*	*59,7*	*113,6*
Fabrication d'autres produits industriels	*41,5*	*251,1*	*346,2*
Construction	**22,4**	**142,4**	**275,2**
Services principalement marchands	**84,3**	**811,8**	**1 946,8**
Commerce de gros et de détail, transports, hébergement et restauration	*38,2*	*313,6*	*670,6*
Information et communication	*5,8*	*69,3*	*182,6*
Activités financières et d'assurance	*8,1*	*105,6*	*211,8*
Activités immobilières	*10,7*	*116,6*	*303,4*
Activités scientifiques et techniques ; services administratifs et de soutien	*17,4*	*171,4*	*483,7*
Autres services	*4,2*	*35,3*	*94,7*
Services principalement non marchands*	**23,5**	**242,5**	**576,0**
Total des branches	**232,3**	**1 827,5**	**3 778,8**

Source : INSEE, comptes nationaux – base 2010.

* Regroupement des items « Administration publique », « Enseignement », « Santé humaine et action sociale ».

Une branche, ou branche d'activité, regroupe des unités de production homogènes, c'est-à-dire qui fabriquent des produits (ou rendent des services) qui appartiennent au même élément de la nomenclature d'activité considérée. Ces unités de production peuvent donc être des portions d'établissements.
Au contraire, un secteur d'activité regroupe des établissements entiers classés selon leur activité principale.

De la valeur ajoutée au Produit intérieur brut

La richesse créée chaque année par les unités de production résidentes est un indicateur essentiel de l'activité économique d'un pays. Pour une entreprise on parlera de valeur ajoutée, dont le partage est un enjeu majeur. À l'échelle d'une nation, c'est le PIB (Produit Intérieur Brut) qui mesure cette création de richesses.

La valeur ajoutée (VA)

La richesse créée par une entreprise n'est pas la « simple » valeur de sa production : **prix de vente × quantités produites**. En effet, pour réaliser cette production, l'entreprise a utilisé des biens et services qui ont été incorporés, transformés ou détruits pendant le processus de production : les *consommations intermédiaires* (CI). Il peut s'agir de matières premières, de produits semi-finis, d'énergie, ou encore de services marchands (comme des services de transport) ; coûts salariaux et investissements ne sont pas concernés.
La *valeur ajoutée* mesure cette richesse réellement créée, et se calcule par la différence entre la valeur de la production et celle des consommations intermédiaires :

VA = valeur de la production – CI

La création de richesses au plan national

– Pour connaître la richesse totale créée dans un pays (son *PIB*), on ne peut pas se contenter d'additionner la valeur des productions réalisées par l'ensemble des unités productives, sans quoi les consommations intermédiaires seraient comptabilisées plusieurs fois. Le PIB se calcule en faisant la somme des valeurs ajoutées brutes de chaque unité de production présente sur le territoire national. Cette somme est augmentée de la TVA et des droits de douane, et est diminuée des subventions à l'importation :

PIB = somme des VA + TVA + droits de douane – subventions à l'importation

– Il faut distinguer le PIB d'un autre agrégat : le *PNB (Produit National Brut)*. Ce dernier mesure la richesse totale créée par les unités de production nationales, qu'elles soient localisées sur le territoire national ou à l'étranger. Le PIB mesure, lui, les richesses créées par les unités de production sur le territoire national, qu'elles soient françaises ou étrangères. Pour passer du PIB au PNB, on ajoute donc les revenus des facteurs versés par le reste du monde et on retranche les revenus des facteurs versés au reste du monde.

La répartition de la valeur ajoutée

La valeur ajoutée créée par les unités de production permet de rémunérer principalement les éléments qui ont permis de réaliser cette production : les *facteurs de production*, travail et capital. Ainsi, la majeure partie de la valeur ajoutée sert à rémunérer les travailleurs (*salaires nets* et *cotisations sociales*), une autre partie rémunère le facteur capital grâce à l'EBE (*Excédent Brut d'Exploitation*), qui servira entre autres à rétribuer les *actionnaires* (sous forme de *dividendes*), ou encore les *prêteurs* (sous forme d'*intérêts*).
Le partage de la valeur ajoutée est donc source de conflits : si les salariés en obtiennent une part plus importante, c'est au détriment de l'entreprise ; et inversement, si c'est l'entreprise qui accroît son *taux de marge* :

$$\frac{\text{EBE}}{\text{VA}} \times 100$$

LE PARTAGE DE LA VALEUR AJOUTÉE

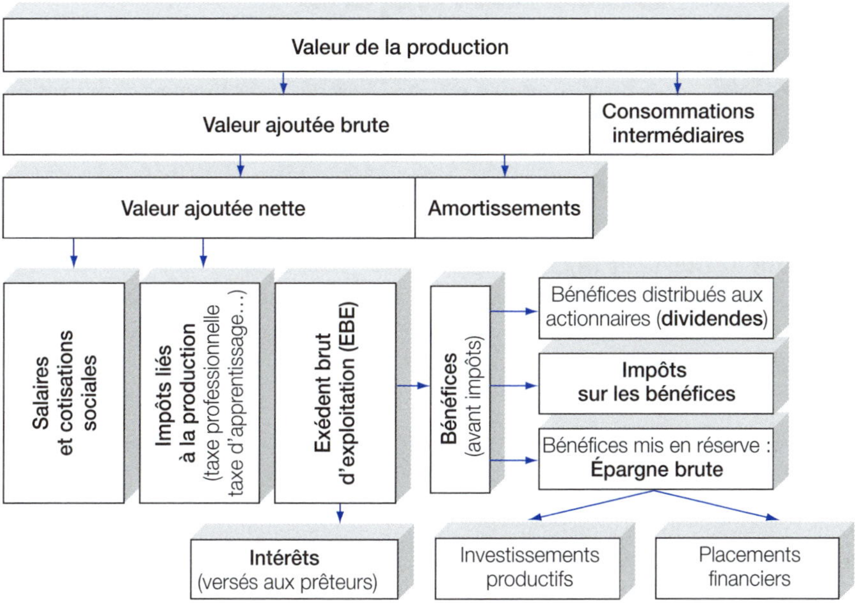

Évolution du partage de la VA des sociétés non financières en France

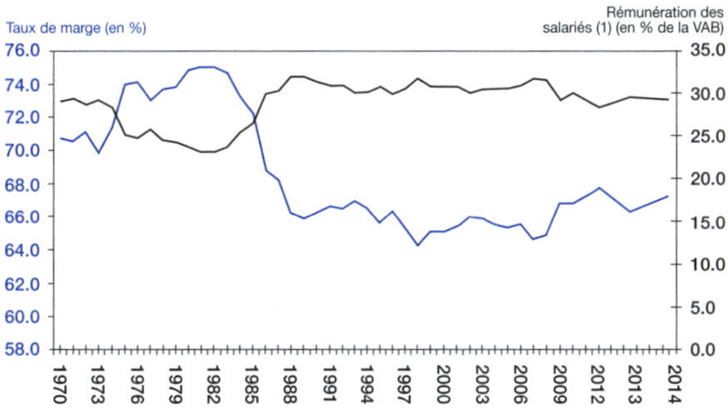

D'après les données de l'INSEE, comptes nationaux – base 2005.

(1) Salaires et traitements bruts + cotisations sociales à la charge des employeurs

(2) Taux de marge = EBE / VA × 100

L'évolution du partage de la valeur ajoutée depuis les années 1970 a connu en France des évolutions assez contrastées.

La part des salaires a fortement crû jusqu'à la fin des années 1970 (les hausses de salaires se poursuivent, la crise étant encore considérée comme provisoire).

La tendance s'inverse ensuite : la part des salaires se réduit dans un contexte de montée du chômage (limitant les revendications salariales), et de politiques économiques de rigueur (instaurée par J. Delors) ayant pour objectif de juguler l'inflation et de restaurer les conditions de la croissance économique, en particulier en privilégiant les profits et la compétitivité des entreprises (hausse du taux de marge).

Depuis les années 1990, la part des salaires dans la VA est restée assez stable, mais à un niveau relativement bas, traduisant un relatif équilibre dans le rapport de force entre rémunération du travail et rémunération du capital.

La croissance économique

Selon François Perroux, la croissance est « l'augmentation soutenue durant une ou plusieurs périodes longues d'un indicateur de dimension : pour une nation, le produit global, en termes réels ». C'est un phénomène central des économies capitalistes, à l'origine de la hausse du niveau de vie et de l'emploi.

Comment mesurer la croissance ?

– La croissance est un *phénomène de long terme, qui mesure l'accroissement de la production de biens et de services.* L'indicateur utilisé le plus souvent est le produit intérieur brut (PIB). Il représente la valeur des biens et des services produits pendant une année par les agents résidents à l'intérieur du territoire national, quelle que soit leur nationalité. Il se calcule ainsi :

PIB = Somme des valeurs ajoutées + TVA + Droits de douane – Subventions sur les produits

– Le PIB se calcule en termes réels ou, ce qui revient au même, en volume. Cela signifie qu'il faut le déflater afin de distinguer dans son évolution ce qui provient d'un effet prix (les prix ont augmenté, pas les quantités produites) et d'un effet quantité (les quantités ont augmenté, pas les prix).

– Afin de faire des comparaisons internationales, on calcule le PIB réel par habitant, en parité de pouvoir d'achat (PPA). En effet, un pays peut avoir un PIB par habitant plus élevé qu'un autre parce que le niveau moyen des prix y est plus élevé ; on ne peut alors en déduire que le niveau de vie de ses habitants est supérieur. Un calcul en PPA se réalise en annulant ces différences internationales de prix.

Les sources de la croissance

– La *croissance extensive* provient d'une augmentation des quantités de facteurs de production capital et travail utilisés. La croissance démographique, l'investissement et l'accroissement des taux d'activité en sont à l'origine.

– La *croissance intensive* provient de gains de productivité : avec la même quantité de facteurs de production, il est possible d'obtenir un niveau de production plus élevé. Le progrès technique est le principal vecteur de ce type de croissance.

Pour les économistes institutionnalistes, sur le long terme, ce sont les lois, règles et institutions incitatives mises en place (les brevets, par exemple) qui sont à l'origine de la croissance.

Croissance potentielle et *output*

– La croissance potentielle est celle que devrait connaître un pays en utilisant ses facteurs travail et capital de telle sorte qu'il n'y ait ni déséquilibre sur les marchés, ni tension inflationniste. C'est donc le niveau de croissance maximal qu'il peut obtenir durablement.

– *L'output gap* (« écart de production ») est la différence entre la croissance effective (constatée) et la croissance potentielle. Il peut être à l'origine des politiques de relance ou, au contraire, de compression de la demande pour ramener la croissance effective à son niveau potentiel.

UN PANORAMA DE LA CROISSANCE ÉCONOMIQUE

Dans le monde

Même si ce type de calculs est à considérer avec un peu de recul, le graphique ci-dessous présente l'évolution du PIB mondial moyen par habitant depuis les origines de l'humanité. Deux éléments essentiels sont à noter :

1. La croissance économique est une réalité relativement récente à l'échelle de l'homme puisque, jusqu'à la première révolution industrielle, la croissance démographique absorbait la quasi-intégralité de la croissance du PIB.
2. La croissance s'est très fortement accélérée après la Seconde Guerre mondiale, avec la période dite des « Trente Glorieuses ». Même si les pays occidentaux développés, surtout européens, ont connu depuis un net recul de leur taux de croissance annuel moyen, la croissance mondiale est restée forte car tirée par les pays émergents.

PIB mondial moyen par habitant depuis 1 million d'années avant J.-C. (en dollars de 1990)

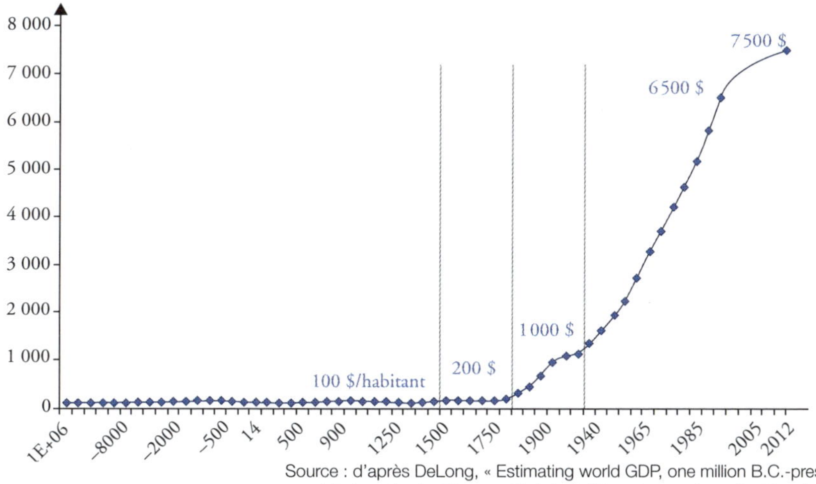

Source : d'après DeLong, « Estimating world GDP, one million B.C.-present », reproduit dans Agnès Bénassy-Quéré, *Politique économique*, De Boeck, 2005.

En France

Après les Trente Glorieuses, le sentiment général est celui d'un appauvrissement de la France. Or, rien n'est plus faux. En effet, si la croissance française est de plus en plus faible, il n'empêche que, chaque année, le PIB continue à augmenter, certes à un rythme de moins en moins soutenu. Et s'il croît, c'est que le niveau de richesses créées annuellement augmente. Nous vivons donc dans un pays de plus en plus riche.

Depuis 1950, le PIB annuel français n'a connu un taux de croissance négatif que sur trois années : 1976, 1993 et 2009. En 1950, il s'élevait à 63 milliards d'euros ; en 2013, il se situe légèrement au-dessus de 2 000 milliards d'euros. Difficile de parler d'appauvrissement dans ces conditions.

Les limites du Produit intérieur brut

La production réalisée sur le territoire national et évaluée à partir du PIB se heurte à des difficultés de mesure. En effet, le PIB est un agrégat dont la construction est largement critiquable. Son interprétation doit donc se faire avec précaution.

Un indicateur incomplet

Toutes les activités économiques produites sur le territoire national ne sont pas prises en compte dans la mesure du PIB, puisque ne sont pas (ou mal) comptabilisés :
– le *travail domestique* (femmes au foyer, bricoleurs, etc.) ;
– le *travail bénévole* (associations...) ;
– l'*activité souterraine* ou informelle (activités clandestines, illicites ou non). Elle échappe à la comptabilisation : faute d'être déclarée, elle est donc difficile à évaluer.

Une évaluation insuffisante de la sphère non marchande

La production non marchande réalisée par les administrations publiques (infrastructures routières, Éducation nationale, Défense nationale...) est évaluée à ses coûts de production (souvent à partir de la rémunération des fonctionnaires qui ont assuré leur production). Elle est donc sous-estimée, puisque si de telles productions étaient réalisées par le secteur privé elles seraient comptabilisées pour une valeur supérieure à leurs simples coûts de production.

Une vision uniquement quantitative de l'activité économique

Le PIB ne doit pas être considéré comme un indicateur du bien-être de la population : il ne pose pas la question de l'utilité réelle de ce qu'il additionne, ni des conditions sociales ou environnementales dans lesquelles les richesses mesurées sont produites.
– *L'utilité des productions comptabilisées* : si l'augmentation du PIB provient en partie de productions telles que l'armement, peut-on en déduire que le bien-être des populations concernées s'est accru ? De plus, le PIB n'inclut pas un certain nombre d'activités essentielles pour le maintien des solidarités entre les membres d'une société (bénévolat, aides entre voisins...).
– *La répartition des richesses produites* : connaître le niveau du PIB d'un pays, ou son taux de croissance ne nous dit rien sur les disparités de richesses. Tous les habitants ne profitent pas de façon égale des richesses produites.
– *PIB et nuisances* : le PIB ne tient pas compte des éventuels effets néfastes de la production sur le bien-être tels que la pollution de l'air ou de l'eau, l'épuisement des ressources non renouvelables, les nuisances sonores, le trou dans la couche d'ozone, sans oublier le milieu urbain ravagé par les panneaux publicitaires... Paradoxalement, ces dégâts contribuent même à l'augmentation du PIB : les embouteillages sont source de croissance en élevant la consommation d'essence, les accidents de la route enrichissent l'économie via les activités qu'ils engendrent (hospitalisation, réparation automobile...), la pollution accroît le PIB par l'intermédiaire de certaines dépenses marchandes dans le but de limiter ou de réparer les dégâts (double vitrage, filtrage de l'eau, reforestation, etc.).

QUELLES ALTERNATIVES AU PIB ?

Depuis plusieurs dizaines d'années, des interrogations s'expriment quant à la pertinence des mesures actuelles de la performance économique, notamment celles fondées sur les chiffres du PIB. La remise en question de ces données vise plus largement leur validité comme mesure du bien-être social, ainsi que du développement durable économique, écologique et social.

Les apports de la Commission Stiglitz

La Commission Stiglitz (officiellement, « Commission sur la mesure des performances économiques et du progrès social »), créée en 2008 sur l'initiative du gouvernement français, avait pour but de développer une réflexion sur les moyens « d'échapper à une approche trop quantitative, trop comptable de la mesure de nos performances collectives » et d'élaborer de nouveaux indicateurs de richesse. En septembre 2009, elle présentait son rapport final et proposait les recommandations suivantes concernant le PIB :

1) Se référer aux revenus et à la consommation plutôt qu'à la production.
2) Prendre en compte le patrimoine en même temps que les revenus et la consommation.
3) Adopter le point de vue des ménages.
4) Accorder davantage d'importance à la répartition des revenus, de la consommation et des richesses.
5) Élargir les indicateurs de revenus aux activités non marchandes.

Au-delà du PIB : l'IDH ?

Mis au point sous l'influence d'Amartya Sen en 1990 au sein du Programme des Nations unies pour le développement (PNUD), l'indice de développement humain (IDH) est un indicateur composite qui a pour objectif de compléter l'approche en termes de PIB, considérée comme trop réductrice.

Trois dimensions entrent dans le calcul de l'IDH :
– la santé-longévité, mesurée par l'espérance de vie à la naissance ;
– l'accès à l'instruction, mesurée grâce à deux indicateurs : la durée moyenne (en années) de scolarisation des adultes âgés de 25 ans et la durée attendue de scolarisation pour les enfants d'âge scolaire ;
– l'accès à un niveau de vie décent, mesuré par l'accès aux ressources indispensables pour vivre décemment grâce au RNB/habitant (exprimé en PPA en $).

Les indicateurs des trois dimensions sont calibrés et combinés pour obtenir un score d'IDH situé entre 0 et 1.

Les autres indicateurs synthétiques du PNUD

Le rapport du PNUD de 2010 introduit de nouveaux IDH afin de tenir compte des aspects multidimensionnels du bien-être.

• **L'indice de développement humain ajusté aux inégalités (IDHI)** tient compte des inégalités. Dans des conditions de parfaite égalité entre les individus, l'IDH et l'IDHI sont identiques. Plus l'IDHI est faible (et donc plus la différence entre l'IDHI et l'IDH est grande), plus les inégalités en termes de santé, d'éducation et de revenus sont importantes.

• **L'indice d'inégalité de genre (IIG)** vise à exposer les différences entre hommes et femmes dans la distribution des progrès. Il prend en compte divers indicateurs, dont le taux de mortalité maternelle, le taux de fertilité chez les adolescentes, la proportion des sièges parlementaires détenus par des femmes et des hommes, le niveau atteint dans l'enseignement secondaire et supérieur, le taux d'activité.

• **L'indice de pauvreté multidimensionnelle (IPM)** s'inscrit en complément des mesures de la pauvreté fondées sur les revenus. Il indique le nombre d'individus multidimensionnellement pauvres. L'IPM utilise dix indicateurs (dont le non-accès à l'eau potable, à l'électricité, la malnutrition...). Un ménage est considéré pauvre s'il souffre de privations dans plus de trois de ces domaines. (Source : d'après le site du PNUD, http://hdr.undp.org)

La productivité

La productivité permet de mesurer l'efficacité d'un système productif (entreprise, secteur, pays...). Elle compare la production réalisée et les quantités de facteurs de production utilisés pour réaliser cette production. Les gains de productivité, qui résultent d'un accroissement de la productivité, ont de multiples origines. Le partage de ces gains constitue un enjeu majeur.

Les mesures de la productivité

– On distingue les mesures de *productivité unifactorielle* et de *productivité multifactorielle*. La productivité unifactorielle met en relation la production réalisée (notée Y) et un seul facteur de production, travail ou capital. Ainsi, on peut calculer la productivité du travail, soit par le rapport entre Y et le nombre d'heures de travail (*productivité horaire du travail*), soit par le rapport entre Y et les effectifs employés (*productivité par tête*, ou par travailleur). De même, on calcule la *productivité du capital*, qui est le rapport entre les quantités produites et le capital utilisé (consommations de capital fixe) pour obtenir ce niveau de production. La Comptabilité nationale utilise le concept de *productivité apparente du travail* (ou du capital) pour souligner le fait que la hausse de la production ne peut pas être attribuée uniquement au facteur travail (ou respectivement au facteur capital). La productivité multifactorielle, ou *productivité globale des facteurs*, mesure le rapport entre la production et les deux facteurs de production, travail et capital.

– La productivité peut se mesurer *en volume* ou *en valeur*. Dans le premier cas, les quantités produites sont mesurées en unités physiques. Dans le second, on mesure la production en unités monétaires, grâce à la valeur ajoutée (voir p. 60).

Les origines et la répartition des gains de productivité

La notion de productivité est au cœur des mécanismes économiques : les entreprises cherchent à être les plus efficaces possible, c'est-à-dire à produire le plus possible compte tenu des facteurs de production dont elles disposent. Elles vont chercher non seulement à avoir une productivité élevée, mais aussi à continuellement accroître cette productivité : c'est la recherche de ce que l'on appelle les *gains de productivité*, résultat de multiples facteurs :

– amélioration de *l'organisation du travail* ;
– accroissement de la qualification des travailleurs ;
– allongement de la durée d'utilisation du capital ;
– *progrès technique* (nouveaux procédés de production plus performants par exemple) ;
– *effets d'expérience* : à force de réaliser le même geste, les travailleurs en viennent à l'effectuer plus rapidement (théorie du « *learning by doing* » de K. Arrow) ;
– motivation des travailleurs (grâce à une rémunération au mérite, ou grâce à une plus grande considération de la part de la hiérarchie).

Pour les économistes keynésiens, le partage des gains de productivité doit prioritairement se faire en faveur des consommateurs, par la hausse des salaires et la baisse des prix, car l'impact positif sur la demande est alors direct. En effet, selon eux, une hausse des profits ne se transforme pas nécessairement en investissements nouveaux ; l'entreprise peut préférer réaliser des placements financiers. À l'inverse, pour les économistes libéraux, la hausse des profits est une nécessité pour les entreprises.

LE PARTAGE DES GAINS DE PRODUCTIVITÉ

• La recherche de gains de productivité est primordiale, car ces gains sont un moteur essentiel de la croissance économique, par l'intermédiaire de divers effets d'entraînement.

• En effet, les gains de productivité peuvent être distribués de plusieurs façons, et ainsi plus ou moins profiter aux différents agents économiques : travailleurs, entreprises, consommateurs.

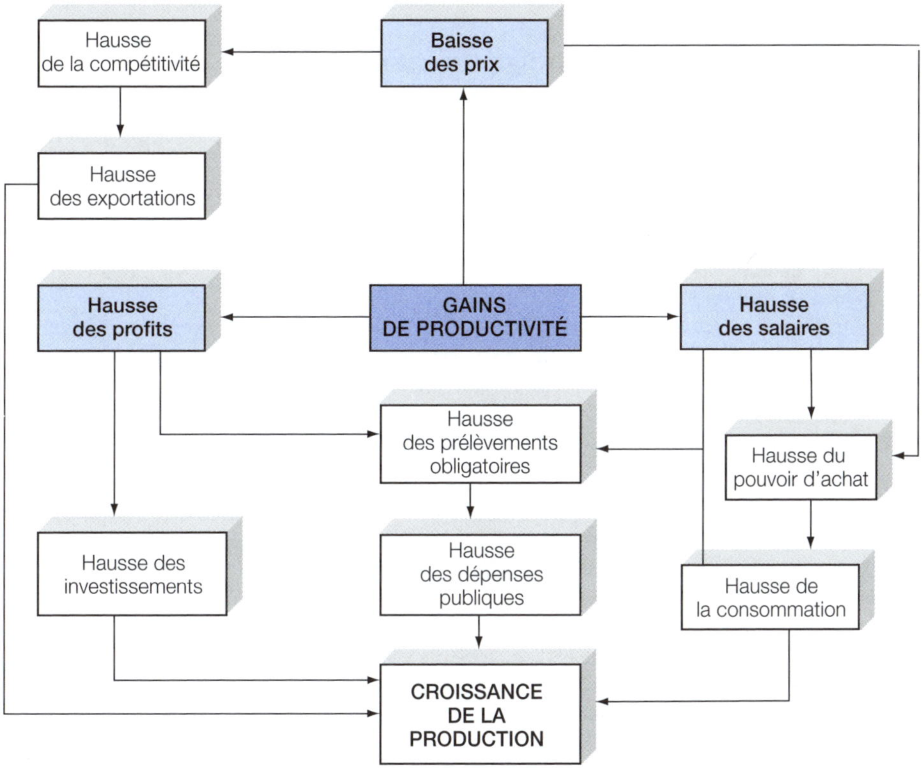

• Ainsi, les gains de productivité réalisés par une entreprise (ou une partie seulement de ces gains) peuvent profiter aux salariés sous forme de hausse de leur rémunération, ou sous forme d'une réduction du temps de travail si elle décide de ne pas produire plus malgré une efficacité accrue. L'entreprise peut aussi choisir de réduire ses prix de vente puisqu'elle aura réduit ses coûts de production. Elle peut enfin opter pour un accroissement de ses profits, en augmentant ses marges.

• Dans tous les cas, cette répartition des gains de productivité permet aux entreprises d'être plus compétitives, et est source de croissance pour l'économie dans son ensemble, essentiellement via une hausse de l'investissement, de la consommation, et des exportations, mais grâce aussi à un accroissement des dépenses publiques permises (en théorie) par un regain des prélèvements obligatoires.

Progrès technique et croissance

Le progrès technique a connu une spectaculaire progression depuis le début du XXe siècle. Or, sur la même période, la croissance économique a été globalement forte. Pour beaucoup d'économistes, il existe un lien de causalité entre progrès technique et croissance.

Un lien empirique entre progrès technique et croissance

– La croissance peut s'expliquer par l'augmentation des quantités de facteurs de production travail et capital utilisés dans le processus de production. On parle alors de *croissance extensive*. Cependant, des études ont montré que seule une partie de la croissance pouvait s'expliquer à partir de ces facteurs. L'autre partie, ou « résidu », est attribué au progrès technique.
– Ainsi, entre 1986 et 1990 en France, la croissance annuelle moyenne du PIB a été de 3,3 %. L'accroissement des quantités de travail et de capital utilisées explique respectivement cette croissance à hauteur de 0,6 et 1 point de %. Par conséquent, environ la moitié de la croissance observée est imputable au « résidu ».
– On parle alors de *croissance intensive*, car la hausse de la production est à mettre au compte d'une augmentation de la productivité des facteurs de production, qui est une conséquence du progrès technique. Elle peut aussi provenir d'effets d'expériences (voir p. 66).

L'impact du progrès technique sur la demande

Le progrès technique peut se matérialiser sous deux principales formes :
– des *innovations de procédés*, qui permettent d'augmenter la productivité, ce qui entraîne une augmentation de la demande, et donc de la production (voir p. 66) ;
– des *innovations de produits*, qui permettent de mieux répondre à la demande des consommateurs, ou qui génèrent de nouveaux besoins. De nouveaux marchés, au fort potentiel de croissance, se développent alors.
Schumpeter a montré que les phases de croissance économique, sur le long terme, étaient contemporaines de l'apparition d'innovations majeures (que l'on peu identifier au progrès technique).

Une relation pas toujours avérée

– Robert Solow a mis en évidence un paradoxe (appelé « paradoxe de Solow »), selon lequel l'impact du progrès technique sur la croissance économique n'est pas automatique. Selon ce paradoxe, les ordinateurs sont partout, sauf dans les statistiques, ce qui signifie qu'il faut un certain temps d'adaptation aux salariés et à l'entreprise pour tirer pleinement partie d'une innovation. Durant cette période de diffusion de l'innovation, la productivité augmente peu.
– Les innovations de procédés n'ont un impact positif sur la croissance que si les gains de productivité entraînent une augmentation de la demande. Or, cela dépend de la répartition de ces gains (voir p. 67) : si ces gains sont uniquement consacrés à augmenter les profits, et si ces profits ne sont ensuite pas investis, alors l'impact du progrès technique sur la croissance sera quasiment nul.

LA RECHERCHE & DÉVELOPPEMENT

La recherche, source de l'innovation

La recherche et développement (R & D) est l'ensemble du processus qui aboutit à des découvertes scientifiques, des inventions et à leurs applications économiques.

La R & D regroupe trois étapes :

– *la recherche fondamentale* : elle vise à élargir le champ des connaissances scientifiques (découverte des propriétés des particules lumineuses par exemple) ;

– *la recherche appliquée* : elle est à l'origine d'une invention, c'est-à-dire d'un procédé technique, brevetable, application pratique de la découverte scientifique fondamentale, et correspondant à un besoin (le laser par exemple) ;

– *le développement* : il s'agit de concevoir et de mettre au point un prototype pour s'assurer de sa faisabilité industrielle (conception du procédé technique de fabrication industrielle) et économique (étude du coût) ; c'est la phase initiale de l'innovation, celle-ci se poursuivant par la production en série et la mise sur le marché (mise au point d'un laser pour les opérations de la rétine par exemple).

Le progrès technique, un bien collectif

« Le progrès technique est défini de façon générale comme un accroissement de la connaissance que les hommes ont des lois de la nature appliquées à la production. Il consiste donc en l'invention de produits et procédés nouveaux, qui augmentent le bien-être des individus, soit par un accroissement soit par une transformation de la consommation.

La technologie présente nombre de traits de ce que les économistes appellent des « biens publics ». Le plan d'un bien, la formule d'un produit chimique ou la description d'un procédé nouveau sont de l'information. À ce titre, ils sont communicables à un coût qui est largement inférieur à leur coût de production (à la limite, le coût sera celui d'une simple photocopie !), et ils peuvent être utilisés simultanément par un nombre quelconque d'agents.

Si chaque chercheur peut utiliser les résultats de tous ses collègues et prédécesseurs, la réciproque est également vraie : les découvertes de chacun sont disponibles pour ses collègues et successeurs, car elles vont à leur tour s'ajouter au stock des connaissances. Cela traduit une externalité, puisque chaque chercheur contribue à accroître la productivité de ses collègues ».

D. Guellec et P. Ralle,
Les nouvelles théories de la croissance,
Éditions La Découverte.

Financements et incitations

• Ce statut de bien collectif pose le problème du financement de la recherche : en effet, si celui qui a subi un coût de recherche pour sa découverte voit que celle-ci est utilisée gratuitement par d'autres, il ne sera plus incité à faire d'autres recherches. Par conséquent, il faut soit que ce soit l'État (ou les administrations au sens large) qui finance la recherche sans viser à des fins de rentabilité (c'est le cas pour la recherche fondamentale), soit que l'État mette en place un système de protection de la propriété intellectuelle et industrielle (ce sont les brevets). Dans ce dernier cas, qui correspond à la recherche appliquée et au développement, les entreprises peuvent être source de financement de la recherche.

• Ainsi, en France, une part des dépenses totales de recherche et développement est réalisée par l'État. En 2011, cette part est de 41,2 %. Cependant, l'effort global de recherche, mesuré par la part des dépenses de recherche dans le PIB, est faible en France : elle représente environ 2,2 % du PIB, ce qui est beaucoup moins important qu'aux États-Unis par exemple.

Progrès technique et emploi

L'idée selon laquelle le progrès technique est directement à l'origine de la destruction d'emplois est très répandue. Or, dans les faits, progrès technique et créations d'emplois vont souvent de paire. De plus, le progrès technique permet une évolution de la structure et de la qualification des emplois.

Les conséquences quantitatives sur l'emploi

– L'introduction de nouvelles machines plus productives a pour conséquence de réduire le nombre d'emplois nécessaires à la réalisation du volume de production désiré : le progrès technique est donc à l'origine de la destruction d'emplois. Des révoltes ouvrières ont ainsi eu lieu contre l'introduction de machines dans le processus productif ; les plus célèbres sont celles des canuts lyonnais au XIXe siècle, ou encore celle des luddistes en Grande-Bretagne. La « théorie technologique du chômage » explique, que pour un niveau donné de production, une augmentation de la productivité engendrée par le progrès technique réduit l'emploi disponible.
– Cependant, de nouvelles machines sont aussi directement génératrices d'emplois. Ainsi, il faut des travailleurs pour construire ces machines, mais aussi pour les entretenir et les réparer. Ces nouveaux emplois ne peuvent néanmoins être suffisants pour compenser les emplois directement détruits.
– La plupart des économistes pensent que le progrès technique est globalement créateur d'emplois. En effet, s'il prend la forme d'une innovation de produit, il permet l'apparition de nouveaux produits plus performants. De nouveaux marchés se créent, générateurs de nouveaux emplois. S'il prend la forme d'innovations de procédés, les gains de productivité induits peuvent entraîner une augmentation de la demande vers de nouveaux produits, elle aussi génératrice de production, et donc d'emplois.

Les conséquences qualitatives sur l'emploi

– Le progrès technique change la nature des emplois : le processus de *déversement* des emplois (voir ci-contre) entraîne une *tertiarisation* progressive des emplois.
– Le progrès technique modifie également la qualification des emplois. À ce sujet, deux approches s'opposent. D'une part, certains estiment que le progrès technique induit une hausse des qualifications requises, car les nouvelles machines et nouvelles méthodes de production demandent de nouvelles compétences aux salariés. On assiste ainsi à une forte progression des emplois qualifiés, parallèlement à une diminution des emplois non qualifiés, même si ceux-ci n'ont pas totalement disparu. D'autre part, certaines innovations permettent de remplacer du travail qualifié en réduisant les compétences demandées aux travailleurs ; ainsi, historiquement, le développement du taylorisme a réduit les qualifications des travailleurs.
– Enfin, le progrès technique peut être source d'exclusion : ceux qui ont perdu leur emploi du fait de l'introduction d'un progrès technique dans leur secteur productif n'ont en effet pas nécessairement les qualifications requises pour postuler aux nouveaux emplois créés. On parle alors de *chômage structurel.* Ce chômage est le plus souvent de longue durée et peut même devenir irréversible – et donc être source d'exclusion du marché du travail – sans la mise en place d'un processus de formation continue.

LA THÉORIE DU DÉVERSEMENT

Le principe du déversement sectoriel

La théorie du déversement a été développée par Alfred Sauvy dans *La machine et le chômage*. Selon cette théorie, le progrès technique, lorsqu'il est introduit dans un secteur d'activité ou une branche, détruit des emplois dans ce secteur – on parle de substitution capital/travail : les « machines » remplacent les hommes. C'est l'effet direct, qui est négatif. Cependant, si le progrès technique correspond à une innovation de procédé, il est source de gains de productivité (voir p. 66). Or, le partage de ces gains de productivité va permettre l'accroissement de la demande, cette demande ne se portant pas nécessairement vers les produits du secteur dans lequel le progrès technique a été introduit. La production augmentera donc dans un secteur, ce qui sera source de création d'emplois. On parle de « déversement » car les emplois détruits sont plus que compensés par les emplois créés (le solde est positif).

Historiquement, le progrès technique est d'abord apparu dans le secteur primaire, ce qui a détruit des emplois dans ce secteur, mais en a créé dans le secteur secondaire – l'industrie –, vers où la demande s'est dirigée. Puis, le progrès technique s'est développé dans le secondaire, ce qui a entraîné selon le même processus un accroissement des emplois dans le tertiaire.

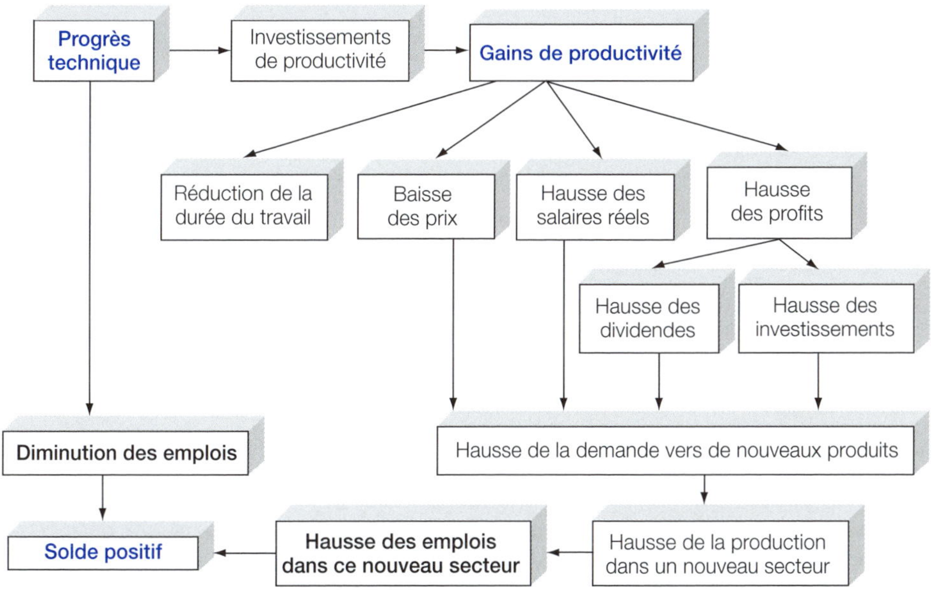

Les limites de cette théorie

Cette théorie connaît trois limites principales :

– l'existence de gains de productivité n'entraîne pas toujours une augmentation de la demande : tout dépend de la répartition de ces gains ;

– le secteur tertiaire commence lui aussi à connaître des gains de productivité, principalement dans la distribution, la banque et l'assurance. Vers quel nouveau secteur les emplois détruits vont-ils pouvoir se déverser ?

– cette théorie suppose que ceux qui viennent de perdre leur emploi dans un secteur vont pouvoir en trouver un nouveau dans un autre secteur, d'où le problème des qualifications.

Les fondements de la redistribution

Les situations des individus sont inégalitaires. Leurs revenus primaires sont différents, de même que les risques auxquels ils sont exposés. Aux revenus primaires s'ajoutent des revenus de transferts. Ils sont censés répondre, au moins en partie, à un objectif de réduction des inégalités économiques.

Qu'est-ce que la redistribution ?

– La *redistribution* correspond à l'ensemble des prélèvements et des réaffectations des ressources opérées par les administrations publiques qui influent sur les revenus des ménages. Pour ce qui est des prélèvements, il s'agit principalement des cotisations sociales et des impôts ; les réaffectations concernent surtout les prestations sociales.
– Elle consiste généralement à faire porter l'essentiel des prélèvements sur les agents économiques aux revenus les plus élevés, et à faire majoritairement profiter des prestations sociales les agents économiques aux revenus faibles. Ces prestations constituent les revenus de transferts (voir p. 54). Le système français de protection sociale est principalement bismarckien, au sens où il est majoritairement financé par les cotisations sociales.

La justification sociale et éthique de la redistribution

– Le libre jeu du marché aboutit à une certaine distribution des revenus qui, dans l'idéal, est fondée sur l'idée de mérite. Il existe donc des inégalités, mais elles sont justes, car elles récompensent des différences de mérite, et elles sont efficaces, car elles motivent chacun à faire plus pour monter sur l'échelle des revenus.
– Cette approche est valable s'il existe une égalité des chances. Or, dans la réalité, c'est loin d'être le cas : le milieu social d'origine joue sur la réussite scolaire, et par extension sur la réussite professionnelle. La redistribution peut donc se justifier au nom de la *justice sociale* : elle est un instrument que se donne la collectivité afin de remédier à certaines des carences de l'organisation sociale.
– La redistribution permet d'accroître la solidarité existante entre les individus. De même, en réduisant les inégalités, elle permet une meilleure *cohésion sociale*.

Les arguments économiques keynésiens

– La redistribution permet d'accroître la demande, ce qui est source, dans une perspective keynésienne, de production accrue, et donc de création d'emplois.
– La redistribution permet de réduire l'incertitude sur l'avenir : en effet, dans une situation où il n'existerait pas de processus de redistribution, un agent économique échouant dans son projet se retrouverait sans ressources. Cela inciterait les agents économiques actifs à se constituer une « épargne de précaution », ce qui est, dans une optique keynésienne, néfaste pour la demande.
– Enfin, cette redistribution entraîne un accroissement du bien-être et de la santé des individus – en cas de maladie, ils ne sont en effet pas contraints par leurs revenus pour pouvoir se soigner –, ce qui accroît leur *capital humain* (défini par Gary Becker comme étant l'ensemble des capacités physiques et intellectuelles d'un individu), c'est-à-dire à terme leur productivité.

REDISTRIBUTION ET DEMANDE SELON KEYNES

La loi psychologique fondamentale

D'après Keynes, les politiques de redistribution permettent l'accroissement de la demande. Pour justifier cette conclusion, il s'appuie sur la « loi psychologique fondamentale ».

• La *propension moyenne à consommer* mesure la part de la consommation d'un individu par rapport à son revenu (consommation/revenu). La *propension marginale à consommer* (*pmc*) mesure elle la variation de la consommation d'un individu suite à une variation de son revenu. Par exemple, si elle est égale à 0,4, cela signifie qu'à chaque fois qu'un individu voit son revenu augmenter de 1 euro, sa consommation n'augmentera que de 0,40 euro, le reste étant épargné.

• La loi psychologique fondamentale énonce que la *pmc* est décroissante avec le revenu. Lorsqu'une personne a un revenu faible, elle le dépense quasiment intégralement pour subvenir à ses besoins vitaux : sa *pmc* est proche de 1. À l'inverse, une personne aux revenus élevés consomme plus, mais il reste malgré tout une somme qu'elle ne dépense pas ; sa *pmc* est donc plus faible, même si ses dépenses sont plus élevées.

L'effet de la redistribution

• Soit un pays fictif dans lequel la population se divise en deux : les personnes « aisées », au revenu élevé (population A), égal à 10 000 € mensuels ; et les personnes à la condition plus modeste, au revenu plus faible (population B), égal à 1 000 € mensuels. Chacune des personnes constituant chacun des groupes gagne le même revenu. 10 personnes constituent le premier groupe, et 100 le second. Dans le premier groupe, la propension moyenne à consommer est de 0,5, et dans le second, elle est de 1.

En l'absence de politique de redistribution, la consommation globale est de 150 000 €.

• Imaginons à présent qu'un gouvernement mette en place un impôt (égal à 30 % du revenu net) ne portant que sur la population A. Le produit de cet impôt est intégralement également redistribué aux individus de la population B. On pose l'hypothèse que dans chaque groupe la *pmc* est égale à la propension moyenne à consommer. La consommation globale est alors de 165 000 €, elle est donc plus élevée que dans le premier cas. Cet exemple illustre la position keynésienne selon laquelle la redistribution a un impact globalement positif sur le revenu.

En euros	Population A	Population B
Avant redistribution		
Revenu mensuel individuel net	10 000	1 000
Consommation individuelle	5 000	1 000
Consommation de l'ensemble des personnes du groupe	50 000	100 000
Après redistribution		
Impôt payé par les membres de la population A	3 000	0
Somme redistribuée à chacun des membres de la population B	0	300
Nouveau revenu mensuel net après impôt et redistribution	7 000	1 300
Consommation individuelle	3 500	1 300
Consommation de l'ensemble des personnes du groupe	35 000	130 000

Les formes de la redistribution

Pour qu'il y ait redistribution, il faut mettre en place des prélèvements progressifs, et que la majorité des cotisants ne reçoive pas une somme équivalente au montant qui leur a été prélevé. Il doit forcément y avoir des « gagnants », ceux qui perçoivent plus qu'ils ne cotisent, et des « perdants », dans la situation inverse.

Redistribution horizontale et verticale

Les prestations sociales versées par les organismes de protection sociale répondent à deux grandes logiques de redistribution.

– La *redistribution horizontale* correspond à une logique *d'assurance* : c'est un système de protection sociale reposant sur des mécanismes de transfert du type contribution/rétribution. Les travailleurs versent une cotisation qui est fonction de leur revenu, et s'ouvrent ainsi un droit à recevoir des prestations dont le montant est en rapport avec leur revenu, en cas d'interruption ou de privation d'emploi par exemple. Les pensions retraite et les allocations chômage fonctionnent sur ce principe.

– La *redistribution verticale* fonctionne sur le principe de *l'assistance* : pour recevoir des aides, il n'est pas nécessaire d'avoir cotisé au préalable. Ainsi, on peut toucher le RMI sans jamais avoir travaillé. La redistribution verticale est considérée comme un outil de réduction des inégalités, alors que ce n'est pas forcément le cas de la redistribution horizontale.

Des prélèvements obligatoires différenciés

Les prélèvements obligatoires, qui sont à la base du processus de redistribution, se subdivisent en deux types : les impôts et les cotisations sociales.

– Les *impôts* peuvent être de deux ordres : les impôts *proportionnels* et les impôts *progressifs*. Les impôts uniformes proportionnels sont ceux dont le taux est équivalent, quelle que soit la personne devant s'en acquitter. Par exemple, la TVA touche tous les consommateurs : un rmiste ou un millionnaire sera prélevé du même montant sur chaque produit acheté. Dans ce cas, il n'y a pas d'effet redistributif, car le taux d'imposition est le même pour tous. Les impôts progressifs, à l'inverse, sont ceux dont le taux augmente à mesure que les personnes concernées ont un revenu plus élevé. Ainsi, les taux d'imposition de l'impôt sur le revenu sont croissants avec les revenus déclarés, jusqu'à un taux plafond, pour ne pas désinciter les agents économiques à travailler.

– Les *cotisations sociales* (CS) comprennent les CS salariales et les CS patronales. En effet :

Coût du travail = salaire brut + CS patronales

et

Salaire brut = salaire net + CS salariales

– La distinction entre les deux est conventionnelle, car il est difficile de déterminer qui paie réellement les CS. Les CS concernent les travailleurs salariés, et sont prélevées à partir d'un pourcentage uniforme. Cependant, les bas salaires sont exonérés d'une partie des CS, ce qui fait qu'ils sont moins prélevés que les autres. De même, passé le « plafond de la Sécurité sociale » (3 129 euros bruts par mois en 2014), les CS ne sont plus prélevées ; par conséquent, les salariés ayant un salaire supérieur à ce plafond sont donc relativement moins prélevés que les autres.

L'IMPÔT SUR LE REVENU (IRPP)

• L'impôt sur le revenu des personnes physiques (IRPP) est l'impôt le plus connu. Il suffit qu'il diminue pour que l'on parle de baisse « des » impôts, tant il est devenu le symbole du système d'imposition. Pourtant, il représente une part relativement faible des recettes de l'État (moins de 20 %).

• C'est un *impôt progressif*, car son taux augmente à mesure que les revenus déclarés par les agents économiques sont plus élevés. Pour cette raison, il est souvent présenté comme le plus juste, car il fait participer chaque contribuable aux dépenses publiques en fonction de ses moyens, c'est-à-dire de ses revenus.

• Son mode de calcul est assez complexe. Le taux d'imposition réel d'un ménage est en effet inférieur au taux correspondant à son niveau de revenu. Ce paradoxe s'explique par l'existence d'un certain nombre de possibilités d'abattements et de retranchements.

– Les ménages ne sont pas imposés sur la totalité de leurs revenus. En effet, au montant déclaré, il faut d'abord retrancher 10 % de frais professionnels (on estime que les frais engagés dans le cadre de sa profession – s'habiller, se déplacer, se restaurer… – ne doivent pas être imposés), ou déclarer ses revenus aux frais réels.

– Certaines dépenses spécifiques (garde d'enfants, cotisations syndicales, emploi d'un salarié à domicile, certains placements financiers…) peuvent aussi être retranchées des revenus déclarés.

– Le nombre d'enfants encore à la charge des parents joue aussi : c'est ce que l'on appelle le « quotient familial ». Ainsi, une personne ayant un enfant à charge voit son revenu imposable divisé par 1,5 (pour un couple avec un enfant à charge, le revenu est divisé par 2,5) ; avec deux enfants, on divise par deux ; avec trois enfants, par trois… Cette division est plafonnée, pour éviter de trop favoriser les hauts revenus.

– Enfin, on applique à chaque tranche de revenu un taux marginal d'imposition croissant, qui ne porte que sur la tranche d'imposition correspondante.

Barème d'imposition pour la déclaration de revenus 2016 (applicable sur les revenus de 2015)

Tranche de revenus	Taux
Jusqu'à 9 700 €	0 %
de 9 700 € à 26 791 €	14 %
de 26 791 € à 71 826 €	30 %
De 71 826 € à 152 108 €	41 %
Supérieur à 152 108 €	45 %

• Ainsi, une personne sans enfant (une seule part) déclarant 90 000 € de revenus annuels ne devra pas payer 90 000 x 41 % = 36 900 €. En effet, ce *taux marginal* de 41 % ne porte que sur la partie des revenus touchés supérieure à 71 397 €. Ainsi, la personne en question ne sera donc taxée à 41 % que sur 18 603 € (90 000 – 71 397).

La personne en question sera donc taxée :

– à 0 % sur les 6 011 « premiers » euros ;

– à 5,5 % sur les revenus compris entre 6 011 € et 11 991 €, soit 0,055 x (11 991 – 6 011) = 328,90 ;

– à 14 % sur la tranche de revenu comprise entre 11 991 et 26 631 €, soit 0,14 % x (26 631 - 11 991) = 2 049,60 ;

– à 30 % sur la tranche de revenu comprise entre 26 631 et 71 397 €, soit 0,30 x (71 397 - 26 631) = 13 429,80 ;

– à 41 % sur les revenus compris entre 71 397 et 90 000 €, soit 0,41 x 18 603 = 7 627,23.

Au total l'impôt sur le revenu de cette personne s'élèvera donc à 23 436 € (328,90 + 2 049,60 + 13 429,80 + 7 627,20).

L'efficacité de la redistribution

La mise en place de mesures systématiques et globales visant à une redistribution des revenus date du milieu du XXᵉ siècle, avec l'avènement de l'État-providence. Or, sa remise en cause progressive depuis les années 1970 révèle un questionnement sur la légitimité et l'efficacité des politiques redistributives.

Des résultats mesurables

– Depuis la mise en place de la Sécurité sociale (1945), les mesures de redistribution ont porté leurs fruits, puisque le niveau des inégalités a diminué. Ce niveau est mesuré grâce au *rapport interdécile*, qui exprime l'écart de salaire ou de revenu existant entre les 10 % de la population les plus aisés et les 10 % les moins fortunés. Ainsi, en France, le rapport interdécile des salaires est passé de 4,2 en 1965 à moins de 3 aujourd'hui. Il est d'environ 2 dans les pays scandinaves, moins inégalitaires, mais de 4,5 aux États-Unis.
– Cependant, l'inégalité des niveaux de vie est supérieure à celle des salaires (rapport interdécile de 3,5 en France en 2010), à cause des fortes inégalités de patrimoine : en effet, les individus aux revenus les plus faibles reçoivent des revenus inférieurs au salaire des salariés les moins biens nantis (le RSA est inférieur au SMIC), et les revenus du patrimoine (intérêts, plus-values…), qui ont beaucoup augmenté durant les années 1990, profitent avant tout à la tranche la plus aisée de la population. D'ailleurs, le rapport interdécile du niveau de vie a légèrement crû depuis la fin des années 1990, remettant en cause une tendance longue de réduction des inégalités.
– Les transferts sociaux profitent plus aux bas revenus qu'aux hauts revenus : ainsi, les 10 % de la population aux revenus les plus faibles reçoivent l'équivalent d'environ 35 % de leurs revenus sous forme de transferts sociaux, alors que ce taux est proche de 0 % pour les 20 % de la population aux revenus les plus élevés.
– De plus, la pression fiscale (rapport entre le montant des impôts acquittés par un individu et le montant de son revenu) est d'autant plus élevée que les revenus sont eux-mêmes élevés : le taux de pression fiscale est de plus de 20 % pour les 10 % de la population aux revenus les plus élevés, contre seulement près de 5 % pour les 10 % de la population aux revenus les plus faibles.

Une redistribution inefficace ?

– Selon les économistes libéraux, la redistribution entraînerait le développement d'un « assistanat » incitant les ménages aux revenus les plus modestes à l'oisiveté. Les mesures redistributives seraient à la source d'une *trappe à inactivité* : une fois qu'ils bénéficient de l'assistance, les agents économiques ne chercheraient plus à sortir de leur situation. Soit ils gagnent plus en ne travaillant pas, soit le revenu supplémentaire perçu suite à la reprise d'un emploi est trop faible comparé aux désagréments liés à cette reprise.
– De même, la théorie du *Job search* avance que la durée moyenne du chômage est liée au montant des allocations chômage. Plus le montant des allocations consécutives aux politiques de redistribution sera élevé, et plus le niveau de chômage sera important.
– Enfin, selon ces mêmes économistes, les politiques de redistribution découragent les plus méritants à travailler, car ces derniers voient une part de leurs revenus leur être prélevée par les pouvoirs publics.

MESURER LES INÉGALITÉS ÉCONOMIQUES

Le rapport interdécile

Pour mesurer l'inégalité des revenus, l'une des méthodes existantes est de ranger les ménages par groupe de 10 %, en commençant par les 10 % percevant les plus faibles revenus et en allant jusqu'aux 10 % des ménages percevant les plus hauts revenus. Les groupes de 10 % sont délimités par les déciles, notés D1, D2... jusqu'à D9, qui partagent donc l'effectif total en sous-ensembles égaux. Par exemple, dans le tableau ci-dessous, *le salaire mensuel net des 10 % des salariés hommes aux salaires les plus faibles en 2010 était inférieur à 1 197 euros*. Ce tableau présentant la répartition des salaires nets par décile permet de calculer le rapport interdécile, égal à D9/D1, qui est une mesure de l'inégalité des salaires. En 2010, ce rapport est égal à 2,9 et il se lit ainsi : *« les 10 % des salariés les mieux rémunérés ont un salaire net mensuel au moins 2,9 fois plus élevé que les 10 % des salariés recevant les salaires nets les plus faibles »*.

Distribution des salaires mensuels nets en 2013 en euros

Déciles*	Hommes	Femmes	Ensemble
D1	1 254	1 154	1 200
D2	1 415	1 268	1 342
D3	1 559	1 374	1 471
D4	1 709	1 485	1 609
D5 (médiane)	**1 882**	**1 619**	**1 772**
D6	2 100	1 794	1 974
D7	2 405	2 029	2 244
D8	2 921	2 368	2 682
D9	3 892	3 036	3 544
D9/D1	3,1	2,6	2,9

* Champ : Salariés équivalent temps complet du secteur privé et semi-public.

Source : INSEE, 2015.

La courbe de Lorenz

À partir d'un tableau de répartition du revenu par décile, il est possible de construire un graphique pour évaluer au premier coup d'œil l'ampleur des inégalités.

Pour construire la *courbe de Lorenz*, on met en abscisse les effectifs (en % cumulés croissants) et en ordonnée le revenu global (en % cumulés croissants).

Si la répartition effective des revenus donne la diagonale, alors cela signifie que la répartition est totalement égalitaire : 10 % des ménages toucheraient 10 % des revenus, 50 % des ménages toucheraient 50 % des revenus, etc. *Plus la courbe est éloignée de la diagonale (bissectrice), plus les inégalités sont grandes*. En effet, cela signifie qu'une forte proportion des ménages ne dispose que d'une faible proportion du revenu global (par exemple, si 80 % des ménages ne disposent au total que de 30 % du revenu global, cela signifie que 20 % des ménages disposent de 70 % du revenu global et on a donc une forte inégalité). Le *coefficient de Gini*, compris entre 0 et 1, qui se calcule en rapportant l'aire comprise entre la bissectrice et la courbe de Lorenz (appelée surface de concentration) à celle du demi-carré constitué par les axes et la bissectrice (triangles OAB), permet de mesurer l'ampleur des inégalités dans un pays. Quand ce coefficient est égal à 1, la situation est la plus inégalitaire qui soit ; quand il est égal à 0, il n'y a pas d'inégalités.

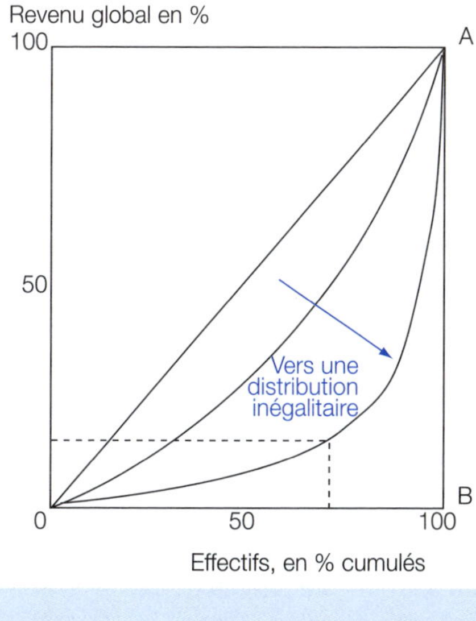

Le marché du travail

Dans une perspective néoclassique, le marché du travail n'est pas différent des autres marchés. C'est un lieu de rencontre entre l'offre et la demande de travail, qui aboutit automatiquement à l'équilibre via la formation du prix du travail (le salaire). Dans cette logique, seul le chômage volontaire devrait exister.

Un marché comme les autres

Le marché du travail fonctionne comme n'importe quel autre marché : il représente le lieu de confrontation entre l'offre et la demande de travail, le « prix » du travail étant le salaire.
– L'*offre de travail* émane des actifs qui « vendent » leur force de travail ; elle est une fonction croissante du salaire réel.
– La *demande de travail* émane des entreprises qui sont prêtes à « acheter » du travail ; elle est une fonction décroissante du salaire réel.

La vision néoclassique du plein-emploi

– Si le marché du travail fonctionnait sans entraves, il n'y aurait pas de chômage, puisque, à l'équilibre, l'offre de travail égalise la demande de travail pour un salaire donné. Concrètement, cela signifie que tous les actifs qui acceptent de travailler pour ce salaire trouvent un emploi ; et que toutes les entreprises qui acceptent de payer ce salaire trouveront de la main-d'œuvre. Il n'y a donc pas de chômage subi : seuls les individus qui ne sont pas prêts à travailler pour le salaire d'équilibre sont au chômage. Dans ce cas, celui-ci est qualifié de *volontaire*. En situation de CPP, la flexibilité des salaires est garante du plein-emploi.
– Cependant, même en situation de plein-emploi, un chômage *transitoire* (ou *frictionnel*) peut persister : il résulte des délais nécessaires pour atteindre l'équilibre entre l'offre et la demande de travail.

Les entraves à l'autorégulation du marché du travail

En théorie, le marché du travail s'autorégule par les mécanismes d'ajustement entre offre et demande de travail, grâce à une flexibilité totale des salaires. Dans la pratique, plusieurs phénomènes font obstacle à cet ajustement naturel, ce qui explique, selon les néoclassiques, l'apparition d'un chômage autre que volontaire ou transitoire.
– La *rigidité des salaires à la baisse* : elle peut provenir par exemple de l'existence d'un salaire minimum (comme en France le SMIC), qui interdit aux entreprises de rémunérer leurs salariés en dessous de ce salaire, et empêche donc de parvenir à un équilibre de plein-emploi. Cette rigidité peut aussi provenir d'institutions et de réglementations : conventions collectives, syndicats, grilles de qualification…
– Les *trappes à inactivité* : l'indemnisation du chômage par les pouvoirs publics et la mise en place de minima sociaux (comme le RSA en France) sont considérées, dans l'optique néoclassique, comme néfastes pour le marché du travail. En effet, non seulement ces mesures renchérissent le coût du travail (par l'intermédiaire des charges sociales), mais elles n'encouragent pas les actifs au chômage à accepter de travailler au salaire d'équilibre, et ce d'autant plus que les allocations sont élevées.

L'ÉQUILIBRE DU MARCHÉ DU TRAVAIL

Offre de travail et salaire

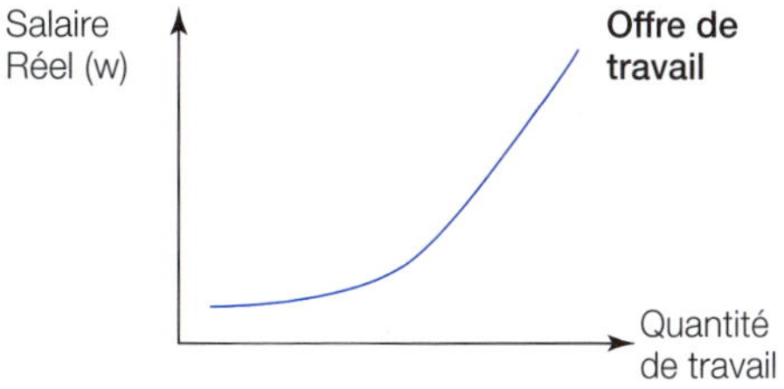

• Les individus, *maximisateurs*, vont arbitrer entre le travail et les loisirs. Le travail étant considéré comme une activité pénible, et supposant un sacrifice de temps libre, ils ne vont accepter ce sacrifice que si la rémunération leur permet d'accéder à la consommation.

• Plus l'individu choisit le travail, plus il sacrifie du temps de loisirs. Inversement, plus il choisit les loisirs, moins il travaille, et moins il peut acquérir de biens et de services. Par conséquent, plus le salaire (réel) est élevé, plus il est intéressant pour les agents économiques de substituer le travail aux loisirs. En fonction de ses préférences, l'individu va choisir un « optimum » entre temps de loisirs et temps de travail (donc un certain niveau de revenu et de consommation). C'est pourquoi *l'offre de travail est une fonction croissante du salaire réel*.

Demande de travail et salaire

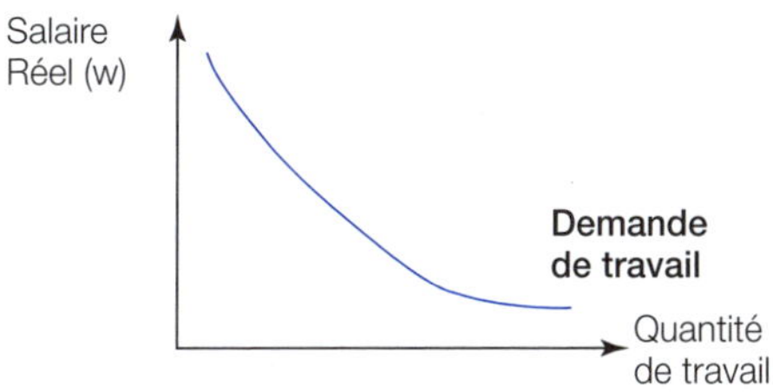

• L'entrepreneur qui cherche à maximiser ses profits ne va décider d'embaucher une personne supplémentaire que si elle lui coûte moins cher qu'elle ne lui rapporte. Or, dans les hypothèses néoclassiques, la *productivité marginale* du travail est décroissante (la productivité marginale est la variation de la production résultant de l'emploi d'une personne supplémentaire).

• Par conséquent, un employeur va être prêt à embaucher une personne supplémentaire jusqu'au moment où la productivité marginale cesse de couvrir le coût marginal de cette embauche (accroissement des dépenses correspondant au salaire d'un employé supplémentaire). Ainsi, les effectifs de l'entreprise vont se fixer au niveau où la productivité marginale est égale au salaire fixé par le marché. C'est pourquoi *la demande de travail est une fonction décroissante du salaire réel* car plus les salaires vont être élevés, moins les entreprises vont être prêtes à embaucher.

Salaire minimum et chômage

Si l'État impose un salaire minimum supérieur au salaire d'équilibre (w*), cela « crée » du *chômage involontaire* : un nombre (q_2) d'individus est disposé à travailler pour le salaire minimum fixé par l'État, mais les entreprises ne sont prêtes à embaucher à ce prix qu'un nombre plus faible (q_1) de travailleurs.

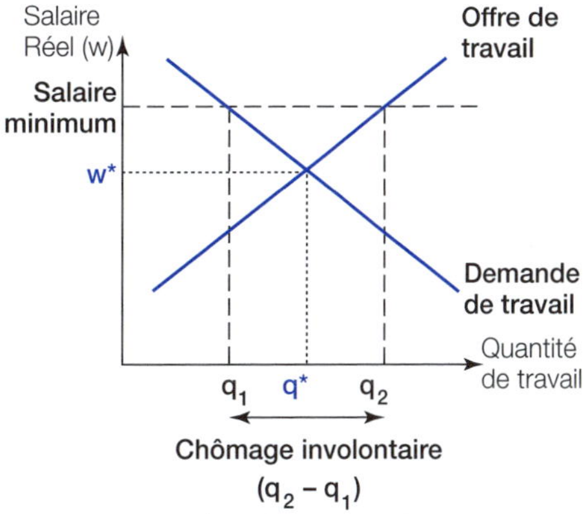

Les nouvelles théories du marché du travail

L'approche néoclassique conventionnelle se fonde sur un marché de concurrence pure et parfaite. Ce modèle reposant sur des hypothèses pour le moins éloignées de la réalité, d'autres théories plus récentes ont cherché à le dépasser, tout en reprenant la dichotomie entre chômage volontaire et chômage involontaire.

Les théories néoclassiques

– Selon la théorie du *Job search*, la durée moyenne du chômage est liée au montant des allocations chômage. Lorsqu'un individu se retrouve sans travail, il ne va pas nécessairement directement retrouver le type d'emploi correspondant exactement à ses attentes. Il va donc soit accepter un emploi qui ne correspond pas à ce qu'il cherche, mais en retirer une faible satisfaction ; soit refuser cet emploi, et « perdre » le salaire correspondant. Si le montant des allocations chômage est faible, la seconde solution sera coûteuse : l'individu préférera donc opter pour la première solution, et inversement si le montant des allocations est élevé.

– La théorie du *cycle économique réel* avance que les agents économiques font des choix intertemporels. Le choix entre travailler et être au chômage ou inactif (l'arbitrage travail/loisirs) dépend des perspectives de revenus futurs. Si un agent économique anticipe que le niveau des salaires va augmenter dans six mois (suite à un choc de productivité positif par exemple), il préférera ne pas travailler aujourd'hui, et travailler deux fois plus dans six mois. Ainsi, son temps de travail sur l'année sera le même, mais il aura reçu un revenu supplémentaire à celui qu'il aurait perçu s'il avait réparti équitablement ses heures de travail sur l'année. Le chômage résulte alors d'un choix optimal de répartition entre travail et loisirs sur toute la durée de sa vie. Cette théorie n'est valable que s'il n'existe pas de loi qui limite la durée hebdomadaire du travail.

Les théories néokeynésiennes

– Les *néokeynésiens* cherchent à montrer que les rigidités présentes sur le marché du travail (rigidité des salaires nominaux à la baisse, par exemple), sources de chômage, ne résultent pas forcément de l'intervention de l'État, mais bien du comportement rationnel des agents économiques.

– Ainsi, la théorie du *salaire d'efficience* avance que ce n'est pas le niveau de la productivité qui fixe celui des salaires (approche néoclassique), mais que c'est l'inverse. La productivité est une fonction croissante du salaire réel, car les travailleurs ne donnent le meilleur d'eux-mêmes que lorsqu'ils sont motivés par un salaire élevé.
Les entreprises ont donc rationnellement intérêt à proposer des salaires plus élevés (on parle alors de *salaire d'efficience*) que le salaire d'équilibre, afin d'augmenter la productivité de l'entreprise, de recruter le personnel le plus productif, de le fidéliser et de limiter l'absentéisme. Comme toutes les entreprises agissent ainsi (elles se font concurrence pour avoir les travailleurs les plus productifs), le salaire du marché devient supérieur au salaire d'équilibre, ce qui entraîne un chômage involontaire car, même en période de chômage, les entreprises ne réduisent pas les salaires proposés, et donc n'augmentent pas le nombre d'embauches pour résorber le chômage.

LES RIGIDITÉS DU MARCHÉ DU TRAVAIL ET LEURS CONSÉQUENCES

La théorie du déséquilibre de Malinvaud

La théorie du déséquilibre postule l'existence d'une rigidité des prix et des salaires, sans réellement l'expliquer, et cherche à montrer que plusieurs types de chômage peuvent se succéder, voire coexister, et qu'ils doivent être traités de manière différente. Voici les situations possibles :

		Marché du travail	
		Offre > demande (chômage)	Demande > offre (pénurie de main-d'œuvre)
Marché des biens et services	Offre > demande (surproduction)	① **Chômage keynésien**	④
	Demande > offre (pénurie)	② **Chômage classique**	③ **Inflation contenue**

① **Le chômage keynésien**
L'origine du chômage se trouve sur le marché des biens et services : la demande est insuffisante, ce qui n'incite pas les entreprises à produire, et donc à embaucher. Dans cette situation, le prix des biens et services devrait baisser, afin que la demande augmente ; mais comme les entreprises refusent de baisser les prix, la régulation ne se fait pas.
Pour lutter contre le chômage, il convient donc de stimuler la demande de biens et services adressée aux entreprises, en particulier en augmentant les salaires.

② **Le chômage classique :** il résulte d'un coût du travail trop élevé. En effet, comme la demande est supérieure à l'offre sur le marché des biens et des services, les entreprises devraient augmenter le niveau de leur production. Or, elles ne le font pas, parce que, le coût du travail étant trop élevé, la réalisation de cette production supplémentaire n'est pas rentable. Dans une situation de CPP, les salaires devraient diminuer afin de rendre l'embauche rentable. C'est donc bien la rigidité des salaires à la baisse qui est la cause du chômage. Dans cette approche, la solution serait de rétablir la flexibilité du marché du travail en permettant une diminution du coût du travail.

③ **L'inflation contenue**
Lorsqu'il y a un excès de demande sur tous les marchés (marché des biens et services, mais aussi marché du travail : pénurie de main-d'œuvre), on parle de période de « surchauffe » inflationniste : l'excès de demande de biens se traduit par une hausse des prix, car les entreprises ne peuvent répondre à cet excès de demande par une hausse de la production, la main-d'œuvre étant insuffisante.

④ **Excès de demande de travail et d'offre de biens**
Cette situation n'est pas concevable dans la réalité : les entreprises qui ne peuvent écouler toute leur production ne vont pas chercher à embaucher.

La théorie « insiders / outsiders »

Cette théorie postule que le marché du travail est « segmenté ». Suite aux travaux des économistes Piore et Doeringer, on distingue traditionnellement deux marchés du travail : le marché primaire, celui des *insiders*, dans lequel se trouvent les salariés les plus qualifiés, les mieux payés, indispensables à l'entreprise, et qui possèdent un emploi stable (CDI) ; et le marché secondaire, celui des *outsiders*, dans lequel se trouvent les salariés les moins qualifiés, facilement remplaçables, les moins payés, et qui possèdent un emploi instable (CDD ou intérim).

Les *insiders* sont en position de force ; ils se savent indispensables à l'entreprise, qui est exposée à des coûts de *turn over* importants (coûts de licenciements, de recrutement, d'adaptation au poste de travail, de formation…). Les *insiders* vont en profiter pour demander des salaires encore plus élevés. L'entreprise va donc faire subir cette hausse des coûts aux autres salariés, soit en les licenciant, soit en les précarisant. Le chômage résulte de l'impossibilité de diminuer les salaires des *insiders*.

Les politiques climatiques

Les politiques climatiques désignent l'ensemble des mesures prises par les pouvoirs publics pour limiter le réchauffement climatique et faire face à ses effets. Ainsi, afin de réduire l'émission de gaz à effet de serre (GES), plusieurs types de mesures sont envisageables.

Les normes environnementales

La première manière d'agir face aux externalités négatives (voir p. 40) que sont les émissions de GES est la mise en place de *normes environnementales.* Ces règles de droit visent à protéger l'environnement en spécifiant les comportements que doivent adopter les consommateurs et les producteurs. Le principe est donc que les pouvoirs publics fixent une norme de pollution tolérée, voire même qu'ils en interdisent totalement l'émission, et l'agent qui ne respecte pas cette règle est passible d'une amende. Il peut s'agir :
– de *normes d'émission,* fixant la quantité de certaines substances que des installations sont autorisées à émettre ;
– de *normes de procédés,* avec l'obligation – ou l'interdiction – de l'usage de certains procédés (comme les pots catalytiques) ;
– de *normes de produits,* fixant soit les propriétés d'un produit, soit les règles concernant son conditionnement, soit les limites aux émissions polluantes que ce produit est susceptible de dégager au cours de son utilisation.

Les taxes sur les émissions polluantes

– Selon l'OCDE, la *fiscalité environnementale* correspond à l'ensemble des taxes, impôts et redevances dont l'assiette est constituée par un polluant, ou par un bien ou service qui détériore l'environnement ou prélève des ressources naturelles. Les mesures tels que les crédits d'impôt ayant un effet sur l'environnement entrent aussi dans cette catégorie.
– Les écotaxes introduisent une *incitation* à réduire les atteintes à l'environnement en leur donnant un prix. Elles obligent en effet les agents à *internaliser les externalités négatives,* c'est-à-dire à prendre en compte ces externalités dans leurs décisions.
– Ainsi, elles génèrent un double dividende, en ce sens qu'elles procurent deux avantages simultanés à la collectivité : la réduction de la pollution et des dommages qui en découlent (caractère incitatif du signal-prix sur le comportement des agents), et les recettes fiscales dont l'usage pourra permettre une amélioration du bien-être collectif.

Les permis d'émission négociables

– Le marché des permis d'émission est un lieu d'échanges de quotas d'émission (droits à émettre des quantités limitées de polluants), émis par les pouvoirs publics et accordés aux entreprises polluantes en fonction de leurs performances passées. Les entreprises se les échangent ensuite en fonction de leurs émissions : ainsi, une firme qui trouve le moyen de réduire sa pollution vendra ses permis d'émission excédentaires aux firmes qui n'ont pas été en mesure de réduire leur pollution au niveau des quotas qui leur avaient été alloués.
– Comme les taxes, les permis négociables ont une visée incitative : faire en sorte que les pollueurs prennent en compte le coût de la pollution, en les incitant à utiliser des technologies plus propres.

LE MARCHÉ DU CARBONE EUROPÉEN

Le fonctionnement du marché du carbone

Afin de lutter contre le changement climatique, plusieurs pays ou ensembles de pays (à l'instar de l'Union européenne avec le EU ETS : *European Union Emissions Trading Scheme*), ont choisi de mettre en place des systèmes d'échange de quotas de CO_2, mieux connus sous le nom de « marchés carbone ».

Cet instrument permet de contrôler directement la quantité de gaz à effet de serre (GES) émis. En effet, les quotas d'émissions (c'est-à dire les tonnes de CO_2), dont le nombre est déterminé par un organisme de régulation, sont distribués (gratuitement ou mis aux enchères) aux participants au marché qui doivent s'assurer de détenir autant de quotas que leurs émissions.

Les agents qui émettent des émissions supérieures aux quotas alloués peuvent acheter des quotas auprès d'autres agents qui ont réussi à réduire leurs émissions en dessous du plafond qui leur avait été alloué (principe du pollueur-payeur). Chaque émission supplémentaire a un prix fixé par le marché.

À l'inverse, les agents les plus vertueux, qui émettent volontairement moins que le plafond fixé, peuvent revendre sur le marché les quotas excédentaires et donc bénéficier de revenus mobilisables, par exemple pour financer des investissements afin de maîtriser leurs émissions.

Le prix du carbone reflète alors la rareté du droit d'émission de GES.

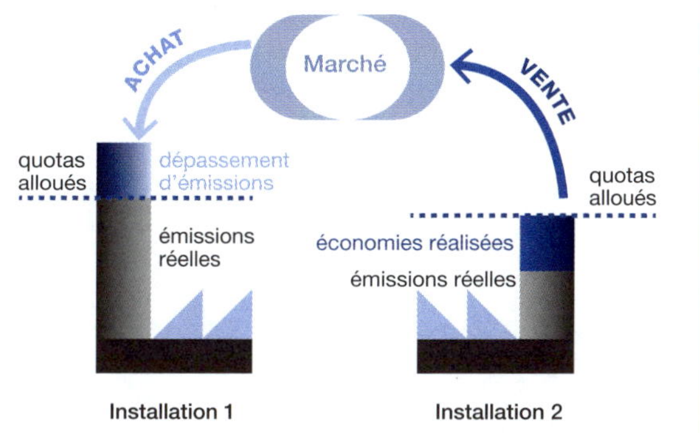

Source : CDC Climat

Avec cet instrument, le rôle du régulateur se limite à la définition du plafond global d'émission (objectif environnemental), et à la vérification du respect de cet objectif par chacun des participants au marché. L'efficacité environnementale est atteinte conjointement à l'efficacité économique : une seule information, le prix du carbone, s'intègre au processus décisionnel d'investissement et de gestion. Ainsi, les émetteurs sont en mesure de choisir l'option la moins chère avec une grande flexibilité, en fonction de leur situation propre.

Comme les marchés de quotas laissent aux entreprises la liberté de décider des moyens qu'ils souhaitent utiliser pour se mettre en conformité, ils se sont avérés plus faciles à accepter par les émetteurs que les taxes ou les normes.

Le marché du carbone européen en chiffres

Sont concernées environ 12 000 installations dans les secteurs de la production d'électricité, des réseaux de chaleur, de l'acier, du ciment, du raffinage, du verre, du papier, etc. représentant plus de 40 % des émissions européennes de GES. Depuis 2012, le secteur de l'aviation est aussi inclus.

Les émissions de GES des installations industrielles fixes couvertes par le champ du système européen d'échange de quotas d'émission étaient en 2013 de 1 895 millions de tonnes équivalent CO_2. Elles auraient ainsi diminué d'au moins 3 % par rapport au niveau de 2012.

Le prix du carbone est passé de 27 euros la tonne en 2008 à moins de 5 euros depuis 2013, prix trop faible pour agir sur le comportement des industriels. Cette chute s'explique notamment par une surabondance des crédits. La crise économique et les scandales provoqués par une fraude massive à la TVA liée à ces quotas, ont fini de ruiner sa réputation.

Pourquoi une intervention publique ?

La régulation de l'activité économique par les marchés a ses limites. Ce constat a conduit de nombreux économistes à légitimer l'intervention de l'État pour combler les lacunes du marché. Au cours du XXe siècle, le rôle de l'État s'est progressivement élargi à de nouvelles fonctions.

De l'État-gendarme à l'État-providence

– Les économistes libéraux préconisent l'existence d'un État qui intervient peu dans l'activité économique. Les auteurs classiques légitiment un *État-gendarme*, c'est-à-dire un État qui se limite principalement à ses fonctions régaliennes : justice, police, défense. Il se borne alors à mettre en place les conditions d'existence d'une économie de marché, et en particulier le respect des droits de propriété. Ultérieurement, les économistes libéraux ont mis en avant la nécessité pour cet État « minimum » de prendre aussi en charge les défaillances du marché au sens large.
– Cette vision a été remise en question par l'analyse keynésienne, qui mettait au contraire en avant la nécessité d'un État intervenant activement pour réguler l'économie. Cet État, qualifié d'« *État-providence* » (*Welfare state*), ne doit pas se contenter d'accompagner les marchés, mais doit influer directement sur leur nature et leur structure. Cette vision du rôle de l'État a été dominante durant les Trente Glorieuses, avant d'être progressivement remise en cause à partir des années 1970.

Les fonctions de l'État-providence

R. Musgrave a présenté une typologie de l'intervention des pouvoirs publics. Selon lui, un État-providence doit remplir trois grands types de fonction :
– *La fonction d'allocation des ressources* : les administrations publiques doivent produire ce que le marché n'est pas capable de réaliser, c'est-à-dire l'ensemble des biens publics ; elles doivent aussi prendre en compte les effets externes (voir p. 40). De même, l'État peut mettre en place des mesures antitrust pour promouvoir la concurrence et empêcher l'apparition de marchés monopolistiques ou oligopolistiques.
– *La fonction de redistribution* : la redistribution opérée par les administrations publiques, et en particulier la redistribution des revenus, vise principalement à accroître la justice sociale. Le libre jeu du marché aboutirait en effet à une distribution des revenus considérée comme injuste, car engendrant de trop fortes inégalités.
– *La fonction de régulation* : la fonction de régulation consiste pour l'État à intervenir dans l'activité économique pour influer sur son cours. Il ne se contente alors pas de pallier les limites du marché, mais il prend à sa charge des activités que le marché pourrait réaliser, mais de manière non optimale. Cela concerne l'ensemble des services publics, tels que le service postal ou les transports collectifs (malgré les remises en question actuelles liées aux directives européennes). Il met alors en place certaines entreprises publiques en position de monopole, afin d'assurer la continuité des services publics. De même, l'État peut mettre en place des politiques budgétaires pour influer sur le niveau et la structure de l'activité économique, et pour atteindre certains objectifs (réduire le chômage ou le niveau de l'inflation).

LE CARRÉ MAGIQUE

Le carré magique est une représentation graphique, imaginée par l'économiste Nicolas Kaldor, qui résume la situation conjoncturelle d'un pays à partir de quatre indicateurs : le taux de croissance du PIB, le taux de chômage, le taux d'inflation, le solde de la balance des transactions courantes (en pourcentage du PIB). Ces quatre indicateurs correspondent à quatre objectifs fondamentaux de la politique économique d'un État-providence : la croissance économique, le plein emploi, la stabilité des prix, l'équilibre des échanges extérieurs.

Une forme idéale difficile à atteindre

Le carré magique représente la situation optimale, celle où les quatre objectifs ont été simultanément atteints. Pour ce faire, on le construit de telle sorte que l'objectif à atteindre pour chaque variable corresponde au point le plus éloigné de l'origine du graphique.
Ainsi, le « Nord » du graphique, représentant le taux de croissance du PIB, doit être gradué de manière croissante (l'origine étant un taux de 0 %, et le point le plus éloigné de l'origine un taux considéré comme élevé, par exemple 10 %), alors que le « Sud » du graphique, représentant le taux d'inflation, doit être gradué de manière décroissante, car dans ce cas l'objectif est d'avoir le taux d'inflation le plus faible possible.

Pourquoi magique ?

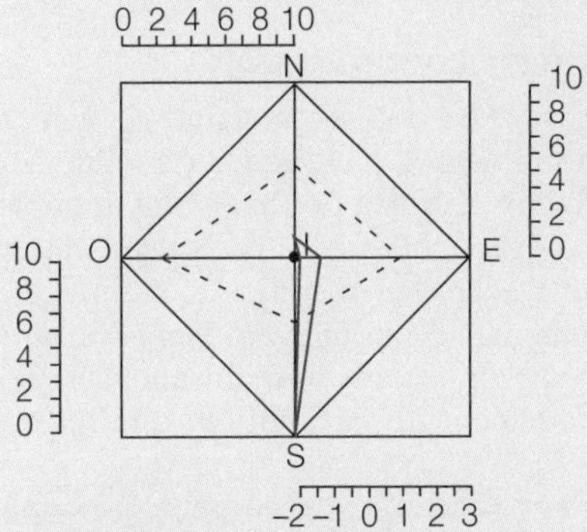

N = Taux de croissance du PIB en %
E = Solde des transactions courantes en % du PIB
S = Taux d'inflation en %
O = Taux de chômage en % de la population active
- - - - - France 1970
——— France 2015

Ce carré est qualifié de magique car l'expérience montre qu'il est très difficile d'atteindre simultanément les quatre objectifs, du moins à court terme. Plus la surface du quadrilatère correspondant aux statistiques d'un pays à une période donnée s'éloigne de la surface théorique du carré magique, plus la situation se détériore. La modification du quadrilatère dans une direction particulière fournit de plus une indication sur l'efficacité de la politique économique. Par exemple, la situation de la France présentée en 2015 montre une situation radicalement différente de celle de 1970 : meilleure maîtrise de l'inflation mais croissance moins forte, chômage plus élevé et commerce extérieur négatif.

Dictionnaire d'économie et de sciences sociales, Éditions Nathan.

Les limites de l'instrument

Le carré magique est une représentation conventionnelle, qui met sur un « pied d'égalité » les quatre objectifs présentés. Or, on peut estimer que certains objectifs (le chômage ou la croissance) sont plus importants à tenir que d'autres (le solde positif des transactions courantes, par exemple), ou encore que d'autres objectifs importants (le taux de pauvreté, le degré d'inégalité, l'espérance de vie) ne sont pas pris en compte.

Les politiques économiques

L'État, pour remplir ses missions de régulation, définit une politique économique générale. Le choix des objectifs retenus et des instruments utilisés a fait l'objet de nombreux débats, particulièrement entre économistes libéraux et keynésiens, qui n'assignent pas à la politique économique le même statut, ni la même importance.

Objets et formes des politiques économiques

– Les politiques économiques recouvrent l'ensemble des mesures prises par l'État vis-à-vis de l'économie. Elles sont caractérisées par une hiérarchisation des objectifs poursuivis et par le choix des instruments mis en œuvre pour les atteindre. Réguler l'activité économique consiste ainsi, pour la puissance publique, à mettre en œuvre des mesures qui visent à influer sur les mécanismes économiques. L'État devient un « auxiliaire » du marché, en tentant, par son intervention, d'orienter l'activité économique dans un sens jugé souhaitable.
– Ces politiques peuvent prendre différentes formes : mesures législatives (exemple : assouplir les lois portant sur le marché du travail afin de faciliter l'embauche), mesures budgétaires (exemple : accroissement des dépenses publiques afin de relancer la demande), création ou réduction d'emplois publics, nationalisation ou privatisation d'entreprises publiques…

Les fondements théoriques des politiques économiques

– *L'approche libérale* : pour les économistes libéraux, l'État doit se contenter de mettre en place les conditions de l'existence de marchés libres. Il ne doit pas chercher à influer sur le niveau ni la structure de l'activité économique. Selon eux, l'objectif de l'intervention publique doit être de mettre les agents économiques, et en particulier les entreprises, dans les meilleures conditions possibles. Par exemple, afin d'accroître la compétitivité des entreprises nationales, l'État doit mettre en place des politiques économiques dont la finalité est la lutte contre l'inflation, mais aussi libéraliser leur environnement en réduisant les règles et normes administratives qui entravent leur fonctionnement. Ils préconisent une réduction des prélèvements obligatoires.
– *L'approche keynésienne* : pour les économistes keynésiens, l'État ne peut se contenter d'accompagner le marché ; il doit au contraire intervenir activement dans l'activité économique Il faut ainsi que l'État, en période de récession, relance la demande afin de stimuler la production, source de croissance économique. Les politiques économiques doivent viser à accroître le poids de l'intervention publique dans l'économie, afin de rendre l'organisation des activités économiques plus efficace et plus juste. Les keynésiens préconisent des politiques budgétaires et monétaires expansives, c'est-à-dire dont la finalité est d'accroître la demande.
– Les politiques de régulation résultent donc d'un choix opéré par les gouvernements, en fonction du diagnostic établi et des solutions retenues :
Plus ou moins de dépenses publiques ? Plus ou moins de déficits publics ? Plus ou moins d'influence sur le niveau de salaire ?
Il n'existe pas de réponse univoque à ces questions, mais des approches théoriques différentes qui, à partir d'un ensemble de postulats et d'objectifs qui leur sont propres, apportent des éclairages différents à une même réalité.

LE BUDGET, UN INSTRUMENT ESSENTIEL DE POLITIQUE ÉCONOMIQUE

Les administrations publiques (c'est-à-dire les administrations publiques d'État, de sécurité sociale et les administrations publiques locales), pour pouvoir assurer leurs fonctions et plus particulièrement pour pouvoir réguler les activités économiques, doivent trouver des moyens de financement. Les politiques économiques induisent ainsi des dépenses qui doivent être financées à partir de recettes. Le budget des administrations publiques présente l'ensemble de ces recettes et de ces dépenses.

Les recettes publiques

• La quasi-totalité des recettes publiques provient des prélèvements obligatoires. Ils correspondent à l'ensemble des prélèvements opérés par les administrations publiques – impôts, taxes, cotisations sociales – pour financer leurs missions. Le taux de prélèvements obligatoires est égal au rapport entre le montant des prélèvements obligatoires et le montant du PIB. En France, en 2012, il est égal à 45 %. En 1960, il était égal à 30,6 % du PIB, et n'a cessé d'augmenter jusqu'à la fin des années 1990. Depuis 1999, où il avait atteint 44,9 %, il connaît une légère décrue.

• L'État et les collectivités territoriales se financent très largement grâce à l'impôt, mais aussi plus marginalement par des recettes « non fiscales » (revenus du patrimoine de l'État, de ses participations dans le capital d'entreprises, produit des amendes ou des jeux). Ainsi, en 2013, les recettes fiscales de l'État ont représenté plus de 90 % de l'ensemble des recettes.

• La Sécurité sociale, elle, est majoritairement financée par les cotisations sociales, mais aussi en partie par certains impôts tels que la CSG (Contribution sociale généralisée) et la CRDS (Contribution au remboursement de la dette sociale), créées respectivement en 1991 et 1996.

Les dépenses publiques

Ces recettes financent des dépenses.

• Les principales dépenses de l'État sont : l'Éducation nationale, la Défense, le remboursement de la dette, les Affaires sociales...

• Les principales dépenses des administrations de sécurité sociale sont : les pensions retraite, les remboursements maladie, les allocations familiales et la prise en charge des congés maternité...

• Les principales dépenses des collectivités locales sont la formation professionnelle, les aides sociales, le développement économique...

Des dépenses liées aux recettes ?

• Dans l'idéal, tout budget devrait être équilibré, au moins sur le long terme. Par conséquent, le montant des dépenses ne peut à terme constamment augmenter si le montant des recettes ne suit pas la même évolution. Le Pacte de stabilité et de croissance européen impose d'ailleurs le maintien des déficits publics dans des limites prédéterminées (moins de 3 % du PIB).

Juridiquement cependant, le budget de l'État peut être déséquilibré ; l'État effectue alors des emprunts pour financer son déficit. Par contre, le budget d'une collectivité territoriale doit nécessairement être présenté en équilibre. L'État participe d'ailleurs au financement de certaines charges des collectivités territoriales par des dotations financières.

Le montant des dépenses publiques, tout comme celui des recettes publiques, dépend donc d'un choix. Les pouvoirs publics peuvent choisir d'accroître les prélèvements ou les dépenses, comme ils peuvent choisir de les réduire, en fonction du montant qu'ils jugent le plus juste et le plus à même de répondre aux attentes et aux besoins de la population.

Ainsi, les keynésiens vont mettre en avant l'importance de politiques budgétaires actives, fondées sur un accroissement des dépenses publiques, alors que les libéraux vont privilégier des politiques budgétaires restrictives, fondées sur une diminution simultanée des prélèvements obligatoires et des dépenses publiques.

Politiques conjoncturelles et structurelles

Les politiques économiques sont caractérisées en fonction de la nature des instruments utilisés et de l'horizon temporel : ainsi, les politiques conjoncturelles visent des objectifs de résorption des déséquilibres à court terme, tandis que les politiques structurelles ont pour objet des modifications plus profondes.

Les politiques conjoncturelles

Les politiques conjoncturelles visent des objectifs à court terme. Elles sont essentielles dans des « situations d'urgences », en vue d'échéances électorales ou encore face à la pression de l'opinion publique. Elles peuvent prendre des formes différentes :
– *Les politiques budgétaires* : elles visent, par l'intermédiaire du niveau et de la structure des recettes et des dépenses publiques, à influer sur l'activité économique. Ainsi, par exemple, une hausse des dépenses publiques peut accroître la demande, ce qui poussera les entreprises à augmenter leur niveau de production.
– *Les politiques monétaires* : elles ont pour objectif de contrôler le niveau de la masse monétaire, et donc indirectement le niveau de l'inflation. Depuis 1993, les politiques monétaires ne sont plus de la responsabilité des États en Europe, mais des banques centrales nationales, réunies depuis au sein de la BCE (Banque Centrale Européenne, voir p. 116).
– *Les politiques de revenu* : elles cherchent à influer sur le niveau et la structure des revenus. Par exemple, une hausse du SMIC (Salaire Minimum Interprofessionnel de Croissance) peut entraîner une hausse de la consommation, et donc de la production.

Les politiques structurelles

Les politiques structurelles sont des politiques de long terme, qui visent une modification profonde du fonctionnement de l'économie. Elles tendent à modifier le fonctionnement des institutions en charge de la régulation des activités économiques et sociales, ainsi que les comportements des agents économiques dans un sens jugé souhaitable par la collectivité. Ce sont donc des politiques qui cherchent plus à influencer les conditions d'offre que les conditions de demande.
Dans une approche libérale, elles ont pour objet la libéralisation des marchés, alors que dans une optique keynésienne elles visent à renforcer le poids de l'intervention publique sur ces marchés.

Des politiques complémentaires

Les politiques conjoncturelles et structurelles sont complémentaires au sens où l'on ne peut mettre les unes en place sans les autres ; si seules les politiques structurelles étaient mises en place, les résultats à court terme seraient quasi nuls, voire négatifs, ce qui n'est pas tenable politiquement.
Par contre, elles peuvent parfois s'opposer ; par exemple, une politique structurelle qui viserait à limiter durablement le niveau de l'inflation afin de rendre les entreprises plus compétitives est incompatible avec une politique conjoncturelle de relance, dont l'un des effets est justement une pression à la hausse sur les prix.

POLITIQUES DE RELANCE ET POLITIQUES DE RIGUEUR

Les politiques de relance

Les politiques de relance visent à accroître la demande afin de relancer la production. Un exemple de ce type de politique est la relance opérée par le gouvernement Mauroy en 1982.

Politique de relance
- **Objectif** : accroître la demande pour augmenter le niveau de production
- **Mécanisme** : hausse des dépenses publiques + redistribution des revenus + baisse des taux d'intérêts ➔ hausse de la demande ➔ hausse de la production pour répondre à la hausse de la demande ➔ augmentation du nombre d'embauches

Le déficit public, un instrument des politiques de relance

La théorie de l'effet de stabilisateur automatique avance que, lors d'une période de récession, laisser filer les déficits publics permet de relancer la croissance économique. Cette relance entraîne ensuite, mécaniquement, la résorption du déficit. Le déficit est ainsi un mal pour un bien. C'est un instrument de politique conjoncturelle à part entière.

Effet de stabilisateur automatique

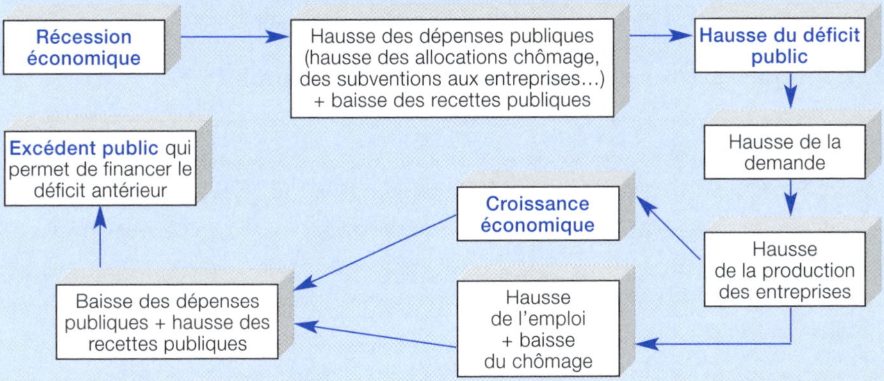

Les politiques de rigueur

Les politiques de rigueur se fondent sur l'idée selon laquelle la sortie d'une période récessive ne peut se faire qu'en luttant contre l'inflation, car l'inflation entraîne une diminution du pouvoir d'achat des consommateurs et de la compétitivité-prix des entreprises, ce qui est néfaste pour la croissance. Elles visent donc à comprimer la demande à court terme afin de réduire l'inflation. La politique de désinflation compétitive mise en œuvre en France à partir de 1983 est un exemple de ce type de politique.

Politique de rigueur
- **Objectif** : ralentir la hausse de la demande pour lutter contre l'inflation
- **Mécanisme** : hausse des taux d'intérêt + mesures pour limiter la progression des salaires + diminution des dépenses publiques ➔ ralentissement de la demande ➔ tendance à la baisse des prix ➔ hausse de la compétitivité des entreprises nationales ➔ hausse des exportations ➔ hausse de la production ➔ augmentation du nombre d'embauches.

Les politiques de l'emploi

Les politiques de l'emploi ont pris de l'importance depuis l'apparition et la persistance d'un chômage de masse. Elles correspondent à l'ensemble des mesures qui visent à influer sur le niveau et la structure des emplois. Le type de mesures prises dépend de l'analyse des causes du chômage.

Les enjeux des politiques de l'emploi

Les politiques de l'emploi ont comme premier objectif la lutte contre le chômage. La justification fondamentale de ces politiques est que les marchés ne parviennent actuellement pas à générer un niveau et une structure d'emplois permettant d'employer tous ceux qui désirent un emploi. Ces politiques peuvent donc agir :
– sur la *demande de travail*, en mettant en place les conditions à de nouvelles créations d'emplois, par exemple en flexibilisant le marché du travail (voir p. 78) pour les libéraux, ou en créant des emplois publics pour les keynésiens ;
– sur l'*offre de travail*, en augmentant « l'employabilité » des agents économiques, par des politiques de formation et/ou d'incitation à la reprise d'un emploi.

Politiques actives et politiques passives de l'emploi

Politiques actives : elles ont pour fonction de rendre le marché du travail plus apte à créer des emplois, ou de rendre les chômeurs plus aptes à trouver un emploi.	• Dépenses de formation continue • Subventions versées aux entreprises en échange de l'embauche de certaines catégories de chômeurs (par exemple, les chômeurs de longue durée, les travailleurs handicapés) • Allègements de charges sociales afin de rendre les entreprises plus compétitives • Aides à la création d'entreprise • Création d'emplois publics • Assouplissement de la réglementation à l'embauche
Politiques passives : elles cherchent avant tout à accompagner financièrement les chômeurs, ou à réduire la population active.	• Accroissement de l'indemnisation des chômeurs • Financement des mesures de préretraite • Développement du travail à temps partiel • Allongement de la durée de la scolarité • Baisse du temps de travail

Libéraliser le marché du travail ?

– Dans l'optique libérale, les politiques de l'emploi ont pour objectif de flexibiliser le marché du travail. Cela passe par une limitation des réglementations qui entravent la liberté d'action des agents économiques, symbolisées par le Code du travail. Il s'agit également de permettre aux entreprises d'embaucher ou de licencier plus librement. Ce sont des politiques de l'offre, qui avancent que le niveau de l'emploi se détermine sur le marché du travail.
– À l'inverse, les keynésiens mettent l'accent sur les politiques publiques de relance de la demande. Si la demande augmente, les entreprises accroissent leur volume de production, ce qui les incite à embaucher. Selon cette approche, le niveau de l'emploi se détermine sur le marché des biens et des services.

LES DÉPENSES POUR L'EMPLOI EN FRANCE

Plusieurs catégories de dépenses pour l'emploi

Les dépenses en faveur de l'emploi et du marché du travail s'élevaient en 2012 à 85,7 milliards d'euros. Elles comprennent deux types de dispositifs :

• Les **dépenses générales** (38 milliards d'euros en 2012) recouvrent les allégements généraux de cotisations sociales ou d'impôts en faveur des bas salaires ou des heures supplémentaires, les incitations financières à l'emploi et les exonérations de cotisations sociales ou fiscales en faveur de certaines zones géographiques (zones urbaines sensibles, zones franches urbaines…) ou de certains secteurs (hôtels-cafés-restaurants, services à la personne, secteur agricole…).

• Les **dépenses ciblées** (47,7 milliards d'euros en 2012) correspondent aux interventions publiques sur le marché du travail visant à permettre un fonctionnement efficace de celui-ci et à corriger des déséquilibres, et qui peuvent être distinguées d'autres interventions plus générales de la politique de l'emploi dans la mesure où elles agissent de façon sélective en favorisant des groupes particuliers sur le marché du travail.

La diversité des mesures ciblées

Les dépenses ciblées en faveur du marché du travail – financées par l'État, les collectivités locales ou les administrations de sécurité sociale – recouvrent diverses interventions à destination des demandeurs d'emploi ou des personnes dont l'emploi est menacé. Trois types d'interventions publiques sont distingués (cf. graphique ci-dessous) :

– les services relatifs au marché du travail (catégorie 1), constitués des frais de structure du service public de l'emploi avec notamment les dépenses relatives à l'accompagnement personnalisé des demandeurs d'emploi ;

– les mesures «actives » de politique d'emploi (catégories 2 à 7) : formation professionnelle des demandeurs d'emploi, contrats aidés dans les secteurs marchand ou non marchand, aides à l'emploi des travailleurs handicapés, aides à la création d'entreprise par les chômeurs ;

– les soutiens au revenu en cas d'absence d'emploi (catégories 8 et 9) : allocations d'indemnisation du chômage, total ou partiel, ou de préretraite.

Structure des dépenses des politiques du marché du travail, par groupe de catégorie (2001-2012)

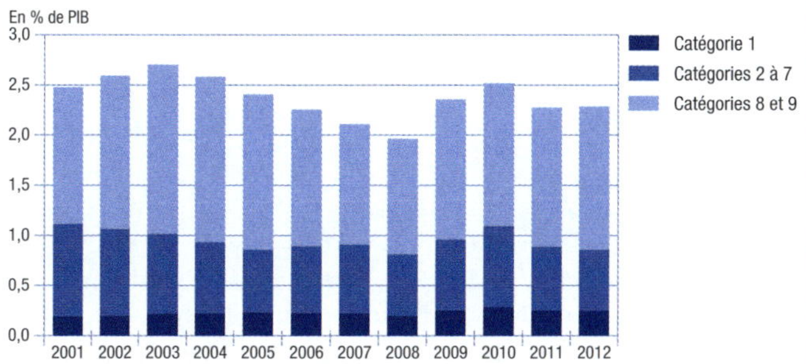

Catégorie 1 Services relatifs au marché du travail
Catégorie 2 Formation professionnelle
Catégorie 3 Rotation dans l'emploi et partage de l'emploi
Catégorie 4 Incitations à l'emploi
Catégorie 5 Emploi protégé et réadaptation
Catégorie 6 Création directe d'emplois
Catégorie 7 Aides à la création d'entreprise
Catégorie 8 Maintien et soutien du revenu en cas d'absence d'emploi
Catégorie 9 Préretraite

Source : DARES Analyses, mars 2015.

Les limites financières de l'intervention publique

La crise de 2008 a été à l'origine de la « crise des dettes souveraines », dont les difficultés financières de la Grèce ont été l'un des symptômes les plus marquants. Pourtant, les difficultés financières récurrentes des États souverains sont bien antérieures à cette crise.

Déficit public, dette publique

– Le *déficit public* correspond au solde du budget des administrations publiques lorsqu'il est négatif, c'est-à-dire lorsque les dépenses publiques sont supérieures aux recettes publiques sur une période donnée (le plus souvent, sur un an).

– La *dette publique* correspond au montant total des emprunts réalisés par les administrations publiques pour financer leurs déficits antérieurs et qui ne sont pas encore parvenus à échéance, auxquels on ajoute le montant des intérêts qui leur sont liés.

Les origines de ces déficits

Ces déficits récurrents signifient que les recettes des administrations publiques ne permettent pas d'absorber leurs dépenses. Des causes structurelles et conjoncturelles en sont à l'origine.

– Le *déficit structurel* est indépendant des fluctuations économiques conjoncturelles. Il provient :
- du vieillissement de la population et de la demande sociale croissante, qui pousse à une augmentation tendanciellement forte des dépenses sociales ;
- d'une croissance durablement « molle » qui ne parvient plus à générer des recettes suffisantes pour faire face aux missions des administrations publiques ;
- de la mondialisation qui pousse à un « dumping » fiscal et social, remettant en question les perspectives de recettes des administrations.

– Le *déficit conjoncturel* n'est que temporaire : il est dû à une activité exceptionnellement en berne. Une grande part du déficit lui est imputable depuis 2008. Une croissance faible réduit en effet les rentrées fiscales (de TVA, par exemple) et augmente les dépenses (liées à l'allocation chômage, par exemple). De plus, entre 2008 et 2011, les États ont dû mettre en place des plans de relance pour lutter contre la récession, qui ont causé une forte augmentation de leurs dépenses.

Quelles conséquences ?

Des déficits importants peuvent avoir diverses conséquences négatives sur l'activité économique :

– un *effet d'éviction* : pour financer ces déficits, l'État emprunte sur les marchés financiers, ce qui tend à augmenter les taux d'intérêt, et donc à réduire l'investissement des entreprises ;

– un *effet « boule de neige »* : l'emprunt nécessaire au financement des déficits génère une charge de la dette, qui correspond au montant des intérêts à rembourser en sus du capital emprunté. Lorsque l'État ne dispose pas des ressources suffisantes pour rembourser l'emprunt qui parvient à échéance, il doit de nouveau emprunter pour le rembourser, ce qui crée un cercle vicieux, source d'endettement croissant ;

– une réduction des marges de manœuvre de l'État, qui doit utiliser une part croissante de ses ressources à des fins improductives.

LA SITUATION FINANCIÈRE ACTUELLE DES ADMINISTRATIONS PUBLIQUES

L'évolution des déficits publics

Les administrations publiques françaises n'ont plus présenté de budget équilibré depuis 1973. Le déficit des administrations publiques centrales est le premier responsable du déficit public en France.

	2008	2009	2010	2011	2012	2013	2014
En milliards d'euros							
Ensemble des administrations publiques	- 61,1	- 140,7	- 135,7	- 103,1	- 98,7	- 87,6	- 84,1
Administration publique centrale	N.D.	- 119,8	- 110,5	- 89,2	- 82,1	- 65,9	- 71,8
État	N.D.	- 117,1	- 120,8	- 88,8	- 80,2	- 67,6	- 74,7
Organismes divers d'administration centrale	N.D.	- 2,7	- 10,3	- 0,5	- 1,9	1,6	2,9
Administrations publiques locales	N.D.	- 6,0	- 1,7	- 0,7	- 3,7	- 9,2	- 4,5
Administrations de Sécurité sociale	N.D.	- 14,8	- 23,5	- 13,2	- 12,9	- 12,5	- 7,8
En % du produit intérieur brut							
Ensemble des administrations publiques	- 3,2	- 7,5	- 7,0	- 5,2	- 4,9	- 4,3	- 3,9

Source : Comptes nationaux 2014, INSEE.

L'évolution de la dette publique

La dette publique française a très fortement augmenté depuis le milieu des années 2000, pour atteindre quasiment 100 % du PIB aujourd'hui

	2009	2010	2011	2012	2013	2014	2015(*)
En milliards d'euros							
Ensemble des administrations publiques	1 498,8	1 602,0	1 724,9	1841,0	1 925,3	2 037,8	2 103,2
Administration publique centrale	1 190,1	1 263,6	1 351,4	1 454,0	1 531,3		
État	1 171,4	1 249,6	1 341,4	1 444,3	1 523,2	1 610,2	1 671,6
Organismes divers d'administration centrale	18,7	14,0	10,0	9,7	8,1	22,6	22,0
Administrations publiques locales	157,3	163,3	168,9	176,1	182,3	188,2	184,6
Administrations de Sécurité sociale	151,5	175,1	204,6	210,9	211,7	216,8	225,0
En % du produit intérieur brut							
Ensemble des administrations publiques	79,5	82,7	86,2	90,6	93,5	95,6	96,9

(*) Troisième trimestre 2015.

Sources : INSEE, DGFIP, DG Trésor, notification de mars 2015.

L'évolution de la charge de la dette

La charge de la dette est l'ensemble des dépenses de l'État consacrées au paiement des intérêts de sa dette. Dans la loi de finances 2013, elle s'élève à 56,14 milliards d'euros, soit 14,19 % du budget de l'État. Le paiement des intérêts de la dette représente ainsi le troisième poste de dépenses de l'État.

La crise de la protection sociale

Les organismes de sécurité sociale connaissent des déséquilibres financiers profonds. Mais la crise de la protection sociale va plus loin qu'une simple crise financière : comme le souligne Pierre Rosanvallon dans *La crise de l'État-providence*, c'est aussi une crise d'efficacité et une crise de légitimité.

Une crise de financement

– Le « trou de la sécu » apparaît dans les années 1990. En 2012, le déficit du régime général atteint 13,3 milliards d'euros. Si la branche accident du travail reste proche de l'équilibre (– 0,2 milliard), les déficits des autres branches sont plus conséquents : maladie (– 5,9 milliards), vieillesse (– 4,8 milliards) et famille (– 2,5 milliards).
– L'évolution démographique, avec le vieillissement de la population, est l'une des principales causes de cette crise de financement. Ce vieillissement entraîne en effet l'accroissement automatique des dépenses de santé et celles liées au financement des retraites.

Une crise de légitimité

La protection sociale est l'une des composantes de l'État-providence. Son développement est lié au maintien de la cohésion sociale, fondé sur un principe de solidarité collective. Or, aujourd'hui c'est ce principe même qui est remis en cause.
– L'une des fonctions de la protection sociale est de réduire les inégalités. Or, dans une approche libérale, les inégalités favorisent la compétition entre les agents économiques et les poussent donc à « donner le meilleur d'eux-mêmes » ; elles rendent le système économique et social plus efficace. Les mesures prises par la protection sociale seraient donc inutiles, voire négatives, car elles pousseraient les personnes concernées à devenir des assistés. D'autres analyses jugent au contraire les mesures prises insuffisantes par rapport aux objectifs visés.
– La protection sociale est un système « abstrait » : les individus ne font pas le rapport entre ce qu'ils payent (les cotisations sociales) et ce qu'ils reçoivent (les prestations). Ils ont l'impression de payer toujours plus sans compensation, sans s'apercevoir que ces cotisations sont à l'origine de leurs prestations, d'où un sentiment d'injustice. De plus, comme les prestations reçues leur semblent un « dû », ils en abuseraient (comportement de « passager clandestin »), sans s'apercevoir que cela induira nécessairement une hausse future des cotisations.
– La montée de l'individualisme est l'une des principales causes de cette crise de légitimité, car elle tend à remettre en question les justifications à l'existence d'un système de solidarité entre les individus.

Une crise d'efficacité

Les interventions de la sécurité sociale sont parfois jugées inefficaces : malgré les dispositions mises en place, le chômage, l'exclusion persistent, les inégalités s'aggravent. De plus, la bureaucratie réduit l'efficacité des mesures prises (formalités de plus en plus complexes) et les prélèvements sociaux sont peu progressifs.
Par ailleurs, la mondialisation économique, avec des entreprises attirées par les coûts salariaux plus faibles (du fait en particulier de l'absence de charges sociales) des pays du Sud, remet en question l'efficacité des systèmes de protection sociale existants.

LE FINANCEMENT DES RETRAITES

Un système par répartition

Le système de retraite français est fondé sur l'existence d'une solidarité intergénérationnelle. À chaque période, les pensions de retraite reçues par les retraités sont directement financées par les cotisations sociales prélevées sur les revenus des actifs. Ce sont les générations d'actifs occupés qui financent, par leurs cotisations, les revenus des retraités. Ce système a pour principal avantage de permettre aux travailleurs, quel que soit le montant de leurs revenus durant leur vie active, de pouvoir prétendre à une retraite, même si durant leur vie professionnelle ils n'ont pas eu les moyens de se constituer une épargne.

L'évolution démographique à l'origine de la crise

Évolution du nombre de cotisants par retraité

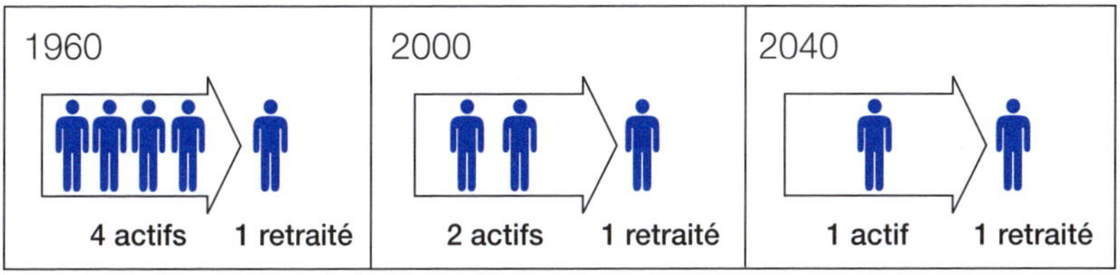

Source : Conseil d'Orientation des Retraités (COR).

Plus le nombre d'actifs par retraité diminue, plus le financement des retraites va devenir problématique : en effet, il faudra soit augmenter le montant des cotisations payées par les actifs, soit réduire le montant des retraites versées.

Les réformes des retraites depuis 1993

• **La réforme Balladur** (1993) concerne le régime général et les trois régimes alignés (salariés agricoles, artisans, industriels et commerçants) : baisse progressive de la durée de cotisation de 37,5 à 40 ans, calcul de la pension sur la base du salaire moyen des 25 meilleures années au lieu de 10, revalorisation des pensions en fonction de l'inflation et non plus selon l'évolution des salaires.

• **La réforme Fillon** (2003) concerne l'ensemble des régimes de retraite, sauf les régimes spéciaux (modifiés en 2008). Les principales mesures sont : l'alignement progressif de la durée de cotisation des fonctionnaires sur celle des salariés du privé (de 37,5 ans à 40 ans), l'allongement progressif de la durée de cotisation pour tous à 41 ans, la création d'un mécanisme de décote (baisse de la pension lorsque que l'assuré prend sa retraite avant d'avoir la durée de cotisation requise) et de surcote (hausse de la pension en cas de départ retardé) ; création d'un dispositif de départ anticipé pour ceux qui ont commencé à travailler entre 14 et 16 ans et qui ont cotisé la durée requise.

• **La réforme Woerth** (2010) met en place le relèvement progressif de l'âge légal de départ à la retraite à 62 ans ; le relèvement de 65 à 67 ans de l'âge à partir duquel ne s'applique plus le mécanisme de décote ; la modification du dispositif des carrières longues (les salariés ayant commencé avant 18 ans peuvent partir à la retraite sous réserve d'avoir la durée de cotisation requise pour leur génération, plus 2 ans). Pour les salariés qui ont une incapacité physique supérieure ou égale à 20 %, l'âge légal de départ à la retraite reste fixé à 60 ans et aucune décote ne leur est appliquée. En 2012, le dispositif de retraite anticipée à 60 ans pour les carrières longues a été étendu aux personnes ayant commencé à travailler avant 20 ans.

Une intervention publique inefficace ?

Les Trente Glorieuses ont été marquées par un interventionnisme public croissant, lequel a ensuite été remis en cause à partir du milieu des années 1970. La légitimité même des politiques économiques et sociales est alors posée par les économistes libéraux, qui voient dans l'État un perturbateur de l'équilibre naturel du marché.

Des politiques inadaptées et néfastes

– *« Trop d'impôts tue l'impôt »* : si les impôts sont indispensables pour permettre à l'État de remplir ses fonctions de base (justice, police, infrastructures…), un taux d'imposition trop élevé aurait, selon A. Laffer, un impact néfaste sur la croissance : les agents économiques ne sont pas incités à travailler plus, car une part importante de leurs revenus est prélevée par l'État. Ils risquent par ailleurs de partir travailler à l'étranger pour échapper aux impôts (voir ci-contre). En 2013, les prélèvements obligatoires représentent 46,3 % du PIB de la France.
– *Le développement de l'assistanat* : des politiques sociales trop marquées développent un « assistanat » trop important, qui n'incite pas les chômeurs à rechercher un emploi. C'est la théorie de la « trappe à inactivité » : lorsque le surcroît de rémunération consécutif à la reprise d'un emploi est faible par rapport aux revenus reçus sans travailler (RSA ou allocations chômage), les agents économiques peuvent choisir de ne pas travailler.
– *La contrainte extérieure* : dans une économie de plus en plus ouverte sur l'extérieur, des entreprises nationales supportant des charges sociales et des impôts élevés, ainsi qu'une législation rigoureuse limitant leurs marges de manœuvre, peuvent perdre en compétitivité.
– *Une pauvreté toujours importante* : les politiques sociales n'ont pas rempli leur objectif, puisque l'extrême pauvreté existe toujours. Ainsi, en 2011, en France, le taux de pauvreté s'élève à 7,9 % (il se calcule en comptabilisant la part des ménages qui ont un revenu après impôt inférieur à 50 % du revenu médian).

Un secteur public en manque d'efficacité et en recul

Selon certains économistes, le secteur public serait moins efficace que le secteur privé. En effet, l'absence de concurrence n'incite pas à chercher à répondre au mieux aux besoins du public. Le secteur public proposerait donc un service inadapté et peu innovant.
L'Union européenne a adopté cette approche libérale de l'économie, selon laquelle la concurrence accroît le choix des consommateurs et entraîne tendanciellement une diminution des prix. Suivant cette logique, un grand nombre d'entreprises publiques ont été privatisées depuis le milieu des années 1980.

Intérêt collectif… ou personnel ?

Selon l'école du *public choice* (Tullock et Buchanan) les dirigeants ne visent pas, par leur action, l'intérêt public, mais uniquement leur réélection. Ils n'auront donc pour seul objectif que le bien-être de leurs seuls électeurs ou de certains des lobbies les soutenant, même si cela ne correspond pas à l'intérêt général.

LA COURBE DE LAFFER

« Trop d'impôts tue l'impôt »

L'objectif de Laffer est de montrer qu'il existe un lien entre le taux d'imposition et le montant des recettes fiscales, qui prend la forme d'une courbe en U inversée.

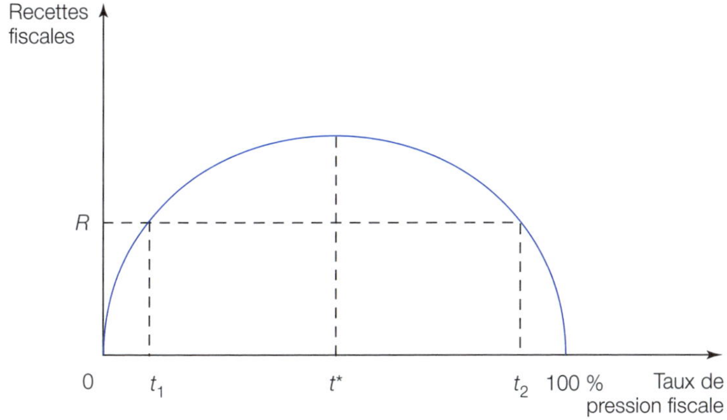

• Jusqu'à un certain taux t^*, toute augmentation du taux d'imposition a pour conséquence une hausse des recettes fiscales. En effet, sur la première partie de la courbe, les taux d'imposition sont faibles, ce qui fait qu'une augmentation du taux n'est alors pas suffisante pour décourager les agents économiques à travailler.

• Par contre, passé ce taux t^*, les recettes fiscales diminuent pour deux raisons :

– l'augmentation des taux a des effets désincitatifs sur le travail, l'épargne et l'investissement ce qui entraîne une baisse du volume de production (pourquoi travailler si la majeure partie des fruits de notre travail est prélevée par l'État ?) et donc des richesses créées ;

– elle suscite également des comportements d'évasion (départ à l'étranger) ou de fraudes fiscales.

• Les deux points extrêmes s'expliquent ainsi : si le taux d'imposition est nul, les recettes fiscales sont nulles ; s'il est égal à 100 %, plus personne ne veut travailler, car l'intégralité sera prélevée par l'État. Dès lors, l'activité économique est nulle, et les recettes fiscales aussi. Ainsi, si l'État souhaite un montant donné de recettes fiscales nécessaire *R*, il a le choix entre deux taux d'imposition t_1 et t_2. Selon Laffer, l'État doit choisir celui qui est le plus faible, car c'est celui qui engendrera le niveau d'activité le plus important.

Cette courbe a inspiré les politiques libérales de baisse d'impôts des années 1980 et 1990, en particulier dans les pays anglo-saxons.

Les limites de la théorie de Laffer

• Aucune étude empirique n'est jamais venue justifier cette courbe. Il est en effet difficile de la tester dans la réalité.

• De plus, cette théorie sous-entend que la seule motivation des individus à travailler est le revenu. Or, il existe d'autres facteurs de motivation (recherche d'une considération sociale, passion pour un métier, etc.).

Les crises économiques

L'histoire économique n'est pas linéaire : elle est traversée de périodes de croissance économique, mais aussi de crises. Les crises sont des points de retournement dans un cycle économique, qui interrompent les périodes d'expansion. Elles sont multiples : en fonction des périodes considérées, leurs causes et leurs conséquences peuvent varier.

La typologie traditionnelle des crises

– Les « crises d'Ancien Régime » sont des crises d'origines agricoles, dues à des raisons climatiques. La diminution de l'offre de produits agricoles induit l'augmentation de leur prix, ce qui réduit le pouvoir d'achat des consommateurs. Non seulement leur consommation de produits agricoles va diminuer, mais aussi celle des produits artisanaux et industriels.
– Les crises « modernes » sont des crises de surproduction, au contraire des crises d'Ancien Régime, qui sont des crises de pénurie. Elles proviennent d'un manque de demande, et non d'un manque d'offre.

Les principales crises du XXe siècle

Les deux principales crises du XXe siècle sortent du schéma traditionnel : elles ne rentrent dans aucune des deux catégories identifiées ci-dessus.
– La crise de 1929 a pour origine le krach boursier du « jeudi noir » (24/10/1929), qui s'est accompagné d'une dépression économique (baisse de la production en volume), d'une déflation (baisse des prix), d'une contraction du commerce international et d'un chômage massif.
– La crise de 1974 est bien différente : elle a pour déclencheur la crise pétrolière et la hausse des prix du pétrole, ce qui a entraîné une inflation forte, et un ralentissement de la croissance… et non une dépression. Si le chômage a augmenté, le commerce international a continué à croître. C'est donc une crise atypique.

Les causes des crises

Deux grands types de causes sont généralement identifiés : les causes exogènes, qui sont extérieures à la sphère économique (exemple : un aléa climatique), et les causes endogènes, qui résultent du comportement même des agents économiques.
– Pour les économistes *néo-classiques*, les crises ont deux origines possibles : soit des causes exogènes – mais alors la crise ne sera que temporaire, le système économique retournant rapidement à l'équilibre –, soit des causes endogènes, telles que l'interventionnisme étatique, l'État étant un « perturbateur d'équilibre ».
– Pour les *marxistes*, les crises sont endogènes : elles sont inhérentes au capitalisme, liées à la recherche de profit par les capitalistes (voir p. 14).
– Pour les *keynésiens*, les crises proviennent d'une insuffisance de la demande effective, et donc d'une insuffisante intervention de l'État pour réguler le système économique (voir p. 12).
– Pour les économistes de *l'École de la régulation* (Boyer, Aglietta), chaque période de l'histoire du capitalisme est marquée par l'existence d'un régime d'accumulation particulier, qui amène des régimes institutionnels particuliers pour en assurer la régulation. Lorsque ces régimes institutionnels ne remplissent plus leur rôle, il y a l'apparition d'une crise. Selon eux, la crise de 1974 est la crise du système de régulation fordiste, qui s'appuyait sur l'intervention de l'État-providence.

LES ÉTAPES DE LA CRISE DE 2008

• Le contexte

Depuis le début des années 2000, sont apparues sur le marché des actifs des « bulles », au sens où la valeur des actifs était largement supérieure à leur valeur fondamentale. Dans le même temps, les banques ont créé des produits financiers particuliers, les produits titrisés, consistant à transformer des crédits en titres financiers, ce qui les a menées à multiplier les crédits à taux variable émis auprès de ménages pauvres, les crédits dits « *subprimes* » (voir p. 123).

• Étape 1

À partir de 2005, la hausse des taux directeurs de la Fed génère un éclatement de la bulle immobilière, ce qui entraîne l'insolvabilité de certains emprunteurs.

• Étape 2

Cette insolvabilité jette un trouble sur les marchés financiers quant à la valeur fondamentale des produits titrisés.

• Étape 3

Par anticipation, les agents économiques commencent à revendre en masse ces produits, ce qui entraîne un début de panique boursière. Entre début 2007 et mi-2008, le Dow Jones perd ainsi plus de 50 % de sa valeur. Après l'éclatement de la bulle immobilière, on assiste donc à l'éclatement de la bulle boursière.

• Étape 4

Les banques, qui avaient vendu et acheté en masse ces produits, et avaient vendu également des CDS (*Credit Default Swaps*, assurances qui couvraient la perte potentielle de leur valeur), s'aperçoivent que l'actif de leur bilan s'effondre. Pour faire face, elles doivent se procurer rapidement des liquidités.

• Étape 5

Une crise de confiance s'installe sur le marché interbancaire, les banques étant conscientes que les pertes actuelles et à venir sont telles que prêter ses ressources à une autre banque, c'est prendre le risque de ne jamais les récupérer.

• Étape 6

Début septembre 2008, la banque Lehman Brothers, l'une des banques américaines les plus importantes, est dans l'impossibilité de trouver les fonds dont elle a besoin sur le marché interbancaire. Elle se tourne vers la Fed pour se refinancer. Or, la Fed décide de ne pas répondre à sa demande, voulant en faire un exemple et estimant que Lehman Brothers est responsable des investissements qu'elle a réalisés et des risques qu'elle a pris..

• Étape 7

Le 15 septembre 2008, Lehman Brothers se déclare en faillite. S'en suit une panique généralisée dans les milieux bancaires et financiers : la défiance se généralise, les marchés deviennent illiquides, plus personne ne veut prêter ou acheter un titre dont les perspectives de revente deviennent quasi nulles.

• Étape 8

Face à un risque de faillites bancaires en chaîne, les autorités monétaires et publiques décident alors de soutenir le secteur : la Fed revoit à la baisse ses taux directeurs, qui tombent à 0,25 % début 2009 (ils ne sont pas remontés depuis), et l'État fédéral met en place un gigantesque plan d'aide aux banques. Le plan Paulson, du nom du secrétaire d'État au Trésor, engage le gouvernement à racheter jusqu'à 700 milliards de dollars d'actifs toxiques aux banques.

• Étape 9

Ces différentes mesures et les plans de relance de l'économie n'ont pu empêcher la récession, mais ont permis d'éviter une crise de plus grande ampleur. Malgré tout, il y a eu crise économique car les banques ont dû limiter les crédits qu'elles émettaient, contribuant ainsi à comprimer la demande qui, à court terme, est l'un des moteurs de l'activité. La crise de confiance généralisée a pu aussi inciter certains consommateurs à différer leurs achats.

Un chômage de masse

Le chômage est né avec l'apparition du salariat. Mais jusqu'aux débuts des années 1970, c'est un phénomène relativement marginal, qui semble pouvoir être combattu efficacement. Depuis, le chômage est devenu un phénomène de masse, qui prend des formes différentes et touche inégalement la population.

Les différents types de chômage

Chômage conjoncturel	Il résulte d'un ralentissement temporaire de la croissance.
Chômage structurel	Il touche les actifs dont les qualifications ne correspondent plus à celles recherchées par les entreprises.
Chômage frictionnel	Il est lié aux délais d'ajustement de la main-d'œuvre, d'un emploi à l'autre.
Chômage technique	Il est dû à une interruption de la production à la suite de panne, de grève, de pénurie.
Chômage technologique	Il est lié à la substitution de capital au travail (remplacement des salariés par des machines).
Chômage d'insertion	Il concerne les jeunes ayant achevé leurs études qui entrent sur le marché du travail.
Chômage d'exclusion	Il frappe les personnes ayant de grandes difficultés à (re)trouver un emploi, généralement souffrant de handicaps sociaux (absence de diplômes, analphabétisme, habitat dans un quartier réputé « difficile »...).
Chômage de longue durée	Chômage dont la durée excède 1 an.

L'évolution du chômage

L'apparition du chômage est un phénomène historiquement daté, qui coïncide avec la montée en puissance du salariat.

– En France, avant 1974, le taux de chômage [(nombre de chômeurs/population active) × 100] était extrêmement faible, aux alentours de 2 %. En 1974, on comptait 450 000 chômeurs.

– De 1975 au milieu des années 1990, le nombre de chômeurs a fortement augmenté dans le pays pour atteindre plus de 3 millions en 1997 (taux de chômage de 12,3 %).

– Ensuite, le chômage a amorcé une décrue pour atteindre un taux inférieur à 9 % en 2001. Depuis, et particulièrement depuis 2008, le chômage est reparti à la hausse : il y avait, début 2014, environ 3,4 millions de chômeurs, soit un taux égal à environ 10,2 % de la population active.

Les inégalités face au chômage

– Des inégalités par âge : fin 2013, le taux de chômage des 15-24 ans s'élevait à 22,8 % en France métropolitaine, contre 6,4 % pour les 50 ans et plus.

– En fonction du diplôme : plus le niveau de diplôme s'élève, plus le risque de chômage diminue. Toutefois, l'élévation du niveau de diplôme accroît le risque de surqualification.

– Selon la nationalité : les travailleurs étrangers (ou les Français d'origine étrangère) sont plus touchés par le chômage que le reste de la population active.

COMMENT COMPTABILISER LES CHÔMEURS ?

Le chômage au sens du BIT

Adoptée en 1982, la définition du BIT (Bureau international du travail) constitue une norme statistique commune et permet de procéder à des comparaisons internationales. Selon cette définition, un chômeur est une personne en âge de travailler (15 ans ou plus) qui répond simultanément à trois conditions :
– être sans emploi, c'est-à-dire ne pas avoir travaillé, ne serait-ce qu'une heure, durant une semaine de référence ;
– être disponible pour prendre un emploi dans les 15 jours ;
– chercher activement un emploi ou en avoir trouvé un qui commence dans les trois mois.
Cette définition est retenue par l'INSEE pour déterminer les Personnes Sans Emploi à la Recherche d'un Emploi (PSERE).

Le chômage au sens de Pôle emploi

Selon Pôle emploi, organisme issu de la fusion ANPE – Assedic, les demandeurs d'emploi sont les personnes inscrites à Pôle emploi qui sont sans emploi, disponibles pour travailler et à la recherche active d'un emploi.
Depuis février 2009, les données sur les demandeurs d'emploi sont présentées par Pôle emploi selon de nouveaux regroupements statistiques (catégories A, B, C, D, E – cf. tableau suivant).
La répartition entre les diverses catégories s'effectue sur la base de règles juridiques portant notamment sur l'obligation de faire des actes positifs de recherche d'emploi et d'être immédiatement disponible. L'exercice d'une activité réduite est autorisé.

Catégorie A	Demandeurs d'emploi tenus de faire des actes positifs de recherche d'emploi, sans emploi
Catégorie B	Demandeurs d'emploi tenus de faire des actes positifs de recherche d'emploi, ayant exercé une activité réduite courte (78 heures ou moins au cours du mois)
Catégorie C	Demandeurs d'emploi tenus de faire des actes positifs de recherche d'emploi, ayant exercé une activité réduite longue (plus de 78 heures au cours du mois)
Catégorie D	Demandeurs d'emploi non tenus de faire des actes positifs de recherche d'emploi (en raison d'un stage, d'une formation, d'une maladie…), sans emploi
Catégorie E	Demandeurs d'emploi non tenus de faire des actes positifs de recherche d'emploi, en emploi (par exemple : bénéficiaires de contrats aidés).

Les difficultés des mesures

• Les deux définitions du chômage du BIT et de l'ANPE ne coïncident pas, ce qui est source de polémiques. Les chiffres obtenus ne sont pas homogènes. Par exemple, une personne travaillant quatre heures dans la semaine peut être considérée comme étant au chômage selon les critères de l'ANPE, mais pas selon ceux du BIT. Par ailleurs, certains individus renoncent par découragement à rechercher activement un emploi, et ne sont donc plus considérés comme chômeurs, alors même qu'ils souhaiteraient travailler.

• Il apparaît alors un *halo du chômage*, qui concerne toutes les personnes qui ne sont pas officiellement comptabilisées comme chômeurs, mais qui sont pourtant dans une situation effective de chômage.

La monnaie

Vecteur de cohésion sociale, la monnaie est un actif liquide qui sert à l'évaluation et aux règlements des échanges. Les formes sous lesquelles elle peut se présenter varient selon les structures économiques et sociales, elles ont donc fortement évolué selon les lieux et les époques.

Des fonctions spécifiques

– La monnaie *facilite les transactions* en permettant des échanges multilatéraux : si un individu m'achète mon produit, je ne suis pas obligé de lui acheter quelque chose en échange.
– La monnaie est un *étalon de mesure* qui permet de comparer tous les produits et ainsi de donner des rapports de prix. Exprimés en unités monétaires, les prix sont un indicateur de la valeur des biens.
– La monnaie est *une réserve de valeur*, elle permet de différer un achat dans le temps. C'est donc un actif liquide, car elle doit pouvoir être conservée et ensuite convertie en biens ou services sans coût de transformation.
– La monnaie joue aussi un *rôle social*. Son utilisation repose sur la confiance qu'ont les utilisateurs envers les institutions émettrices : elle permet donc la cohésion sociale en créant des liens entre les individus. De même, elle est un élément de *souveraineté* : un État (ou groupe d'États) affirme son pouvoir en imposant sa monnaie.

Les formes de la monnaie

La monnaie peut se présenter sous diverses formes qui ont évolué, et évoluent encore, dans le sens de la dématérialisation.
– La *monnaie marchandise* correspond aux moyens de paiement qui prenaient la forme de biens, et qui avaient par ailleurs une autre utilité que l'usage monétaire. Il pouvait s'agir de bétail, d'aliments, de bijoux…
– La *monnaie fiduciaire* (celle en laquelle on a confiance, car garantie par des organismes responsables) comprend la monnaie métallique et la monnaie papier. La *monnaie métallique* correspond aux pièces et a pris diverses formes selon les époques. À l'origine, il s'agissait de *monnaie pesée* : les métaux circulaient sous forme brute et étaient pesés pour pouvoir régler des échanges. Par la suite, on a donné une forme et un poids précis aux métaux qui servaient de monnaie (*monnaie comptée*), facilitant ainsi l'estimation de leur valeur. Aujourd'hui la valeur d'une pièce est sa valeur faciale, celle inscrite sur la pièce et qui n'a pas de correspondance avec la valeur du métal : on parle de *monnaie frappée* (ou *monnaie divisionnaire*). La monnaie papier désigne les billets, émis par la Banque centrale, qui garantit leur valeur faciale.
– La *monnaie scripturale* se présente sous forme d'écritures sur les comptes bancaires ou postaux : il s'agit des *dépôts à vue* des agents sur ces comptes. Mais il ne faut pas confondre la monnaie scripturale (dépôts à vue), et *les instruments* qui permettent sa circulation : chèques, cartes bancaires, virements…
Depuis la fin du XIXe siècle, on assiste à un processus de *dématérialisation de la monnaie* : les billets se sont d'abord développés au détriment des monnaies métalliques ; puis au XXe siècle, avec l'essor des chèques, la monnaie scripturale a supplanté pièces et billets. Enfin, de nos jours, l'usage des chèques régresse fortement devant le développement de modes de règlements automatisés (virements, prélèvements, etc.).

LES MOYENS DE PAIEMENT SCRIPTURAUX EN FRANCE ET EN EUROPE

La carte de paiement, l'instrument le plus utilisé en France

L'utilisation des *moyens de paiement scripturaux* est très développée en France : en 2014, 19,11 milliards de transactions ont été réalisées. L'usage de ce moyen de paiement est même croissant (en augmentation de 5,6 % par rapport à 2013).

Depuis 2003, la carte de paiement est devenue l'instrument le plus utilisé avec 9,47 milliards de paiements en 2014, soit plus de 50 % des transactions et en moyenne 136 paiements par carte par habitant et par an en 2013 (contre 86 en moyenne dans l'Union européenne).

L'utilisation du chèque est en déclin depuis plusieurs années et ne représente plus que 13 % des transactions (même s'il reste beaucoup plus utilisé en France que dans le reste de l'Union européenne). 19 % des transactions sont effectuées par les prélèvements et 18 % par virements. La monnaie électronique continue de progresser et dépasse le seuil des 52,3 millions de paiements, ce qui représente seulement 0,8 transaction par habitant et par an.

Évolution des moyens de paiement en volume en France
(en millions de transactions)

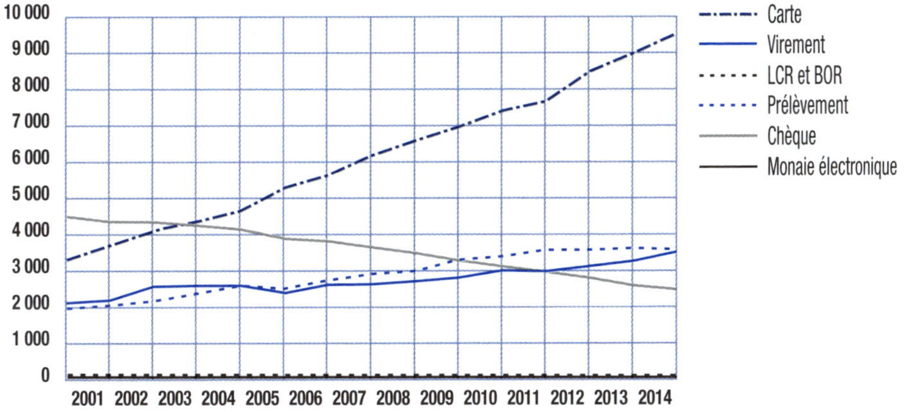

Source : Banque de France.

Des usages contrastés en Europe

En Europe, 94,5 milliards de paiements scripturaux ont été effectués en 2012, pour un montant total de plus de 256 370 milliards d'euros. Cette même année, les paiements par carte ont été les plus nombreux (42 % des transactions), suivis des virements (27,2 %) et des prélèvements (24 %). Les pratiques sont toutefois disparates au sein de l'Union européenne. Ainsi, lorsqu'un Européen a effectué en moyenne et par an 79 paiements par carte, un Danois en réalise 224, un Allemand 39 et un Bulgare moins de 5.

On note également une baisse continue de l'utilisation des chèques, qui ne représentent plus que 4,5 % des opérations réalisées en Europe. Le nombre de chèques émis en Europe a diminué de plus de 7 % par an depuis 2008. Les Français restent relativement les plus grands utilisateurs de ce moyen de paiement (avec 66 % des paiements par chèque émis en Europe) alors que le chèque a quasiment disparu dans de nombreux pays (moins d'un chèque par an et par habitant en Allemagne, en Belgique, aux Pays-Bas...).

Les institutions financières

Les institutions financières regroupent les unités résidentes dont la fonction principale est de financer l'économie : collecter, transformer et répartir les moyens de financement et/ou gérer des produits financiers. Outre la Banque de France, les établissements de crédit et les OPCVM en constituent les deux grandes catégories.

Les établissements de crédit

– Les *banques de second rang* sont des établissements de crédit habilités à effectuer toutes les opérations de banque. Elles sont les seules autorisées à recevoir du public des fonds à vue ou à moins de deux ans de terme, sans limitation de montant. Cette catégorie comprend les *banques commerciales*, les *banques coopératives et mutualistes* (ayant pour particularité que leurs clients sont aussi les actionnaires ou les sociétaires, comme les Banques populaires, le Crédit Agricole, le Crédit Mutuel…) et les *caisses de crédit municipal* (établissements publics communaux de crédit et d'aide sociale bénéficiant du monopole de l'octroi de prêts sur gages). Ces différentes banques sont regroupées depuis 2001 au sein de la FBF, *Fédération Bancaire Française*, qui regroupe plus de 390 entreprises bancaires en France, soit plus de 38 000 agences et près de 78 millions de comptes à vue.

– Les *sociétés financières* (sociétés de crédit-bail mobilier et immobilier, sociétés de caution mutuelle, sociétés de crédit foncier) doivent utiliser leurs ressources propres, faire appel au marché monétaire ou financier, ou recourir à leurs sociétés mères pour financer leurs opérations.

– Les *institutions financières spécialisées* sont des établissements de crédit à qui l'État a confié une mission permanente d'intérêt public (participation à la politique économique et au financement des entreprises) et qui ne peuvent effectuer d'autres opérations de banque que celles afférentes à cette mission. Il s'agit de l'Agence française de développement, de la Caisse de garantie du logement locatif social et d'Euronext Paris SA.

– Enfin, on distingue les *compagnies financières* (établissements financiers ayant pour filiales, exclusivement ou principalement, un ou plusieurs établissements de crédit ou entreprises d'investissement ou établissements financiers), la *Banque Postale* qui, depuis 2006, est détenue à 100 % par le groupe La Poste dont elle est la filiale bancaire (elle intervient essentiellement sur le marché de la banque de détail aux particuliers mais s'adresse également aux entreprises), et les *intermédiaires en opérations de banque et services de paiement* (individus qui, à titre de profession habituelle, mettent en rapport les parties intéressées à la conclusion d'une opération de banque ou d'un service de paiement).

Les Organismes de Placement Collectif en Valeurs Mobilières

Les *OPCVM* sont des organismes qui collectent des fonds auprès des agents économiques désirant épargner, et utilisent ces fonds pour réaliser des placements diversifiés sous forme de titres (voir p. 119). Ils sont de deux types :

– Les *SICAV* (Société d'Investissement à Capital Variable) sont des sociétés qui collectent des fonds auprès de leur clientèle et les emploient dans l'achat de valeurs mobilières de nature, durée, et risques variés (actions, obligations, titres du marché monétaire…).

– Les *FCP* (Fonds Communs de Placement) fonctionnent suivant les mêmes principes, mais à la différence des SICAV, les FCP ne sont pas des sociétés, mais des copropriétés. Ensuite, leur taille de portefeuille est généralement plus petite et ils ont une spécialisation plus grande.

LES ÉTABLISSEMENTS DE CRÉDIT EN FRANCE

Un recul du nombre d'établissements de crédit

Évolution du nombre des diverses catégories d'établissements de crédit en France

	2004	2014
Établissements de crédit (total)	**880**	**468**
A. Établissements de crédit agréés en france	825	402
1. Établissements habilités à traiter toutes les opérations de banque	390	296
Banques	244	187
Banques mutualistes ou coopératives	126	91
Caisses de crédit municipal	20	18
2. Établissements de crédit spécialisés (ex. : société financières et IFS à fin 2013)	435	106
B. Succursales établissements de crédit de l'espace économique européen relevant du libre établissement	55	66
Sociétés de financement	**–**	**134**
Total établissements de crédits et sociétés de financement	**880**	**602**

Source : ACPR, les chiffres du marché français de la banque et de l'assurance 2014.

En 2014, une recomposition de la population des établissements du secteur bancaire est intervenue dans le cadre de la mise en œuvre, à partir du 1er janvier, des dispositions de l'ordonnance du 27 juin 2013 relative aux établissements de crédit (EC) et aux sociétés de financement (SF). Les sociétés financières, au nombre de 250 fin 2013, ont été réputées agréées en tant qu'établissements de crédit spécialisés (ECS) à partir du 1er janvier.

Un actionnariat diversifié

Fin 2014, sur 429 établissements de crédit et sociétés de financement à capitaux français, 232 entités (soit 54 %) appartenaient à des groupes bancaires mutualistes français, 84 (soit 19 %) à des grands groupes bancaires privés et 26 (soit 6 %) à des établissements bancaires publics.

Les groupes industriels ou commerciaux représentent encore une part significative dans l'actionnariat des établissements de crédit avec la détention de 33 établissements (7 % du total). Le reste des établissements (13 % du total) est sous le contrôle d'actionnaires relevant d'autres secteurs économiques : 28 (7 %) sont détenus par d'autres groupes financiers ou à actionnariat partagé, 17 (4 %) par des actionnaires majoritairement personnes physiques et 9 (2 %) par des groupes d'assurance.

Un système bancaire ouvert sur l'extérieur

Le secteur bancaire français est caractérisé à la fois par une présence importante des établissements étrangers en France et par celle des établissements de crédit français à l'étranger. Ainsi, fin 2014, sur les 602 établissements de crédit et sociétés de financement actifs en France, 71 % (soit 429) étaient détenus par des capitaux majoritairement français et donc 29 % (173) par des capitaux étrangers. Parmi ceux sous contrôle étranger, environ 64 % sont détenus par des résidents de l'Espace économique européen, notamment britanniques (18 %) et allemands (15 %).

Parmi les établissements contrôlés par des capitaux hors Espace économique européen, une grande partie est d'origine américaine.

La création monétaire

La création monétaire est assurée par trois séries d'agents : les banques commerciales, la Banque centrale et le Trésor public. Elle repose sur la transformation de créances en moyens de paiement qui constituent les contreparties de cette création monétaire : créances sur l'économie, créances sur le Trésor et créances sur l'étranger.

La création de monnaie par les banques et le Trésor Public

– Les banques sont à l'origine de la majeure partie de la création de monnaie, par l'intermédiaire de leurs opérations de crédits auprès des ménages ou des entreprises : « *ce sont les crédits qui font les dépôts* ». Quand une banque accorde un crédit de 10 000 € à l'un de ses clients, elle détient une créance de 10 000 €, qui s'inscrira à son actif. Simultanément, elle crée un dépôt à vue de 10 000 € à la disposition de son client, qui s'inscrit à son passif. La banque a donc créé, par un simple jeu d'écritures, de la *monnaie scripturale* : le dépôt à vue de 10 000 € n'existait pas avant l'octroi du crédit, il n'y a pas eu d'épargne préalable et la banque n'a pas besoin de détenir dans ses caisses la somme correspondante. Lorsque ce crédit sera remboursé, il y aura alors *destruction monétaire*.
– De façon plus générale, une banque crée de la monnaie lorsqu'elle « monétise » une créance, c'est-à-dire lorsqu'elle paie un actif (des biens, des valeurs mobilières, des devises…) en créditant le compte d'un de ses clients. Toutefois, la création monétaire est limitée par les conditions financières de *refinancement* des banques, influencées par la *politique monétaire* (voir p. 117).
– Le *Trésor public* contribue à la création monétaire en frappant les pièces (même si leur montant est faible vis-à-vis de la masse monétaire globale). Le Trésor Public crée également de la monnaie scripturale sous forme de dépôts auprès des CCP ou auprès des comptables du Trésor.

La création monétaire par la Banque centrale

La Banque centrale d'un pays ou d'une zone a le monopole d'émission des billets et crée des dépôts au profit des banques lors des opérations de *refinancement*. Ces disponibilités représentent une part assez faible de l'ensemble, mais elles constituent la liquidité par excellence.
– La Banque centrale crée de la monnaie scripturale en gérant des comptes, en particulier ceux des banques commerciales qui doivent s'approvisionner en *monnaie centrale* (billets et monnaie scripturale gérée par la Banque centrale), pour pouvoir faire face aux retraits de leurs clients sous forme de billets et pour reconstituer leurs réserves. Pour ce faire, les banques cèdent des titres à la Banque centrale, qui va créditer leur compte en monnaie scripturale et leur procurer les billets. Elle peut leur imposer un prix d'approvisionnement (taux d'intérêt) élevé, ou des restrictions quantitatives, de manière à les contraindre à pratiquer une politique de crédit moins dynamique auprès de leur clientèle.
– La Banque centrale crée aussi de la monnaie scripturale en contrepartie des devises étrangères apportées par les banques et provenant de leurs clients. Ainsi, un excédent commercial conduit à une augmentation de la masse monétaire, puisque les exportateurs français ont des devises qu'ils veulent échanger contre des euros. À l'inverse, un déficit commercial se traduira par une sortie de devises, donc une destruction nette de monnaie.

LA MASSE MONÉTAIRE

Les agrégats monétaires

Afin de mesurer la quantité de monnaie en circulation dans un pays, sa banque centrale (ou la BCE pour l'ensemble de la zone euro) utilise des statistiques nommées « *agrégats monétaires* ». Ils sont au nombre de trois (M1, M2, et M3) et représentent la quantité de monnaie détenue par les agents non financiers résidents sous ses différentes formes (ou masse monétaire). Ils sont classés selon le degré de liquidité de la monnaie prise en compte :

– M1 est représentatif de la monnaie la plus liquide avec les pièces, billets et dépôts à vue ;
– M2 comprend, en plus de M1, les *dépôts à terme* qui sont un peu moins liquides ;
– M3 inclut, outre M2, essentiellement les instruments monétaires non négociables (*OPCVM* et *certificats de dépôts*, voir p. 119).

Évolution des agrégats monétaires en France et dans la zone euro (en cours en milliards d'euros et taux de croissance en %)

	Zone euro (1)			France (2)		
	En cours en 2014	Taux de croissance annuel 2013	Taux de croissance annuel 2014	En cours en 2014	Taux de croissance annuel 2013	Taux de croissance annuel 2014
Billets et pièces en circulation	967	5,3	6,4	–	–	–
+ dépôts à vue	4 949	5,9	8,2	656	3,4	8,6
= M1	**5 916**	**5.8**	**7.9**	**656**	**3,4**	**8,6**
+ Autres dépôts monétaires	3 732	– 1,8	– 2,4	775	1,5	– 0,5
Dont : dépôts à préavis ≤ 3 mois	2 130	2,0	0,2	616	2,2	– 1,5
dépôts à terme ≤ 2 ans	1 602	– 6,2	– 5,7	159	– 1,1	3,6
= M2	**9 648**	**2,5**	**3,6**	**1 431**	**2,3**	**3,5**
+ Instruments négociables	83	– 16,4	5,5	344	– 14,7	– 0,3
Dont : titres d'OPCVM monétaires	430	– 10,5	1,6	245	– 13,2	– 5,9
pensions	122	– 9,3	0,6	29	– 0,7	– 4,6
titres de créance ≤ 2 ans	130	– 38,1	37,5	69	– 24,3	30,0
= M3	**10 330**	**1,0**	**3,8**	**1 774**	**– 1,7**	**2,8**

(1) Opérations des institutions financières et monétaires (IFM) de la zone euro avec les autres résidents de la zone euro.
(2) Opérations des IFM résidentes avec les autres résidents français.

Sources : Banque de France et Banque centrale européenne.

Les contreparties de la masse monétaire

On appelle contreparties de la masse monétaire les créances correspondant aux agrégats. Elles se répartissent en trois grandes catégories.

• Les *créances sur l'économie* nationale lorsque le crédit est accordé à un particulier ou à une entreprise par une avance en compte, un découvert bancaire ou une opération d'escompte, correspondent à l'essentiel des contreparties de la masse monétaire.

• Les *créances sur l'extérieur* lorsque la monnaie scripturale est créée pour compenser une opération de change. Les exportateurs français payés en devises cèdent l'essentiel de ces avoirs aux banques, qui en échange créditent leur compte en euros. Cette contrepartie répercute l'impact du solde commercial.

• Les *créances sur l'État*, lorsque la monnaie créée est destinée à l'État, soit à chaque fois que la Banque centrale accorde une avance à l'État ou que les banques ordinaires achètent des *bons du trésor*.

L'inflation

La création monétaire est source d'inflation, selon les économistes monétaristes tels que Milton Friedman. Ainsi, durant les années 1970 et le début des années 1980, la hausse des prix a été forte, avant un ralentissement durable jusqu'à présent. Pour autant, l'inflation ne peut être imputée à la seule création monétaire, d'autres phénomènes peuvent en être la source.

Qu'est-ce que l'inflation ?

– L'*inflation* est la mesure de la perte de valeur d'une monnaie, qui se traduit dans les faits par une hausse durable du niveau général des prix. Pour acheter une même quantité de biens et de services, on a besoin d'une quantité de monnaie plus grande. Cet indice permet de calculer le *taux d'inflation*, qui est égal au taux de variation de l'indice des prix sur une période donnée.
– Il y a *hyperinflation* lorsque la hausse des prix atteint un niveau exacerbé (à partir de 50 % par mois selon P. Cagan). L'hyperinflation fait perdre à la monnaie sa fonction de réserve de valeur, mais aussi d'instrument d'échange. Les individus préfèrent utiliser d'autres monnaies (dollarisation) en lesquelles ils ont plus confiance.
– La *désinflation* caractérise une décélération de la hausse des prix.
– La *déflation* exprime la diminution du niveau général des prix. Elle a notamment touché le Japon dans les années 1999-2000. Le risque de déflation plane sur l'Europe depuis la crise de 2008.
– La *stagflation* désigne une situation où coexistent de l'inflation, une stagnation de l'activité économique et du chômage. La crise de 1973 caractérise une période de stagflation.

Les causes de l'inflation

– *L'inflation par la monnaie* : les monétaristes placent dans la hausse de la quantité de monnaie en circulation la source de l'inflation. Selon Milton Friedman, chef de file des monétaristes, « l'inflation est partout et toujours un phénomène monétaire ». Il reprend l'équation de Fisher, selon laquelle :

$M . V = P . T$ (M = masse monétaire en circulation, V = vitesse de circulation de la monnaie (nombre de fois qu'une unité monétaire est dépensée au cours d'une période), P = niveau des prix, et T = volume des transactions)

Cette égalité est toujours vérifiée ; elle dit simplement que la somme des dépenses réalisées (MV) est égale à la somme des ventes (PT). Friedman pose que V et T sont constants, au moins à court terme. Dès lors, tout accroissement de M entraîne une hausse de P : l'inflation a bien pour origine un accroissement de la quantité de monnaie en circulation.
– *L'inflation par les coûts* : le prix d'un bien dépend en premier lieu de son coût de production. Dès lors, toute augmentation des coûts de production entraînera un accroissement du prix de vente. Cette augmentation peut provenir d'une hausse des salaires, d'une hausse des charges sociales ou des impôts portant sur la production, mais aussi d'une perte de valeur de la monnaie.
– *L'inflation par la demande* : sur un marché libre, le prix d'un bien est déterminé par le jeu de l'offre et de la demande. Par conséquent, tout accroissement de la demande – à la suite d'une hausse générale des salaires par exemple – va avoir un effet inflationniste, au moins à court terme, c'est-à-dire le temps que les entreprises puissent adapter leurs capacités productives pour accroître leur offre.

L'INDICE DES PRIX À LA CONSOMMATION

Le calcul de l'indice des prix

• L'indice des prix à la consommation (IPC) est l'instrument de mesure de l'inflation. Il permet d'estimer, entre deux périodes données, la variation moyenne des prix des produits consommés par les ménages. C'est une mesure synthétique de l'évolution des prix des produits, à qualité constante. Le calcul de l'Insee se complique si l'on intègre le fait que la qualité des produits achetés augmente car l'estimation de l'évolution de la qualité d'un produit ne peut le plus souvent se faire directement.

• L'Insee calcule chaque mois plusieurs indices de prix (hors tabac, incluant le tabac…). Ainsi, un indice prend exclusivement en compte le mode de consommation des ménages urbains dont le chef de famille est ouvrier ou employé, qui sert de référence pour la révision annuelle du montant du SMIC et des minima sociaux. Cet indice s'appuie sur la structure de consommation de ces ménages, différente de la structure moyenne de l'ensemble des ménages, dont l'indice sert entre autres aux comparaisons internationales.

• L'IPC couvre presque tous les produits consommés sur le territoire par les résidents et non-résidents. Seuls quelques-uns ne sont pas observés : services hospitaliers privés, assurance-vie et jeux de hasard. Le taux de couverture de l'IPC est de 94,25 % en 2013.

La méthodologie employée

La fiabilité d'un indice des prix dépend de l'*étendue* des produits recensés, du choix des *pondérations* et de la prise en compte des changements de consommation.

Pour déterminer un indice des prix, il faut déjà recenser l'ensemble des biens et services vendus, collecter les prix de ces produits, et s'assurer que les prix collectés reflètent la diversité des points de vente sur le territoire. La collecte des prix par des enquêteurs de l'INSEE est effectuée tout au long de chaque mois.

Le calcul de l'indice des prix peut se faire de deux manières :

1) *en glissement* : cela consiste à comparer les niveaux atteints par l'indice au mois de décembre de deux années consécutives ;

2) *en moyenne* : cela consiste à comparer la moyenne annuelle de l'indice (moyenne arithmétique simple des 12 indices mensuels) avec celui de l'année précédente.

Le plan de sondage de l'INSEE

Il est caractérisé par trois types de critères :

1. **Un critère géographique** : les relevés sont effectués dans 106 agglomérations de plus de 2 000 habitants dispersées sur tout le territoire et de toutes tailles ;
2. **Le type de produit** : un échantillon d'un peu plus de 1 000 familles de produits, appelées « variétés » est défini pour tenir compte de l'hétérogénéité des produits au sein de 161 groupes de produits.
3. **Le type de point de vente** : un échantillon de 27 000 points de vente a été constitué pour représenter la diversité des produits par marques, enseignes et modes d'achat des consommateurs et prendre en compte des variations de prix différenciées selon les formes de vente.

Le croisement de ces différents critères aboutit à suivre un peu plus de 130 000 séries (produits précis dans un point de vente donné) donnant lieu à près de 160 000 relevés mensuels. L'échantillon est mis à jour annuellement pour tenir compte de l'évolution des comportements de consommation et, notamment, introduire des produits nouveaux.

Les conséquences de l'inflation

Les années 1980 et 1990 ont été marquées par des politiques de désinflation compétitive, dont l'objectif premier était de réduire les taux d'inflation. En effet, si certains agents économiques profitent de l'inflation, elle est néfaste pour d'autres, et est même considérée comme un frein à la croissance par certains économistes.

L'évolution des prix

– Durant les Trente Glorieuses, l'inflation est restée globalement modérée, car l'offre (du fait d'une croissance économique exceptionnelle) et la demande évoluaient dans des proportions équivalentes.
– L'inflation devient forte à partir du milieu des années 1970, suite au choc pétrolier de 1973 et au ralentissement de la croissance, alors même que la demande continuait à croître.
– À partir du milieu des années 1980, on assiste à une désinflation quasi continue, conséquence des politiques de *désinflation compétitive* mises en places. Ces politiques, en comprimant la demande intérieure, cherchaient à limiter l'inflation, afin de rendre les produits nationaux plus compétitifs à l'exportation.

Inflation et pouvoir d'achat

– L'inflation diminue le pouvoir d'achat des agents économiques car, avec la même quantité de monnaie possédée, ils ne peuvent se procurer la même quantité de biens et de services.
– L'inflation n'a pas les mêmes conséquences pour tous les agents économiques. Les agents pénalisés par l'inflation sont les épargnants, dont la valeur réelle des encaisses se réduit si les taux d'intérêts réels (taux d'intérêt nominal – taux d'inflation) deviennent négatifs du fait d'un accroissement de l'inflation. À l'inverse, les agents endettés et dont les dettes ne sont pas indexées parfaitement et immédiatement sur l'évolution des prix tirent parti de l'inflation, car la valeur réelle de leurs remboursements tend à diminuer avec l'inflation. L'État, par exemple, est l'un des principaux perdants de la politique de désinflation compétitive menée, car la désinflation entraîne la hausse des taux d'intérêts réels, et donc le surenchérissement des remboursements de crédits. Or, l'État est structurellement endetté (voir p. 93).

Inflation et croissance économique

– Pour les keynésiens, inflation et croissance sont liées. En effet, toute politique de relance par la demande est source de croissance. Or, ces politiques sont inflationnistes, car elles entraînent, au moins à court terme, un accroissement de la demande supérieur à celui de l'offre.
– À l'inverse, pour les libéraux, l'inflation est un frein à la croissance : dans un contexte d'ouverture internationale, elle risque de réduire la compétitivité-prix des produits nationaux, lorsque le différentiel d'inflation avec les principaux pays partenaires est positif. Dans ce cas, les consommateurs privilégieront les produits étrangers, ce qui déséquilibrera le solde de la balance des transactions courantes et aura un effet récessif pour l'économie nationale. Cependant, lorsque la compétitivité est structurelle, c'est-à-dire par exemple qu'elle porte sur la qualité des produits échangés et non sur les prix, alors cet impact négatif de l'inflation peut être nuancé.

L'IMPACT DE L'INFLATION SUR LE CHÔMAGE

La courbe de Phillips

• En 1958, A.W. Phillips publie un article dans lequel il étudie la relation entre le taux de chômage et la variation du salaire nominal en Grande-Bretagne de 1867 à 1957. Il met en évidence une relation décroissante : lorsque le taux de chômage est faible, les augmentations de salaires sont importantes.

• P. Samuelson et R. Solow ont ensuite transformé cette relation, en mettant en rapport le taux de chômage et le taux d'inflation. On obtient alors la *courbe de Phillips* (voir ci-dessous), qui met en évidence une relation inverse entre chômage et inflation.

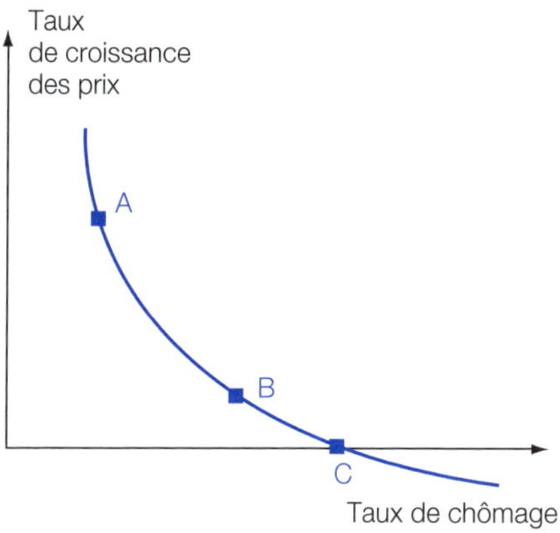

• Cette courbe montre qu'empiriquement, les périodes durant lesquelles le chômage est élevé sont celles où l'inflation est faible, et vice versa. Selon les keynésiens, l'inflation est en quelque sorte un « signal » envoyé aux entreprises. En effet, l'inflation provient d'une demande supérieure à l'offre ; face à cette demande insatisfaite, les entreprises vont produire plus, et donc embaucher. L'inflation va donc bien de pair avec une diminution du chômage.

• Par conséquent, les gouvernements seraient confrontés à un dilemme : plus d'inflation et moins de chômage, grâce à des politiques monétaires expansives ; ou moins d'inflation et plus de chômage. Cette courbe coupe l'axe des abscisses en un point (point C sur la courbe) appelé NAIRU (*Non Accelerating Inflation Rate of unemployment*) : c'est le taux de chômage garantissant la stabilité des prix.

La critique des monétaristes

M. Friedman a cherché à montrer que si cette courbe était valable à court terme, elle n'était pas vraie à long terme. En effet, selon lui, l'inflation provient d'un accroissement de la masse monétaire (voir p. 108).

• Les anticipations des agents économiques sont adaptatives (les prévisions se font en tenant compte des informations disponibles sur les grandeurs passées de la variable), ils ne prennent donc pas immédiatement en compte cette nouvelle information (hausse des prix). Ils anticipent donc une inflation plus faible que celle qui prévaudra.

• Comme le taux d'inflation va augmenter, les salaires réels – calculés en euros constants – vont diminuer. La demande de travail des entreprises va augmenter suite à cette diminution des salaires réels (voir p. 78) : le chômage va donc diminuer. Lorsque les salariés s'apercevront de leur erreur, ils réclameront des hausses de salaires nominaux pour retrouver leur ancien salaire réel. Cette hausse va réduire la demande de travail, ce qui nous ramènera à l'ancien taux de chômage…

• Par conséquent, *toute politique de relance par création monétaire n'a aucun effet à long terme*. La courbe de Phillips est verticale à long terme : quel que soit le niveau de l'inflation, le taux de chômage reste le même. Ce taux de chômage auquel revient toujours l'économie est appelé *taux de chômage naturel* : c'est le taux qui découlerait du système walrassien d'équilibre général si les caractéristiques structurelles effectives des marchés des biens et du travail y étaient intégrées, notamment les imperfections du marché, le coût de la collecte de l'information sur les emplois vacants…

Le taux de chômage effectif « gravite » autour du taux de chômage naturel, que l'on estime généralement autour de 5 %.

Les circuits de financement

Toute activité économique nécessite la mobilisation de capitaux. Certains agents disposent d'une capacité de financement, alors que d'autres ont eux un besoin de financement. Il s'agit donc de mettre en relation ces deux types d'agents, ce qui peut se faire sous différentes formes.

Capacité et besoin de financement

Le solde du *compte de capital* d'un agent, ou d'un secteur institutionnel, permet de préciser sa situation financière.

– Si ce solde est positif (l'épargne brute est supérieure aux investissements), les agents en question bénéficient d'une *capacité de financement*, c'est-à-dire d'un excédent de ressources non employées. Ils sont donc en mesure de prêter ce « surplus » aux agents à besoin de financement. Il s'agit principalement des *ménages*.

– Inversement, si ce solde est négatif (l'épargne brute est inférieure aux investissements), les agents sont en *besoin de financement*. Ils vont alors faire appel aux agents qui disposent d'une capacité de financement pour obtenir les fonds nécessaires à leur activité économique. Les *sociétés non financières* et les *administrations publiques* sont les deux principaux secteurs institutionnels qui ont un besoin de financement.

Financements monétaire et non monétaire

– Le *financement non monétaire* repose sur des ressources préexistantes, à savoir l'épargne constituée par les différents agents. Il s'agit donc d'un mécanisme de *transformation* : les fonds déposés par les épargnants sont utilisés (transformés) pour accorder des crédits aux agents à besoin de financement. Mais les besoins de capitaux étant immenses, l'épargne des agents se révèle largement insuffisante ; une autre forme de financement (monétaire) doit donc le plus souvent avoir lieu.

– Le *financement monétaire* correspond à la création de ressources monétaires nouvelles (voir p. 106) par les établissements de crédit lorsqu'ils consentent des crédits bien supérieurs aux dépôts placés.

Financements interne et externe

Le *financement interne* correspond à l'*autofinancement* : les agents ont recours à leur propre épargne brute pour se financer.

Le *financement externe* peut prendre deux formes : directe et indirecte.

– Le *financement externe direct* consiste à mettre en relation « directe » les agents à capacité et ceux à besoin de financement par le biais du *marché des capitaux* (voir p. 114). Les entreprises s'adressent « directement » aux agents en capacité de financement en leur proposant des titres (emprunts de capitaux sous forme d'obligations ou vente de parts de la société sous forme d'actions, voir p. 118). On parle de *financement désintermédié*, ou de *désintermédiation bancaire* pour caractériser ce type de financement puisque les entreprises ne passent pas par l'intermédiaire d'institutions financières pour obtenir les capitaux dont elles ont besoin.

– Le *financement externe indirect* s'appuie sur l'existence d'intermédiaires (les *établissements de crédit*, voir p. 104), entre les prêteurs et les emprunteurs. On parle alors de *financement intermédié* ou d'*intermédiation bancaire*.

UNE DÉSINTERMÉDIATION CROISSANTE

Capacité (+) et besoin (–) de financement des secteurs institutionnels

En milliards d'euros	1970	1975	1980	1985	1990	1995	2000	2005	2010	2014
Sociétés non financières	- 6,8	- 8,4	- 27,9	- 24,2	- 29,2	- 13,0	- 21,8	- 31,3	- 13,4	- 50,5
Sociétés financières	1,4	1,8	6,1	11,7	18,7	27,5	6,2	16,7	25,3	5,0
Administrations publiques	0,1	- 6,6	- 1,2	- 22,9	- 25,6	- 65,3	- 21,9	- 51,0	- 137,3	- 84,8
Ménages (y compris entrepreneurs individuels)	5,5	14,9	14,5	22,5	16,2	56,7	56,1	54,6	90,1	81,8
Institutions sans but lucratif au service des ménages	- 0,3	- 0,8	- 1,0	- 0,8	- 0,7	0,6	0,1	0,2	0,0	- 0,3
Nation	0,0	0,9	- 9,5	- 13,7	- 20,6	6,4	18,7	- 10,8	- 35,4	- 48,9

Source : Comptes nationaux - Base 2005, INSEE.

On constate que les secteurs qui disposent d'une capacité de financement sont pour l'essentiel les ménages et, de manière plus marginale, les entreprises financières ainsi que les ISBLSM.

Les autres secteurs se trouvent logiquement dans une situation de besoin de financement : les sociétés non financières, et surtout les administrations publiques pour quasiment 100 milliards d'euros en 2012. Ajoutons que la majeure partie du besoin de financement des APU provient des APU centrales, avec – 82,6 milliards d'euros en 2012, puis des administrations de Sécurité sociale avec – 13,1 milliards d'euros. Quant aux APU publiques locales, elles connaissent un besoin de financement plus modeste avec « seulement » – 3,1 milliards d'euros en 2012.

L'évolution du système financier français

• La désintermédiation se traduit par le passage d'une situation qualifiée d'« *économie d'endettement* », dans laquelle les entreprises sont essentiellement financées par les banques au moyen de crédits bancaires classiques, à une situation de « *finance directe* », dans laquelle les entreprises se financent davantage par apport de fonds propres ou par émission de titres de créances négociables, sur les marchés financiers. C'est globalement ce qui s'est passé en France : jusqu'au début des années 1980, la France était assez proche d'une *économie d'endettement*, dominée par la finance indirecte, le marché des titres jouant un rôle résiduel. Depuis, la France s'est considérablement rapprochée d'une *économie de marché des capitaux*. Les financements désintermédiés se sont fortement développés grâce à l'émergence de nombreuses innovations financières. Le même constat est valable dans les autres pays développés.

• La désintermédiation s'est développée avec l'essor des marchés des capitaux, et les nombreuses réformes qui ont secoué l'ensemble des marchés financiers (voir p. 114).

Ainsi, les conditions d'accès au financement externe direct ont été améliorées par l'ouverture internationale du *marché primaire* en 1984, et l'ouverture d'un *second marché* en 1983. Le système financier français a également profité d'innovations sur le marché des actions (certificats d'investissement, titres participatifs…) et sur celui des obligations (obligations à taux variables, à taux révisables, convertibles, à bons de souscription…). En outre, la Bourse a été réformée techniquement (marché en continu, règlement mensuel) et réglementairement (création des sociétés de bourse en 1988, réforme des autorités de marchés et renforcement des pouvoirs de la COB – Commission des opérations de bourse). Enfin, la mise en place d'instruments de couverture des risques de marché a été réalisée, sous l'impulsion des pouvoirs publics, pour permettre aux intervenants de limiter l'impact des fluctuations des taux d'intérêt (création du *MATIF*), des cours des actions ou de l'indice boursier (*MONEP*).

Le marché des capitaux

Le marché des capitaux est le lieu de rencontre de l'offre et de la demande de fonds. C'est donc le lieu privilégié de la finance directe. On distingue deux marchés des capitaux selon l'échéance des titres : le marché financier pour les titres longs et le marché monétaire pour les titres courts.

Le marché financier

C'est le lieu d'émission et d'échange des titres à long terme (l'échéance supérieure à 3 ans), essentiellement des actions et des obligations (voir p. 118).

– Le marché financier est d'abord scindé en deux parties interdépendantes.

Le *marché primaire* est le lieu d'émission des nouveaux titres, d'où son surnom de « marché du neuf ».

Le *marché secondaire* (ou plus couramment « *la Bourse* ») constitue le « marché de l'occasion ». On y échange chaque jour des titres déjà émis, et c'est donc ici que se forment les cours des divers titres en fonction des offres et demandes.

– La Bourse comprend elle-même plusieurs marchés : le *premier marché* regroupe les plus grandes entreprises en fonction de leur capitalisation boursière. Le *second marché*, créé en 1983, accueille des sociétés de taille plus modeste, avec des conditions d'admission moins sévères. Enfin, le *nouveau marché*, créé en 1996, permet aux jeunes entreprises innovantes de se financer selon le modèle du *Nasdaq*. À noter toutefois que ces trois sections de la bourse disparaissent en 2005 pour être fondus dans un *marché réglementé unique*.

Le marché monétaire

C'est le marché des capitaux à court et moyen terme. Il est subdivisé en deux parties depuis les réformes de 1985-1986.

– Le *marché interbancaire* est réservé aux seules institutions financières (établissements de crédit, et Banque centrale en particulier) qui vont s'y prêter entre elles les liquidités nécessaires pour faire face à leurs engagements à très court terme. Notamment, les banques doivent approvisionner leur compte à la Banque centrale, qui ne peut descendre en dessous d'un seuil appelé « *réserves obligatoires* ». Les taux d'intérêt de ces prêts interbancaires à très court terme (au jour le jour ou à 7 jours par exemple) résultent de l'offre et de la demande mais aussi du niveau des *taux directeurs*. Ainsi, la Banque centrale oriente l'évolution des taux d'intérêt à très court terme et donc le taux des crédits aux entreprises et aux particuliers, et elle régule la liquidité des établissements financiers et, indirectement, la quantité de monnaie et de crédit dans l'économie.

Elle peut donc influer sur le niveau d'inflation, principal objectif de la politique monétaire, et, secondairement, sur le niveau d'activité économique.

– Le *marché des titres de créances négociables* (TCN), créé en 1985, est un marché ouvert à tous les agents économiques (même non financiers). On y échange divers TCN : les *certificats de dépôt* (émis par les établissements de crédit ; durée : de 1 jour à 1 an) ; les *billets de trésorerie* (émis par les entreprises ; durée : de 1 jour à 1 an) ; les *bons du Trésor* (émis par le Trésor Public ; durée : de quelques semaines à 5 ans), et les bons à moyen terme négociables (BMTN) avec une durée minimale d'un an.

LA COTATION D'UNE ACTION

Marché primaire et marché secondaire

– Lorsqu'une société anonyme se côte en Bourse pour la première fois, ou lorsqu'elle réalise une augmentation de capital, c'est-à-dire lorsqu'elle émet de nouvelles actions, l'introduction des actions correspondantes en Bourse se réalise sur le *marché primaire*. La société décide elle-même du prix d'introduction, proposant, le plus souvent, une fourchette de prix. Si elle trouve preneur pour l'ensemble des actions émises à ce prix, on estimera que cette introduction est un succès.

– Lorsqu'un agent économique détient une action achetée en Bourse, il peut la revendre sur le *marché secondaire*, qui est le marché de l'occasion. Dans ce cas, le prix de vente sera déterminé en fonction du jeu de l'offre et de la demande.

Un exemple : la cotation de l'action Société Générale

• L'état du marché à un moment précis

Un carnet d'ordres montre, à un instant *t*, l'état du marché.

Ordres	Qté	Achat	Vente	Qté	Ordres
3	**1 037**	**42,220**	**42,240**	**334**	**2**
5	1 096	42,215	42,245	608	4
5	916	42,210	42,250	1 046	7
10	2 103	42,205	42,255	1 900	10
4	970	42,200	42,260	1 153	6
4	893	42,195	42,265	1 129	6
5	1 243	TOTAL	TOTAL	743	3

On trouve à gauche les achats d'actions classées en fonction de leur prix d'achat : plus le prix proposé est élevé, plus l'acheteur a de chances de trouver un vendeur qui acceptera son prix. Ainsi, ici, 1 037 actions sont proposées à l'achat par des acheteurs ayant passé leurs ordres d'achat à partir de trois sociétés de Bourse différentes, pour un prix de 42,22 €.

À droite, on trouve les actions offertes à la vente. Ce sont celles qui sont proposées au prix le plus faible, et qui ont donc le plus de chances de trouver un acheteur.

On constate ainsi qu'à cet instant *t*, aucune transaction ne peut avoir lieu car il n'y a pas de prix commun entre acheteurs et vendeurs. Lorsqu'un acheteur acceptera de faire une offre d'achat pour un prix plus élevé, ou lorsqu'un vendeur acceptera de faire une offre de vente pour un prix plus faible, alors un échange pourra avoir lieu et un nouveau cours de l'action sera déterminé.

• L'évolution du cours de l'action sur une journée

Le cours d'une action peut varier plusieurs fois dans une même journée : il y a ainsi autant de cours que de moments où un ou plusieurs acheteurs proposent un prix d'achat commun avec celui d'un ou de plusieurs vendeurs.

• L'évolution du cours d'une action sur une plus longue durée

La Banque centrale européenne

La « zone euro » est composée de dix-huit pays qui ont confié à la Banque centrale européenne les missions autrefois dévolues aux banques centrales nationales : émission de monnaie et politique monétaire.

Le système européen des banques centrales

Les banques centrales nationales des 28 pays membres de l'UE constituent le *système européen des banques centrales* (SEBC). À l'intérieur de ce système, la Banque centrale européenne (BCE) et les banques centrales nationales des pays de la « zone euro » forment « l'*eurosystème* ».

L'objectif principal du SEBC est de maintenir la stabilité des prix au sein des pays de l'Union européenne. Cependant, il est précisé dans ses statuts que « sans préjudice de l'objectif de stabilité des prix, le SEBC apporte son soutien aux politiques économiques générales [dans l'Union], en vue de contribuer à la réalisation des objectifs [de l'Union] ». L'Union s'est aussi donnée pour objectifs d'obtenir un niveau d'emploi élevé et une croissance durable. Néanmoins, priorité est donnée à la lutte contre l'inflation, entre autres sous l'influence de l'Allemagne qui n'a accepté de perdre sa monnaie nationale qu'en échange de conditions strictes sur la politique monétaire menée dans le cadre de la monnaie unique.

Les missions de la BCE

La BCE, instituée par le Traité de Maastricht et installée à Francfort, a été créée en juin 1998 pour introduire et gérer la monnaie unique européenne (l'euro, créé le 1er janvier 1999). C'est une instance *indépendante* du pouvoir politique : la politique monétaire européenne n'est donc à présent plus du ressort des gouvernements européens. La BCE est chargée :

- de définir et mettre en œuvre la politique monétaire de l'UE ;
- de détenir et gérer les réserves officielles de change des pays de la zone euro ;
- de promouvoir le bon fonctionnement des systèmes de paiement ;
- d'autoriser ou non l'émission de billets de banque dans la zone euro ;
- de coordonner les actions des banques centrales nationales, dont elle reprend les fonctions.

Le fonctionnement de la BCE

La BCE prépare et exécute les décisions arrêtées par ses principales instances dirigeantes que sont le Directoire et le Conseil des gouverneurs.

– Le *Directoire* comprend le président de la BCE (Mario Draghi depuis 2011), le vice-président et quatre autres membres, tous désignés d'un commun accord par les chefs d'État ou de gouvernement des pays de la « zone euro ». Il est chargé de mettre en œuvre la politique monétaire et donne les instructions nécessaires aux banques centrales nationales de la zone euro.

– Le *Conseil des gouverneurs* est l'organe de décision suprême de la BCE. Il comprend les six membres du Directoire et les gouverneurs des 18 banques centrales nationales des pays de la « zone euro ». Sa mission première consiste à définir la politique monétaire de la zone euro et, en particulier, à fixer les taux d'intérêt directeurs.

LA POLITIQUE MONÉTAIRE EUROPÉENNE

L'objectif clairement assigné à la BCE depuis le traité de Maastricht (et confirmé en 2009 avec le traité de Lisbonne) est de maintenir la stabilité des prix, ce qui correspond à « une progression sur un an de l'indice des prix à la consommation harmonisé inférieure à 2 % dans la zone euro ». C'est donc une politique monétaire restrictive d'inspiration monétariste (voir p. 108), qui est mise en œuvre au sein de l'Union européenne, en opposition avec une politique monétaire expansive d'inspiration keynésienne.

Les moyens mis en œuvre

Pour juguler l'inflation, la BCE doit limiter la quantité de monnaie en circulation, et donc encadrer le processus de création monétaire. Or, ce n'est pas la BCE qui crée directement la monnaie, mais les banques de second rang (voir p. 100). Cependant, la BCE peut indirectement influer sur la création monétaire, par deux types d'intervention.

• La fixation des taux directeurs

Lorsqu'une banque a émis beaucoup de crédits (et donc créé de la monnaie, voir p. 106), ses réserves en monnaie banque centrale, qu'elle utilise pour régler ses transactions avec les autres banques, se réduisent progressivement (en effet, les banques n'acceptent entre elles comme moyen de paiement que la « monnaie banque centrale »). Elle doit alors demander à la BCE des prêts en monnaie banque centrale pour se refinancer. Or, si la BCE veut limiter l'émission de crédits par les banques, elle va renchérir le coût du refinancement, en augmentant ses taux directeurs, qui sont les taux d'intérêt que doivent supporter les banques en échange d'un prêt.

Le document ci-après permet de comparer la politique monétaire de la BCE avec celle de la Fed (banque centrale américaine).

Pour faire face à la crise mondiale débutée en 2008 et relancer l'activité économique, on remarque que les deux banques centrales ont réduit leurs taux directeurs. Cependant, la Fed a réagi non seulement de manière plus rapide que la BCE (baisse des taux dès le début de la crise pour la FED, et seulement fin 2008 pour la BCE), mais aussi de manière beaucoup plus significative (les taux américains atteignent un niveau proche de 0 dès la fin 2008, alors que ce n'est le cas pour la BCE que depuis fin 2013). La BCE a ainsi limité la baisse de son taux, privilégiant la stabilité des prix à la relance de l'activité.

Taux d'intérêt à court terme dans l'UEM et aux États-Unis depuis 2000 (en %)

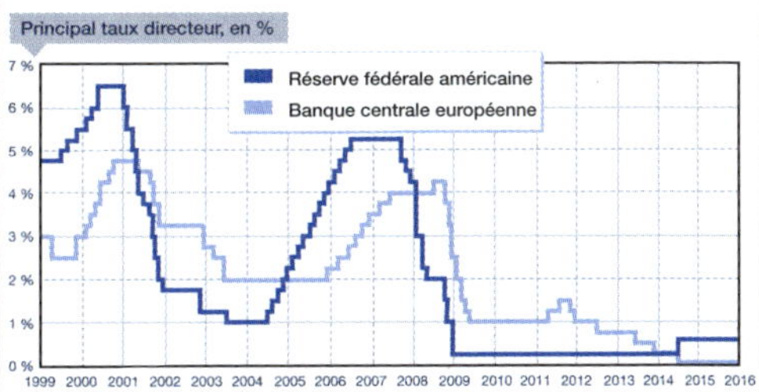

Sources : BCE, Fed

• La politique d'open-market

Les banques peuvent avoir recours au marché interbancaire, sur lequel elles s'échangent de la monnaie banque centrale. Comme les liquidités déposées à la banque centrale ne rapportent aucun intérêt ou un intérêt faible, les banques ont souvent intérêt à prêter les liquidités en excédent qu'elles détiennent. Le taux de ces prêts est le taux interbancaire, et résulte du rapport entre offre et demande de monnaie banque centrale par les banques. Si ce taux est inférieur au taux directeur, alors toute hausse du taux directeur, afin de limiter la création monétaire, sera sans effet. Si la BCE veut parvenir à son objectif, elle va emprunter elle-même de la monnaie banque centrale présente sur ce marché, afin de réduire l'offre, et donc accroître le taux interbancaire. Les banques seront alors moins incitées à émettre des crédits.

Les produits financiers

Les marchés boursiers sont en plein développement depuis le milieu des années 1980. Ils mettent en relation des agents économiques à besoin de financement (les sociétés), et d'autres en capacité de financement (les épargnants). Ce développement est à relier avec les nombreuses innovations qui ont touché les produits financiers depuis les années 1980.

Les actions

– Une action est une *valeur mobilière* (titre de propriété négociable). Elle représente une part de capital d'une société constituée en société anonyme : en possédant x % des actions émises, l'acquéreur de ces actions devient donc propriétaire de l'entreprise à hauteur de x %.
– Être propriétaire d'une action donne quatre principaux droits : le droit de vote au conseil d'administration pour influer sur les décisions stratégiques de la société, au *prorata* des droits de vote détenus grâce aux actions possédées ; le droit de recevoir une partie du bénéfice de la société sous forme de dividendes, payés généralement en espèces une fois par an ; le droit de revendre ses actions quand l'on veut, à qui l'on veut, et ainsi pouvoir profiter de plus-values ; le droit de priorité d'achat dans le cas d'émission de nouvelles actions émises par l'entreprise.
En cas de faillite, les actionnaires ne sont pas responsables sur leurs biens propres des dettes, mais ils perdent la totalité des sommes investies.
– L'avantage de l'émission d'actions pour l'entreprise est de pouvoir disposer d'argent frais grâce à leur vente. Lorsqu'une entreprise a besoin de liquidités, il est financièrement plus intéressant pour elle d'émettre des actions que de s'endetter, car emprunter est coûteux, et pour que ce soit rentable, il faut pouvoir bénéficier d'un effet de levier (voir p. 57). Cependant, pour que l'émission d'actions soit avantageuse, il faut nécessairement que des agents économiques soient effectivement intéressés par l'achat de ces actions. Par ailleurs, si les actions émises représentent une part trop importante de l'entreprise, il y a un risque de modification des rapports de force et de perte d'indépendance.

Les obligations

– Une obligation est une *valeur mobilière* (titre de créance ou reconnaissance de dette) de la part d'une société, représentant un emprunt. Lorsqu'une entreprise a besoin d'argent et qu'elle ne veut (ou peut) accroître son capital, elle doit réaliser des emprunts, soit auprès d'une institution financière, soit directement sur les marchés financiers auprès d'agents économiques en capacité de financement.
Une obligation est donc un emprunt à long terme auquel sont attachés une date de remboursement et une rémunération fixée à l'avance, qui peut être variable en fonction de l'évolution de grandeurs économiques déterminées au préalable.
– Le possesseur d'une obligation peut revendre son obligation avant terme sur les marchés financiers, mais il n'est alors pas sûr de récupérer la totalité de la somme prêtée, car le cours des obligations peut évoluer (il varie en sens inverse des taux d'intérêt). Par contre, s'il attend l'échéance, il est assuré de récupérer la totalité de la somme prêtée plus la rémunération afférente, sauf en cas de faillite de la société.

LES OPCVM

Les agents économiques peuvent placer leur épargne sur les marchés financiers, sans pour autant devoir nécessairement acheter directement des actions ou des obligations. Ils peuvent passer par l'intermédiaire des sociétés spécialisées dans la gestion de l'épargne : les OPCVM (organismes de placement collectif en valeurs mobilières).

Que sont les OPCVM ?

• Les OPCVM sont des organismes collectant des fonds auprès des agents économiques désirant épargner, et utilisant ces fonds pour réaliser des placements diversifiés sous forme de titres. Il en existe deux grands types :
– les SICAV (sociétés d'investissement à capital variable), créées en 1964. Ce sont des sociétés anonymes qui collectent des fonds auprès de leur clientèle et les investissent en valeurs mobilières ;
– les FCP (fonds communs de placement), qui sont généralement de taille plus petite que les SICAV, et qui réalisent une gestion plus spécialisée et plus risquée de l'épargne, mais avec des perspectives de plus-value potentiellement élevées. Les FCP ne sont pas des sociétés comme les SICAV, mais des copropriétés ; ils résultent d'un contrat passé entre des épargnants et un gérant.

• Les différents OPCVM proposent des produits financiers « profilés », c'est-à-dire que la nature des titres financiers achetés grâce à l'épargne collectée est prédéterminée en fonction de priorités affichées à l'avance et acceptées, au moins implicitement, par les épargnants. Ce profilage peut être :
– géographique : une SICAV peut ne proposer que des achats d'actions européennes ;
– temporel : l'horizon de rentabilité attendu est à plus ou moins long terme ;
– lié au risque encouru : généralement, les OPCVM proposent trois grands types de produits : « prudent, équilibré et dynamique ».
Dans le premier cas, l'OPCVM investit l'épargne en produits « sûrs » (obligations d'État par exemple) : la rentabilité attendue est faible, mais le risque quasi nul ; dans le dernier cas, ce sont majoritairement des actions d'entreprises innovantes à fort potentiel qui sont privilégiées.

Le fonctionnement d'un OPCVM

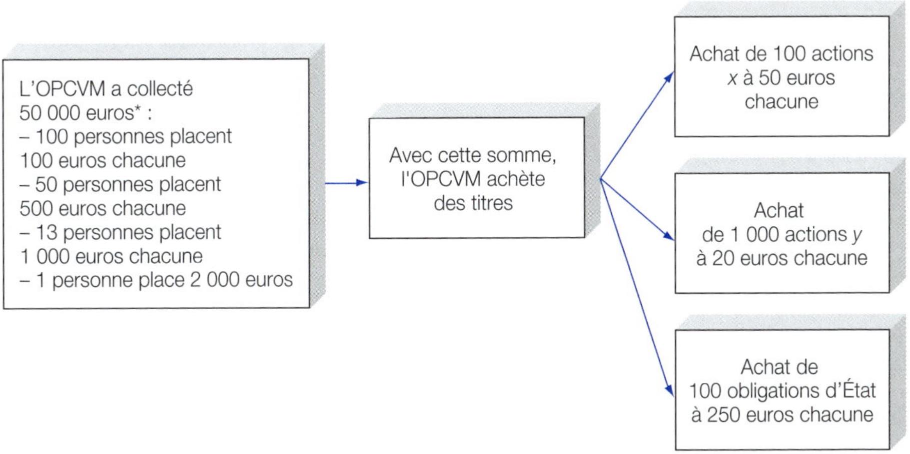

* dans la réalité, les sommes collectées par les OPCVM sont bien supérieures.

Les krachs boursiers

Les marchés financiers, s'ils ont globalement connu une croissance forte au cours du XXe siècle, n'ont pas été marqués par une évolution continue, mais par des phases de hausse et de diminution des cours. Parfois, cette diminution est si forte que l'on parle de « krach boursier ».

Qu'est-ce qu'un krach boursier ?

Un krach boursier désigne une diminution importante du cours de l'ensemble des actions cotées. Il existe deux types de krachs.

– Le *krach classique* correspond à une forte chute des cours sur une ou plusieurs journées. La baisse est très brutale et semble irréversible. Les trois principaux krachs de ce type ont eu lieu en 1929 (le « jeudi noir » de Wall Street), en 1987 et en 2008.

– Le *krach larvé* est lui aussi marqué par une baisse des cours, mais elle se déroule sur plusieurs semaines ou plusieurs mois. La chute des indices boursiers (portée surtout par l'effondrement du cours des actions des entreprises des nouvelles technologies : « e-krach ») entre 2000 et 2003 s'apparente à cette situation.

– Selon les économistes libéraux, la cause première des krachs est un retournement de conjoncture économique. Les perspectives de profits des entreprises étant faibles, voire nulles, les épargnants préfèrent se séparer de leurs actions pour se tourner vers d'autres produits financiers à court terme plus rentables, tels que les obligations. Le krach boursier est alors une conséquence directe d'une situation de dépression économique.

– À l'inverse, les économistes raisonnant avant tout en terme d'anticipations expliquent qu'un krach correspond à un dégonflement de la « bulle financière » (ou « bulle spéculative »). On parle de « bulle » lorsque, suite à une période d'euphorie, les cours des actions ont connu une progression bien plus élevée que celle qui aurait dû découler des simples résultats liés à l'activité économique des entreprises. Lorsque cette période d'euphorie se termine, les anticipations se retournent et les agents économiques craignent une diminution rapide des cours ; ils vendent donc en masse leurs actions… ce qui entraîne mécaniquement un effondrement des cours. Le krach boursier n'est alors que la conséquence de ce retournement.

Les conséquences des krachs boursiers

– En théorie, les krachs boursiers peuvent avoir des effets récessifs. D'une part, ils entraînent un effet revenu négatif : les moins-values subies par les épargnants les amènent à réduire leur consommation. D'autre part, les épargnants se détournent de la bourse ; les entreprises ont plus de mal à financer leurs investissements. Enfin, le climat général est à la déprime, ce qui réduit la demande, et donc la production.

– Cependant, les krachs peuvent aussi être des « rétablisseurs d'équilibre » : ils ramènent le marché à de plus justes proportions, ils permettent de compenser les excès précédents. La confiance en l'avenir est ainsi restaurée, ce qui est potentiellement source de croissance.

– En pratique, il est difficile de déterminer à l'avance les conséquences d'un krach. Ainsi, en 1929, le krach boursier a débouché sur une dépression économique, alors que, suite au krach de 1987, la croissance économique est repartie à la hausse…

LES DÉTERMINANTS DE LA BOURSE

Les résultats financiers

Selon les économistes libéraux, la sphère financière n'est que le reflet de la sphère réelle. La valeur de l'action reflète la valeur réelle de l'entreprise, c'est-à-dire sa valeur de revente. En effet, nul n'imaginerait acheter un bien plus cher ou le vendre moins cher qu'il ne vaut. Si donc on peut donner une valeur à l'entreprise (qui dépend de son capital, de son image de marque, de ses brevets déposés...), alors le prix de l'action dépendra directement de cette valeur ; quand l'entreprise voit ses profits augmenter, sa valeur financière augmente, ce qui incite les agents économiques à acheter ses actions... et ce d'autant plus que des profits élevés peuvent laisser espérer des dividendes importants.

Les phénomènes collectifs

• D'autres économistes, d'inspiration keynésienne, avancent à l'inverse que les sphères financière et réelle sont déconnectées. Les décisions d'achat ou de vente d'actions, au moins à court terme, sont indépendantes des résultats financiers de l'entreprise. Les agents économiques désirent acheter une action lorsqu'ils anticipent que le cours de l'action va augmenter. Or, ce cours augmente si la demande qui se porte sur cette action est supérieure à son offre... c'est-à-dire si l'ensemble des agents économiques anticipe eux aussi un accroissement du cours de l'action. Chacun a intérêt à faire comme les autres, de suivre ce que Keynes appelait un « comportement moutonnier ». L'évolution du cours des actions dépend donc de phénomènes collectifs.

• Selon le concept des *anticipations autoréalisatrices*, quand les agents économiques sont optimistes sur l'évolution de la valeur d'une action, ils sont incités à acheter cette action, ce qui va augmenter la demande, et donc la valeur de cette action... *L'anticipation de la hausse se sera donc autoréalisée*, en incitant les agents économiques à adopter un comportement engendrant cette hausse. La réalité, selon cette approche, n'est donc que la conséquence de l'image que nous nous en faisons ; et l'évolution des cours de la bourse peut être très éloignée des évolutions de l'activité économique.

• Les théoriciens de l'équilibre par taches solaires avancent eux que l'optimisme ou le pessimisme des agents économiques sont déterminés par des informations souvent peu, ou pas du tout pertinentes sur le plan économique, mais qu'à partir du moment où elles sont prises comme référence, elles deviennent décisives pour comprendre l'évolution des cours de la Bourse.

Les variables influant sur le cours des actions

La valeur de l'action à un moment donné dépendra de l'offre et de la demande de cette action, [qui] sont influencées par de nombreux facteurs [...].

• **La valeur intrinsèque de l'entreprise** est supposée influer sur sa valeur financière. Si une entreprise émet 10 actions de 100 euros, la valeur boursière de l'entreprise de 1 000 euros est censée refléter sa valeur comptable. Dès lors, si celle-ci tend à s'accroître, les cours tendront à faire de même. [...] Si l'entreprise annonce une augmentation des bénéfices, cela peut avoir un effet positif sur le cours de ses actions dans la mesure où les agents s'attendent à des dividendes plus importants. [...]

• **L'activité de la branche** dans laquelle l'entreprise intervient influe aussi sur la valeur de ses actions. Si l'entreprise exerce son activité dans une branche qui connaît globalement une expansion importante, les cours de l'entreprise en profiteront. Les agents anticiperont une augmentation des profits et donc des dividendes versés, et inversement. [...]

• **La conjoncture nationale** influe aussi sur le cours des actions. Si, dans un pays, la conjoncture se retourne, cela tend à faire baisser les cours. Si, dans ce pays, le gouvernement annonce des mesures de politique économique ou monétaire, cela influe sur les cours boursiers [déficit budgétaire en hausse ou en baisse, lutte ou non contre l'inflation...].

• **La conjoncture internationale** influe aussi sur le cours des actions. [...] Les marchés sont fortement influencés par l'évolution des marchés financiers américains [...].

Marie Delaplace,
Monnaie et financement de l'économie, Dunod.

Les crises financières

Même si les crises financières sont apparues dès les origines du capitalisme, elles sont nombreuses à s'être succédé depuis le début du XXe siècle. Du krach de 1929 à la crise de 2008 en passant par la crise asiatique de 1997, elles prennent diverses formes au cours du temps : crise boursière, crise bancaire, crise de la balance des paiements, crise de la dette...

Qu'est-ce qu'une crise financière ?

D'une manière générale, on peut définir une crise financière comme une période de *diminution importante du prix des actifs et/ou d'illiquidité temporaire* par assèchement de la demande, dans plusieurs champs du système financier.

Les origines des crises financières

Dans leur ouvrage *Cette fois, c'est différent. Huit siècles de folie financière*, Carmen Reinhart et Kenneth Rogoff présentent un large panorama des crises financières. L'histoire économique révèle qu'il existe des signes avant-coureurs à toutes les crises :
– *l'apparition d'une bulle sur le marché des titres financiers et sur le marché immobilier* ;
– *un accroissement du déficit des transactions courantes* ;
– *un ralentissement économique* ;
– *un accroissement des déficits publics.*

Hyman Minsky, à travers son « paradoxe de la tranquillité », a démontré que les crises financières prenaient naissance dans la multiplication des comportements à risque des agents économiques, au cours de la période d'euphorie qui les précède.

Les conséquences des crises financières

Reinhart et Rogoff ont aussi attesté que les crises financières avaient de réelles conséquences sur le système économique dans son ensemble :
– *une crise boursière et immobilière*, qui correspond au « dégonflement » de la bulle auparavant créée par les comportements spéculatifs. En moyenne, les actifs immobiliers voient leur prix diminuer de plus d'un tiers, et la remontée des prix n'intervient qu'au bout de six ans. Les actions, quant à elles, perdent plus de la moitié de leur valeur, et la remontée durable des cours n'intervient qu'au bout de trois ans ;
– *une réduction du volume de l'emploi* ;
– *une récession économique,* avec une diminution moyenne de près de 10 % du PIB réel sur deux ans ;
– *un accroissement de l'endettement public,* qui double en moyenne.

Régulation et dérégulation des marchés financiers

La crise de 2008 est l'une des conséquences du mouvement de dérégulation financière intervenu à partir des années 1980, consécutif à l'émergence de la théorie de *l'efficience des marchés financiers* initiée par Eugene Fama (colauréat du prix Nobel d'économie 2013), selon laquelle des marchés financiers libres permettraient une allocation optimale des ressources. Cette déréglementation a, au contraire, généré des comportements spéculatifs qui ont accru les risques inhérents au système financier.

LA CRISE DE 2008

Les étapes de la crise

Le contexte :
- Fortes inégalités de revenus
- Boom spéculatif sur le marché immobilier (crédits *subprimes*, titrisation)

Étape 1 : une crise immobilière
Retournement du marché immobilier après une hausse ininterrompue des prix de 1997 à 2007 (éclatement de la bulle immobilière)

↓

Étape 2 : une crise bancaire
– Prolifération des intermédiaires et création d'un *shadow banking system* peu régulé (activités bancaires menées par des entités ne recevant pas de dépôts : elles ne sont donc pas régulées en tant que banques et ne sont pas soumises à la réglementation bancaire)
– Multiplication des défauts de paiement qui impactent ce système parallèle ainsi que les banques d'investissement

↓

Étape 3 : une crise boursière
La titrisation contamine les bilans des établissements financiers et dissémine l'illiquidité. Recul des capitalisations boursières sur les principales places.

La titrisation aux origines de la crise

La titrisation désigne un procédé qui consiste à transformer une créance en un actif revendable sur les marchés financiers. S'appuyant sur ce mécanisme, les banques ont revendu leurs crédits immobiliers à des investisseurs qui les ont découpés en tranches et mélangés à d'autres crédits pour les vendre à nouveau.
Cette pratique s'est particulièrement répandue sur le marché des crédits immobiliers américains. Les actifs ainsi créés ont été achetés par toutes les grandes banques du monde. C'est pourquoi ces dernières ont toutes été impactées lors de l'essor des défauts de paiements hypothécaires en 2007. Ainsi, la titrisation dissémine le risque de manière opaque chez les investisseurs. Et cette opacité implique une dégradation de la confiance vis-à-vis de toutes les contreparties (banques, assureurs…)

La transmission de la crise financière à l'économie réelle

– La crise financière a généré une *crise de confiance* : les banques ont hésité à se prêter entre elles les fonds dont elles avaient besoin ; les ménages ont développé une épargne de précaution (peur du chômage).
– Les prêteurs ont été confrontés à des risques accrus de défaut de paiement. L'accès au crédit est donc devenu plus cher et plus difficile. Ce *crédit crunch* (restriction du crédit) a alimenté la baisse des investissements des ménages et des entreprises.
– Ce ralentissement, puis la *baisse de la demande*, ont généré une contraction du commerce mondial, et la crise financière s'est propagée à l'économie mondiale.

La mesure des échanges internationaux

La balance des paiements est un document statistique qui recense l'ensemble des échanges de toute nature entre les résidents et les non-résidents. Elle permet de mettre en évidence les soldes relatifs aux échanges extérieurs, très utiles pour analyser la situation économique d'un pays par rapport au reste du monde.

La balance des paiements

Depuis 2014, la Banque de France publie les statistiques de balance des paiements et de position extérieure en suivant les nouvelles normes internationales (BPM6). Les rubriques de la balance des paiements sont réparties de la manière suivante :

– *Le compte de transactions courantes* enregistre les échanges de biens, de services (notamment transports, voyages, services d'assurance, services financiers...), *les revenus primaires* (flux qui reviennent aux agents économiques pour leur participation au processus de production – rémunérations des salariés –, pour la fourniture d'actifs financiers – revenus d'investissements – ou pour la location de ressources naturelles – loyers) ainsi que les *revenus secondaires* (qui retracent les transferts courants entre résidents et non-résidents, soit la fourniture d'un bien, d'un service, d'un actif financier sans contrepartie).

– *Le compte de capital* regroupe les transferts en capital – remises de dettes, pertes sur créances, aides à l'investissement – et les acquisitions et cessions d'actifs non financiers. Il ne joue pas un rôle très important dans la balance des paiements française.

– *Le compte financier*, se décompose entre investissements directs, investissements de portefeuille, instruments financiers dérivés, autres investissements et avoirs de réserve.

– *Le poste des « erreurs et omissions nettes »* est un poste d'ajustement. Son existence tient à ce que les enregistrements en débit et crédit dans la balance des paiements résultent de déclarations ou d'enquêtes provenant de sources différentes.

Les soldes extérieurs

La balance des paiements est toujours « équilibrée » au sens comptable du terme : une opération donne toujours lieu à deux inscriptions comptables (l'une au crédit, l'autre au débit). La somme des crédits est donc égale à celle des débits.

Certains soldes extérieurs sont particulièrement significatifs.

– *Le solde du compte de transactions courantes* est égal à la différence entre les exportations et revenus à recevoir et les importations et revenus à payer par les résidents.

– *La capacité de financement de la Nation* correspond à la somme du solde du compte de transactions courantes et du compte de capital. Elle reflète donc la capacité de l'économie nationale à équilibrer ses échanges avec le reste du monde. Toutes choses égales par ailleurs, un déficit durable des transactions courantes et du compte de capital se traduit par une dégradation de la position extérieure et, en conséquence, par un accroissement de la dépendance financière vis-à-vis de l'étranger. Et inversement pour l'accumulation.

– *La position extérieure* présente les créances et les engagements suivant les mêmes catégories que le compte financier : investissements directs, investissements de portefeuille, instruments financiers dérivés, autres investissements et avoirs de réserve.

LA BALANCE DES PAIEMENTS DE LA FRANCE

Les transactions courantes

Solde des transactions courantes

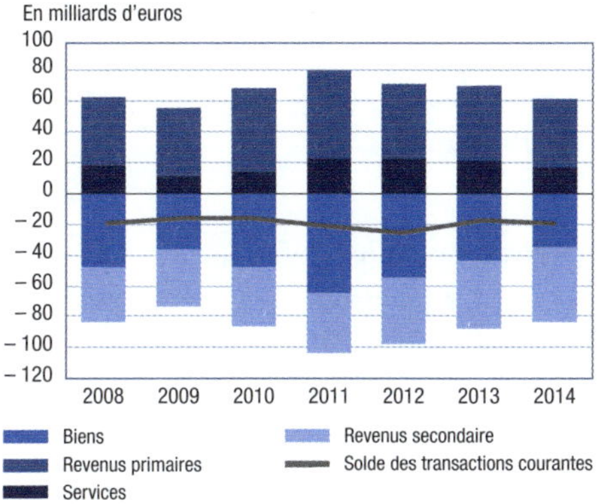

Source : Banque de France

En 2014, le solde des transactions courantes est déficitaire de 19,7 milliards d'euros, soit – 0,9 % du PIB. Depuis 2008, les échanges de biens et les revenus secondaires sont déficitaires, alors que les échanges de services et les revenus primaires sont excédentaires.

Les échanges de biens montrent des signes mitigés d'amélioration. Leur solde continue de se redresser mais ce mouvement reflète principalement la forte baisse du prix du pétrole en euros qui allège le montant des importations en énergie. Quant au solde excédentaire des échanges de services, il se réduit dans un contexte où ces échanges s'accélèrent.

Les revenus jouent un rôle significatif dans les transactions courantes. Ils reflètent les profits tirés de l'activité internationale des groupes français, les revenus des placements financiers et, inversement, les intérêts versés en contrepartie de l'endettement auprès du reste du monde. Or, en 2014, le solde des revenus cesse d'être positif et ne contrebalance donc plus le déficit des échanges de biens et services.

Le compte financier

Le déficit du compte de transactions courantes est financé par des entrées de capitaux mesurées par le compte financier. Après des mouvements importants au début de la crise financière, les flux nets par instrument du compte financier sont d'ampleur modérée depuis 2012. La composition du compte financier de 2014 est assez proche de celle des années précédentes : les investissements de portefeuille – représentatifs des opérations sur titres (actions, obligations et titres à court terme) – constituent, avec les instruments financiers dérivés, la source essentielle d'entrées de capitaux. À l'inverse, les investissements directs génèrent des sorties nettes de capitaux. Leur solde redevient positif en 2014 après une année 2013 où les opérations d'investissements directs s'étaient soldées, de façon inhabituelle, par des entrées nettes de capitaux. Enfin, les « autres investissements » (essentiellement les prêts et emprunts), qui présentent un solde créditeur presque systématique depuis 2009, ont reflué en 2014 et présentent un solde légèrement débiteur.

Flux nets du compte financier

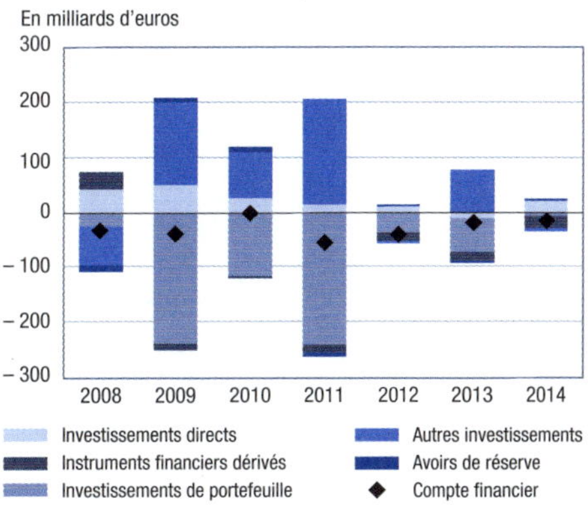

Les évolutions du commerce international

Le commerce international était déjà important au XIXe siècle, mais il a particulièrement prospéré depuis 1945, tant en volume qu'en valeur. Cette explosion des échanges s'est accompagnée d'une mutation dans la structure des produits échangés, et d'une modification des courants d'échanges.

L'explosion des échanges internationaux depuis 1945

– Les échanges internationaux ont connu un essor considérable depuis 1945, progressant plus vite que la production mondiale. Ainsi, entre 1950 et 1963, les échanges de marchandises ont augmenté chaque année en moyenne de près de 8 %, contre 5 % pour la production mondiale sur la même période. Le constat est identique sur les périodes suivantes, avec même un accroissement de l'écart depuis les années 2000 (voir ci-contre).

– Cette explosion des échanges est à mettre en parallèle avec la création de plusieurs organisations ou accords internationaux (GATT puis OMC, FMI, Banque mondiale…) qui ont créé un climat très favorable au développement des échanges (voir p. 136).

Des mutations dans la structure des échanges

– *Les échanges de biens* ont connu un essor très rapide qui s'est accompagné d'une transformation de la structure par produits. Au XIXe siècle, on échangeait essentiellement des produits bruts (environ 2/3 du commerce mondial) : produits minéraux, énergétiques et agricoles. Mais après 1945, les produits manufacturés ont pris une place prépondérante : ils concernent, en 2014, 66,2 % des exportations mondiales de biens.

– *Les échanges de services* se sont développés plus tardivement, mais ont connu un essor très rapide : ils représentent aujourd'hui plus de 20 % des échanges internationaux (contre 15 % en 1980). Cependant, certains services restent difficilement exportables (services non marchands, services aux personnes), et constituent ce que l'on appelle le « *secteur abrité* » de la concurrence internationale. L'importance croissante des échanges de services fait qu'ils font désormais l'objet de négociations internationales (*Accord général sur le commerce des services :* AGCS, accord cadre signé en 1994 par les membres de l'OMC).

Les courants d'échanges

– La *tripolarisation des échanges* : le commerce mondial est aujourd'hui concentré autour de trois pôles essentiels qui réalisent environ 80 % des échanges de marchandises en 2014: l'Amérique du nord (13,5 %), l'Europe (36,8 %), et l'Asie (32 %).

– Le *commerce intra-zone* est particulièrement important : une partie non négligeable des échanges se fait à l'intérieur même de ces zones. Par exemple, le commerce entre les pays de l'Europe représente 68,6 % des exportations de cette zone. Il en est de même pour la zone Asie (environ 53 % de commerce intra-zone) ou pour l'Amérique du Nord (49,2 %). Ce commerce intra-zone est à relier à l'existence, dans la plupart des cas, d'une organisation « régionale » de libre-échange (Union européenne, ALENA, ASEAN…).

– Cette polarisation marginalise certaines zones, en particulier l'Afrique ou l'Amérique Latine qui ne réalisent respectivement que 3 et 4 % des exportations de marchandises en 2013.

LES CHIFFRES DU COMMERCE INTERNATIONAL

Les mutations quantitatives et qualitatives du commerce mondial

Commerce et production de marchandises dans le monde
(variations annuelles moyennes en volume en %)

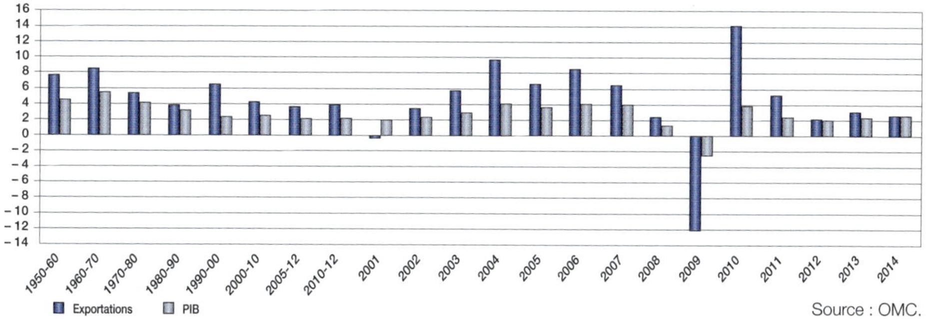

Source : OMC.

• Les échanges de marchandises ont progressé plus vite que la production de ces marchandises : par exemple, sur la période 2000-2010, les échanges de marchandises ont augmenté chaque année de 4,2 % en moyenne, contre une hausse annuelle moyenne de seulement 2,5 % pour la production de marchandises.

• Par ailleurs, on assiste progressivement à un remodelage de la structure des produits échangés : ainsi, les produits manufacturés représentent aujourd'hui plus des trois quarts des exportations de produits, alors que la part des produits agricoles est devenue inférieure à 10 % (ils représentaient pourtant près de la moitié des échanges de produits il y a un demi-siècle).

Le commerce mondial de marchandises par région

Commerce intrarégional et interrégional des marchandises, 2013 (en milliards de dollars)

Origine	Destination							
	Amérique du Nord	Amérique du Sud et centrale	Europe	CEI	Afrique	Moyen-Orient	Asie	Monde
Monde	**3 082**	**782**	**6 669**	**566**	**618**	**760**	**5 423**	**18 301**
Amérique du Nord	1 189	216	368	19	40	78	501	2 418
Amérique du Sud et centrale	178	195	121	9	20	18	178	736
Europe	506	129	4 560	253	222	220	667	6 646
Communauté d'États indépendants (CEI)	3	9	407	149	13	19	139	779
Afrique	54	30	216	2	97	18	160	602
Moyen-Orient	110	11	143	6	38	135	703	1 347
Asie	1 012	191	855	128	188	270	3 076	5 773

Source : OMC.

Les mouvements internationaux de capitaux

Parallèlement à l'essor des échanges de biens et de services, les flux internationaux de capitaux ont eux aussi connu une croissance extraordinaire. Ces mouvements de capitaux prennent des formes diverses, mais sont aujourd'hui particulièrement présents sous forme d'IDE (investissements directs à l'étranger).

La diversité des mouvements de capitaux

Comme le montrent les comptes financiers de la balance des paiements (voir p. 124), les mouvements internationaux de capitaux constituent une part essentielle des échanges mondiaux.
– Les *investissements directs à l'étranger* (IDE) sont les investissements par lesquels des entités résidentes acquièrent un intérêt durable dans une entité résidente d'une économie étrangère.
– Les *investissements de portefeuille* correspondent à des acquisitions d'actifs étrangers (titres négociables de dette ou de propriété : actions et titres d'OPCVM) par des résidents, et ceci dans une logique financière (sans volonté de contrôle durable).
– Les *autres investissements* sont les financements basés sur des contrats de dette non négociables (prêts des banques et des agents non financiers non résidents, crédit commercial et dépôts détenus par des non-résidents). On comptabilise aussi, depuis quelques années, les flux de produits dérivés acquis par des non-résidents.
– Les *avoirs de réserves* sont les avoirs extérieurs sous le contrôle des autorités monétaires pour leur permettre de financer les déséquilibres de paiements ou d'intervenir pour en réduire l'ampleur.

La globalisation financière

Cet accroissement des mouvements de capitaux a été rendu possible par un processus de libéralisation quasi complète des échanges de capitaux depuis le début des années 1980, débouchant sur la création d'un marché mondial des capitaux très peu contrôlé. C'est la « *globalisation financière* », qui s'est réalisée suivant la « *règle des 3 D* » :
– *déréglementation* des mouvements de capitaux : il n'y a quasiment plus de contrôles, de réglementations, afin de favoriser une meilleure circulation internationale ;
– *décloisonnement des marchés* : les différents marchés de capitaux ne sont plus séparés les uns des autres et tous les acteurs peuvent intervenir sur tous les marchés ;
– *désintermédiation* : les entreprises ont un accès direct aux marchés des capitaux sans passer par les intermédiaires traditionnels que sont les banques.

L'explosion des IDE

– Les flux d'IDE peuvent revêtir plusieurs formes : implantation d'une unité de production à l'étranger ; acquisition d'au moins 10 % du capital d'une société étrangère déjà existante ; réinvestissement sur place des bénéfices réalisés par les entreprises sous contrôle ; opérations financières entre une maison mère et ses filiales à l'étranger (prêts, avance de fonds…).
– Depuis les années 1980, les flux d'IDE ont très fortement augmenté. Ils représentaient moins de 0,5 % du PIB mondial jusqu'au milieu des années 1980, et ont atteint près de 5 % en 2000, avant les reflux observés en 2001 et depuis la crise de 2008.

LES INVESTISSEMENTS DIRECTS À L'ÉTRANGER

Évolution des IDE depuis 1980

• Les investissements à l'étranger ont connu un fabuleux essor depuis les années 1980 : sur la période 1980-2012, le stock mondial d'IDE a ainsi été multiplié par presque 33.

• Cet accroissement a été particulièrement important au cours des années 1990 et 2000. En revanche, l'année 2008 a été marquée par un recul de ce stock d'IDE, en lien avec la crise mondiale. Depuis cette date, si les flux d'IDE ont repris leur progression, celle-ci est restée un peu plus modeste, notamment en 2010 et 2011.

• Si on ne raisonne plus en valeurs absolues, mais relatives, on constate aussi une forte progression de la part du *stock* mondial d'IDE, qui atteint, en 2007, 29 % du PIB mondial.

Stock mondial d'IDE (1980-2014)

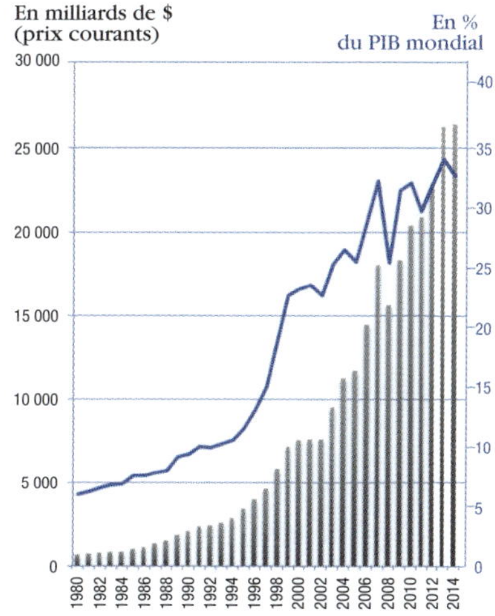

Source : CNUCED, UNCTADstat.

Répartition géographique des IDE

Flux d'IDE par région en 2014

	Entrées d'IDE		Sorties d'IDE	
	En milliards de $	En % du total des IDE	En milliards de $	En % du total des IDE
Ensemble du monde	**1 228**	**100**	**1 354**	**100**
Pays développés	499	40,6	823	60,8
Pays en développement, dont :	681	55,5	468	34,6
Afrique	54	4,4	13	1,0
Asie	465	37,9	432	31,9
Amérique latine et Caraïbes	159	12,9	23	1,7
Océanie	3	0,2	0	0,0
Pays en transition	48	3,9	63	4,7

Source : CNUCED, *Rapport sur l'investissement dans le monde*, 2015.

• Les entrées mondiales d'IED ont diminué de 16 % en 2014 pour s'établir à 1 230 milliards de dollars, contre 1 470 milliards de dollars en 2013. Cette évolution s'explique notamment par la fragilité de l'économie mondiale, l'incertitude des investisseurs quant aux politiques publiques et les fortes tensions géopolitiques. Les entrées d'IED dans les pays en développement (PED) ont atteint 681 milliards de dollars. Ce groupe de pays compte maintenant pour 55 % des entrées mondiales d'IED. Cinq des dix premiers destinataires de l'IED sont d'ailleurs des PED (Chine, Hong-Kong, Singapour, Brésil et Inde).

• Les flux sortants émanent encore en 2014 majoritairement des pays développés (60,8 %), mais ceux en provenance des PED progressent et ont atteint 34,6 % du total mondial, un record. Ainsi, malgré la récession mondiale, les multinationales des PED ont poursuivi leur expansion à l'étranger, en particulier grâce aux pays asiatiques. Dans le classement des principaux investisseurs, Hong-Kong est passée du 5e au 2e rang en 2014, derrière les États-Unis ; la France n'occupe plus que la 15e position.

La multinationalisation des firmes

Les années 1990 ont été marquées par une forte croissance du nombre d'IDE, et en particulier des fusions-acquisitions impliquant des entreprises situées dans des pays différents. Ce mouvement a eu pour conséquence un accroissement du nombre de firmes dites multinationales.

Qu'est-ce qu'une firme transnationale ?

– Une *firme transnationale* (FTN) est une entreprise possédant au moins une unité de production à l'étranger. C'est une entreprise qui a le monde comme champ d'activités : le processus de production est divisé, réparti, entre les pays en fonction des avantages propres à chaque espace national : c'est la *DIPP (décomposition internationale des processus de production).*
– Une firme se multinationalise en réalisant des *investissements directs à l'étranger (IDE)* (voir p. 128). Elle peut soit acheter une unité de production déjà existante, soit la créer de toutes pièces (*greenfield investment*).
– D'après les estimations de la CNUCED, il existe aujourd'hui dans le monde environ 65 000 firmes transnationales qui comptent quelque 780 000 filiales étrangères dans divers pays.

Quelle nationalité pour les firmes transnationales ?

– Une firme multinationale possède une nationalité qui est celle du pays d'implantation de sa maison-mère (la société détentrice des différentes filiales du groupe). Cependant, le terme de *firme transnationale* est aujourd'hui préféré, pour insister sur le fait qu'il est aujourd'hui parfois difficile de déterminer la nationalité d'une firme (installée dans un pays mais détenue par des capitaux étrangers, réalisant une partie de sa production dans d'autres pays…).
– K. Ohmae, spécialiste en gestion stratégique, suggère que certaines firmes multinationales ont atteint une forme organisationnelle de *glocal localization* : si la firme est multinationale, elle doit cependant penser sa stratégie en termes locaux. Ainsi, les modes de consommation varient en fonction des pays ou des zones géographiques, de même que les modes de production. Ohmae parle de *glocalisation*, car les FMN doivent avoir une stratégie locale et régionale en plus de leur vision globale.

Les caractéristiques actuelles des FTN

– *Un fort accroissement de l'importance des FTN* : le flux mondial d'IDE a été multiplié par plus de 100 entre le début des années 1970 et 2012. À partir de 2007, du fait de la crise, on a assisté à un recul des flux d'IDE, mais ce montant reste malgré tout six fois plus élevé qu'en 1991.
– *Une évolution de la sectorisation des FMN* : si les premières FTN se trouvaient dans les secteurs de l'électronique, du pétrole et de l'automobile, puis ensuite de l'alimentaire, de l'informatique et de la chimie, on assiste à une augmentation forte du nombre de FTN dans le secteur des services. Aujourd'hui, plus de la moitié des flux d'IDE dans l'OCDE concernent le secteur des services.
– *Un commerce intra-firme important* : ainsi, les échanges de biens et de services sont en partie dépendants des FTN ; un tiers du commerce international correspond aujourd'hui à des échanges intra-firmes, c'est-à-dire entre filiales de la même firme.

UN EXEMPLE DE FIRME TRANSNATIONALE

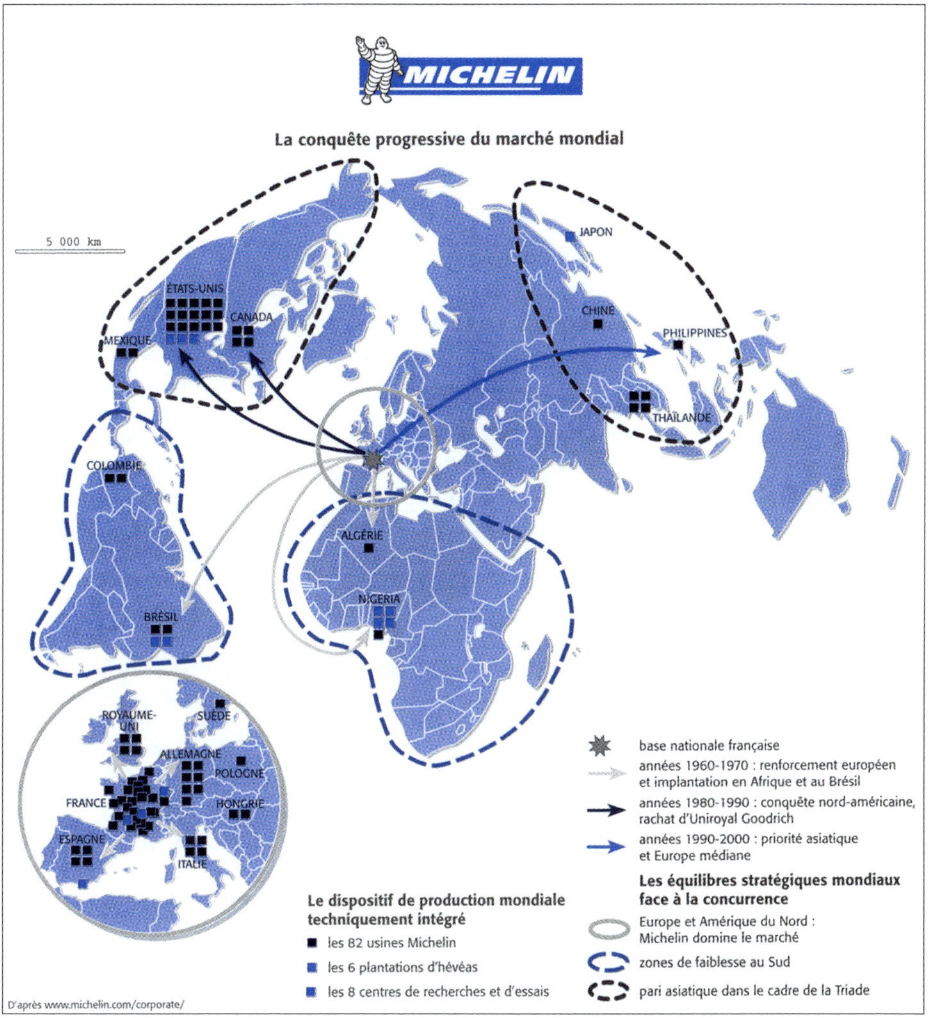

Source : Manuel de Sciences économiques et sociales, Terminale, sous la direction de R. Revol et A. Silem, Hachette Éducation.

Michelin est une firme implantée sur tous les continents. Elle a réalisé une réelle *décomposition internationale du processus productif*, car elle a implanté ses usines dans différents pays en fonction de leur position dans le processus productif. Ainsi, les unités de production les plus en amont du processus productif, celles correspondant à l'exploitation des plantations d'hévéas, ont été implantées dans les pays dans lesquels ces plantations sont techniquement réalisables : on parle alors de *stratégie d'approvisionnement*. À l'inverse, les implantations réalisées aux États-Unis relèvent plus d'une *stratégie de marché* : produire directement dans un pays étranger permet de pouvoir ensuite écouler plus facilement dans ce pays la production réalisée.

Les causes de la multinationalisation

Le phénomène des délocalisations est devenu prégnant dans l'actualité. Les motivations qui peuvent pousser une entreprise à installer son activité à l'étranger plutôt que sur le sol national sont diverses. La recherche d'un moindre coût est souvent mise en avant, mais il existe aussi d'autres facteurs.

Rechercher de meilleures conditions d'offre

Une entreprise peut se localiser à l'étranger pour produire dans de meilleures conditions que celles présentes sur le sol national. Ces conditions peuvent être liées :
– aux *coûts de production* : si un produit connaît une forte élasticité-prix, l'objectif d'une entreprise est alors de le produire au moindre coût, en se localisant sur le territoire où les salaires sont peu élevés, les charges sociales et l'imposition basses, etc. ;
– à la *flexibilité* du travail : les entreprises préféreront *a priori* se localiser dans des pays où les lois et règles encadrant le travail, sources de rigidités pour l'entreprise, sont peu contraignantes ;
– à la *présence de matières premières ou de travailleurs qualifiés* : si l'entreprise a besoin pour réaliser sa production de matières premières spécifiques ou de travailleurs possédant une qualification rare dans son pays d'origine, elle peut avoir intérêt à délocaliser une partie de sa production ;
– à la recherche *d'effets d'agglomération* : la présence conjointe sur un territoire d'entreprises réalisant le même type de production permet de profiter d'*externalités positives* (voir p. 40), liées à la présence proche de fournisseurs ou d'un bassin d'emploi correspondant aux besoins des entreprises. Une entreprise isolée sur son territoire national dans son activité peut ainsi être motivée à se délocaliser vers ces *pôles de compétitivité*.

Se rapprocher des consommateurs

La localisation à l'étranger peut aussi être motivée par un désir de se rapprocher des consommateurs.
– L'entreprise peut ainsi toucher des consommateurs qu'elle ne pourrait sans cela atteindre, son activité n'étant pas exportable (c'est le cas de nombreux services, tel que par exemple les restaurants Mac Donald).
– Elle peut également mieux répondre aux besoins des consommateurs et à leur évolution, en particulier en terme de différenciation et de personnalisation, car elle est proche d'eux, ce qui lui permet d'être plus réactive.
– Enfin, elle peut améliorer son image de marque, en se donnant une image d'entreprise nationale auprès des consommateurs, alors qu'elle est étrangère (exemple : communication autour des emplois créés).

Contourner les barrières protectionnistes

Une localisation à l'étranger permet à l'entreprise de ne pas subir de droits de douanes lors de la vente de ses produits, ce qui accroît sa compétitivité-prix. De même, dans le cas de quotas d'importation de la part du pays étranger, ou d'accords d'autolimitations réalisés avec le pays d'origine de la firme, elle peut ainsi vendre un nombre illimité de produits aux consommateurs de ce pays.

LES STRATÉGIES DE MULTINATIONALISATION

Les stratégies d'implantation à l'étranger découlent de la réponse à deux principales questions : Quelles unités de production implanter à l'étranger ? Où les implanter ? Les réponses apportées à ces questions varient selon les priorités des firmes, mais aussi en fonction de la période considérée. Selon W. Andreff, dans son ouvrage *Les multinationales globales*, les FMN seraient ainsi passées de stratégies globalement qualifiées de « banales » à des stratégies plus « globales ».

Les stratégies banales

Les stratégies banales reposent sur une vision encore nationale des firmes, dont la maison-mère reste marquée par son ancrage local. Ces stratégies banales sont principalement de trois types :

- Les *stratégies d'approvisionnement* (appliquées par les premières FMN au XIXe siècle) ; les implantations étaient réalisées à l'étranger pour approvisionner la société mère en matières premières qu'elle ne trouvait pas sur son sol national.
- Les *stratégies de marché* (apparues au XXe siècle) : les IDE réalisés visent à prolonger l'activité d'exportation par une production sur le lieu même des marchés étrangers. Les filiales, qualifiées de *filiales relais*, produisent les mêmes produits que la société mère, auxquels ils se substituent. La principale motivation pour la firme à ce type de stratégie est de se rapprocher des marchés où la demande est importante.
- Les *stratégies de décomposition internationale du processus productif* (apparues vers le milieu des années 1960). Les firmes localisent différents segments du processus de production dans différents pays. Elles tirent parti de coûts de production (par exemple les salaires) plus faibles dans les pays hôtes et d'économies d'échelle dues à la forte spécialisation de *filiales ateliers*, qui ne produisent pas le même produit fini que celui de la maison-mère (contrairement aux filiales relais). Cette stratégie est liée à la complexification des modes de production : plus un produit est complexe, plus il contient de composants qui peuvent être fabriqués de façon autonome les uns des autres, plus il offre de possibilités de DIPP.

Les stratégies globales

- Dans les années 1980, de nouvelles stratégies ont vu le jour. Elles ont en commun d'être « globales », au sens où les firmes intègrent dans leur stratégie l'ensemble des paramètres de localisation : stratégie de marché, mais aussi rationalisation de la production avec une recherche du moindre coût, et aussi et surtout recherche d'une rentabilité financière accrue avec une prise en compte des exigences des actionnaires liées à la volatilité internationale des capitaux.
- Les FMN ont alors une vision plus mondiale, globalisant leur stratégie à l'échelle de la planète. La recherche d'une rentabilité maximale se traduit par :

– le développement d'IDE *conglomératux* : les entreprises achetées à l'étranger ne réalisent plus la même production que la société-mère (IDE *horizontaux*), et ne se situent ni en amont ni en aval du processus productif (IDE *verticaux*) ; elles se trouvent à présent dans d'autres secteurs d'activité (exemple : Vivendi rachetant Universal), la motivation n'étant alors plus productive mais financière (s'implanter sur de nouveaux secteurs où les perspectives de rentabilité sont fortes) ;

– la recherche d'*économies d'échelles* (voir p. 26), qui implique pour la firme la nécessité d'atteindre une taille critique, grâce à des opérations de fusions internationales. Certains IDE horizontaux ont alors pour fonction d'accroître la taille du groupe, afin de permettre des restructurations à l'échelle internationale, et de créer ainsi des effets de synergie. La globalisation de la stratégie ne se réduit alors pas à la présence dans plusieurs pays, elle est aussi une *intégration organisationnelle*.

Les conséquences de la multinationalisation

L'impact négatif de la multinationalisation est régulièrement mis en avant, que ce soit en termes d'emplois ou de commerce extérieur. Mais les conséquences de la multinationalisation des firmes sont plus complexes qu'il n'y paraît et doivent être analysées dans leurs dimensions quantitatives et qualitatives.

La multinationalisation, destructrice d'emplois ?

– Les *délocalisations* correspondent à l'arrêt d'une activité productive sur le sol national, dans le but d'une relocalisation à l'étranger. Les FTN auraient ainsi un impact sur le commerce extérieur, en entraînant une diminution des exportations. Cela se traduit à terme par une diminution de la production réalisée sur le sol national, et, par voie de conséquence, du volume d'emplois nécessaires.

– Pour savoir si un pays est gagnant ou perdant en terme d'emplois suite aux délocalisations, il faut au préalable calculer le solde des délocalisations. En effet, si des entreprises nationales se délocalisent, des entreprises étrangères viennent dans le même temps s'implanter sur le sol national…

En fait, tout dépend du *contenu en emplois* des activités concernées : ainsi, si les activités délocalisées sont fortement utilisatrices de travail, alors que les activités localisées sont à forte intensité capitalistique, le solde en terme d'emplois sera négatif.

– Pour mesurer l'importance des délocalisations, on s'appuie généralement sur le montant des IDE (voir p. 128). Or, tous les IDE ne sont pas des délocalisations. Ainsi, la création d'une activité à l'étranger sans réduction de l'activité dans les pays d'origine (suite à une stratégie de marché par exemple), qui est une forme d'IDE, n'est en rien destructrice d'emplois dans le pays d'origine de l'entreprise.

Les impacts positifs de la multinationalisation

– Les délocalisations créent indirectement des emplois sur le sol national : emplois dans les services de logistique, de transport ou de gestion des relations entre la société-mère et ses filiales.

– Les délocalisations peuvent permettre à l'entreprise de rester compétitive grâce à la baisse des coûts ; et par voie de conséquence de sauvegarder des emplois qui sans cela auraient été détruits, voire d'en créer dans les branches d'activité non délocalisées.

– Suite à une délocalisation, l'entreprise nationale peut répercuter les économies réalisées en diminuant ses prix de vente sur le sol national, ce qui libère du pouvoir d'achat pour les consommateurs, d'où une hausse de la production et de l'emploi dans d'autres secteurs…

Une dimension qualitative à prendre en compte

Au-delà du solde comptable, la multinationalisation des firmes entraîne une restructuration des emplois, avec une disparition progressive des emplois non qualifiés dans les pays développés, compensée au moins en partie par la création d'emplois qualifiés.

L'IMPACT DE LA MULTINATIONALISATION SUR LES ÉCHANGES COMMERCIAUX

Le développement des IDE est-il un frein au commerce international, ou au contraire un moteur de ces échanges ?

Effets de complémentarité et de substitution

Les IDE peuvent avoir deux effets contraires sur le niveau des échanges internationaux : un effet de substitution, et un effet de complémentarité.

• *L'effet de substitution* met en avant l'impact négatif que les flux d'IDE peuvent avoir sur le commerce existant entre deux pays. Lorsqu'une entreprise implante une unité de production dans un pays étranger, elle réduit ses exportations vers ce pays, puisqu'elle substitue ces exportations par une production locale, découlant des IDE réalisés. C'est l'approche développée par les modèles néo-classiques de l'échange international, fondé sur les hypothèses du modèle de concurrence pure et parfaite (voir p. 32).

• À l'inverse, *l'effet de complémentarité* avance que les IDE existants entre deux pays peuvent être créateurs d'échanges entre ces deux pays. C'est l'approche développée par les modèles de concurrence imparfaite (voir p. 36).

IDE verticaux et horizontaux

Pour déterminer l'impact des IDE sur le commerce international, il faut distinguer les différents types d'IDE.

• Dans le cadre *d'IDE horizontaux*, la firme se contente de répliquer son unité de production d'origine dans différents pays. Dans ce cas, les IDE ont tendance à réduire le commerce international, car la firme, pour toucher des consommateurs étrangers, n'a plus besoin d'exporter ses produits.

• Dans le cadre *d'IDE verticaux*, la firme multinationale scinde sa production en unités morcelées dans différents pays, en fonction des avantages comparatifs apportés par chacun. On se trouve alors dans une logique de décomposition internationale des processus productifs (voir p. 130). Dans ce cas, les différentes filiales vont devoir s'échanger les différents biens et services qu'elles produisent séparément afin de proposer, en bout de chaîne, un produit fini. Ces différents échanges sont alors créateurs de commerce international.

Les analyses empiriques

• Tout d'abord, un constat : si les échanges impliquant les FTN représentent environ les deux tiers des échanges mondiaux, les échanges internationaux intra-firme, c'est-à-dire ceux exclusivement réalisés entre des unités de production du même groupe, représentent quant à eux environ le tiers des échanges mondiaux. Les FTN sont donc bien créatrices d'un commerce international, correspondant à celui qui naît des échanges entre leurs différentes filiales.

• De plus, les flux d'IDE sont fortement corrélés aux échanges internationaux de biens et de services. D'une part, depuis trois décennies, on assiste simultanément à une augmentation importante des échanges de biens et de services, mais aussi des IDE, ce qui montre bien que la multinationalisation des firmes n'est pas un obstacle au développement du commerce international.

• L. Fontagné et M. Pajot, en 1999, dans une étude portant sur vingt-et-un pays de l'OCDE sur la période 1980-1995, ont établi la corrélation suivante : une augmentation des IDE de 10 % en direction d'un pays étranger est associée à une croissance d'environ 5 % du flux d'exportations vers ce pays.

La régulation du commerce international

L'internationalisation des échanges s'est progressivement mise en place sous l'impulsion de pays choisissant volontairement de réduire leurs barrières aux échanges. Cette libéralisation a entraîné la création d'organismes de contrôle pour poser des règles et contrôler le comportement des agents économiques.

L'Organisation mondiale du commerce (OMC)

– L'*OMC* a été créée en avril 1994 par les accords de Marrakech, qui mettaient fin au GATT (*General Agreement on Tariffs and Trade*). Celui-ci, malgré un certain nombre de réussites, a en effet montré son incapacité à mener une réelle libéralisation des échanges dans tous les domaines. Entrée en fonction au premier janvier 1995, l'OMC a pour mission de libéraliser le commerce des biens et des services à l'échelle mondiale. Elle reprend tous les acquis réalisés dans le cadre du GATT, et cherche à étendre les accords de libéralisation des échanges à trois principaux domaines qui restent encore marqués par un fort protectionnisme : l'agriculture, les services et la propriété intellectuelle.
– Tout comme le GATT, l'OMC fonctionne par cycles de négociations, durant lesquels l'ensemble des pays membres se regroupe pour tenter de mettre en œuvre des mesures réciproques de libéralisation des échanges. Les dernières conférences de l'OMC, chargées de lancer de nouveaux cycles de négociation, se sont globalement soldées par des échecs (Seattle en 1999 et Cancun en 2003).
– L'OMC est actuellement confrontée à trois principaux défis : mieux intégrer les revendications des pays en développement ; prendre en compte les propositions de la société civile, et en particulier des ONG (organisations non gouvernementales) ; intégrer dans les négociations de nouveaux objectifs, tels que l'introduction du respect de normes sociales ou environnementales.
– L'OMC dispose d'un organe de règlement des différends (l'ORD), qui lui permet de sanctionner les pays ne respectant pas les accords passés.

Le Fonds monétaire international (FMI)

Le FMI a été créé en 1945 en vue de réguler le système monétaire international. Son principal rôle, surtout depuis le milieu des années 1970 et le passage à un système de changes flexibles (voir p. 146) est donc un rôle de « prêteur ». Il met à disposition des pays qui connaissent des déficits de leur balance des paiements courante les devises nécessaires. En échange de cette aide, il propose à ces pays la mise en place de plans d'ajustement structurel. Ces derniers visent à poser les conditions d'une disparition sur le long terme des déséquilibres financiers extérieurs de ces pays, *via* une libéralisation des économies, qui passe par une réduction du poids de l'intervention de l'État et par une ouverture aux échanges internationaux.

La Banque mondiale (BM)

La Banque Mondiale, créée en 1944, a pour objectif de lutter contre la pauvreté, principalement dans les pays en voie de développement, par des projets de développement ruraux, d'éducation, d'accès à l'eau, de santé, de développement urbain…

LE GATT (1947-1994)

Création et fonctionnement du GATT

• Dès 1946, au lendemain de la Seconde Guerre mondiale, alors que la coopération économique internationale est considérée comme le meilleur garant du maintien de la paix, des négociations sont lancées pour amorcer la réduction des barrières douanières. Elles déboucheront sur un simple accord, l'Accord général sur les tarifs douaniers et le commerce ou GATT (*General Agreement on Tariffs and Trade*), signé en octobre 1947 par vingt-trois pays. Le GATT, qui n'aura jamais le statut d'organisation internationale, est simplement un cadre de négociation dans lequel les pays se rencontrent afin de mettre mutuellement en œuvre des mesures de libéralisation des échanges.

• De 1947 à 1994, les accords se sont réalisés lors de négociations commerciales multilatérales (NCM).

Les cycles de NCM de 1947 à 1993

Cycles	Date	Membres	Décisions
1er cycle : Genève	octobre 1947	23 pays	104 accords de réduction des droits de douane
2e cycle : Annecy	avril – août 1949	33 pays	147 accords de réduction des droits de douane
3e cycle : Torquay	septembre 1950 – avril 1951	34 pays	Réduction des droits de douane de 25 % par rapport au niveau de 1948, une centaine d'accords (la RFA fait partie de la négociation)
4e cycle : Genève	janvier – mai 1956	22 pays	Réduction des droits de douane, environ 60 nouvelles concessions tarifaires
5e cycle : Dillon Round	septembre 1960 – juillet 1962	35 pays	49 accords bilatéraux de réduction des droits de douane (notamment entre la CEE et ses partenaires)
6e cycle : Kennedy Round	mai 1964 – juin 1967	48 pays	– Réduction des droits de douane de 35 % – Mesures anti-dumping (1)
7e cycle : Tokyo (ou Nixon) Round	septembre 1973 – avril 1979	99 pays	– Réduction des protections tarifaires de 34 % – Mesures de réduction des barrières non tarifaires
8e cycle : Uruguay Round	septembre 1986 – avril 1994	125 pays	– Réduction des droits de douane – Mesures de réduction des barrières non tarifaires – Négociations dans le domaine de l'agriculture, des services et des droits de propriété intellectuelle – Préférences commerciales pour les pays en développement (2) – Création de l'OMC

(1) le dumping est une situation dans laquelle une entreprise choisit volontairement de vendre son bien à l'étranger à un prix inférieur à son coût de production.

(2) Les pays en développement peuvent se voir accorder des réductions tarifaires sans être obligés d'en accorder en retour. De même, ils peuvent profiter de réductions tarifaires sans que le pays ayant accordé ces réductions ne soit contraint de les accorder à tous les autres pays.

Les fondements du libre-échange

La seconde moitié du XXe siècle a été marquée par une internationalisation croissante des économies. Cette internationalisation, que l'on nomme aussi « mondialisation » ou « globalisation », prend sa source dans les justifications du libre-échange, présentées dès la fin du XVIIIe siècle par les économistes classiques.

Des avantages absolus aux avantages relatifs

– Selon Adam Smith, deux pays qui commercent en se spécialisant chacun dans la production du bien dans lequel ils ont un *avantage absolu*, c'est-à-dire dans lequel ils réalisent plus efficacement la production du bien que l'autre pays, connaîtront une croissance économique plus forte qu'en restant en autarcie.
– La théorie de Smith n'est valable que dans le cas où un pays dispose d'un *avantage absolu* dans au moins un produit par rapport à un autre pays. Si ce n'est pas le cas, il n'a pas intérêt à échanger, car il serait alors perdant.
– David Ricardo a élargi la théorie de Smith, en montrant, par sa théorie des *avantages comparatifs (ou avantages relatifs)*, que, dans toutes les situations, les pays sont nécessairement mutuellement gagnants à l'échange.

Les bienfaits du libre-échange

– Selon A. Smith, la *division du travail* est source de création de richesses, car elle accroît la productivité des travailleurs (voir p. 66). Or, le libre-échange va permettre une spécialisation internationale des pays, source d'une extension de la division du travail au niveau international. Les bienfaits de la division du travail en sont ainsi approfondis.
– Le libre-échange est source d'une *meilleure allocation des ressources*. Dans chaque pays, les différents facteurs de production sont plus ou moins performants pour accomplir telle ou telle production. En autarcie, certains facteurs de production vont devoir être alloués à des activités pour lesquelles ils ne sont pas les plus efficaces. Grâce au commerce international, les pays en question vont pouvoir abandonner ces activités, et réallouer les facteurs de production ainsi libérés à la production de biens qu'ils produisent relativement plus efficacement.
– Enfin, l'accroissement de la production engendrée par l'ouverture des marchés va permettre aux entreprises de bénéficier d'*économies d'échelles*, sources d'une plus grande efficacité des facteurs de production (cette idée est développée dans les nouvelles théories du commerce international, voir p. 140).

La théorie Hecksher, Ohlin et Samuelson (HOS)

Ces auteurs ont prolongé la théorie ricardienne, en expliquant l'origine des avantages comparatifs. Selon eux, un pays possède un avantage comparatif dans la production du bien qui utilise le plus intensivement le facteur de production le plus abondant sur le territoire national. Ainsi, un pays en voie de développement, où la main-d'œuvre est abondante et peu chère, va se spécialiser dans la production de biens nécessitant beaucoup de travail dans sa réalisation. En effet, les salaires versés vont être plus faibles que dans un pays développé où la main-d'œuvre est plus rare (jeu de l'offre et de la demande), qui lui se spécialisera dans la production d'un bien demandant beaucoup de capital. Ce faisant, les pays s'échangeront indirectement les facteurs de production rares sur leur territoire.

LA DIVISION INTERNATIONALE DU TRAVAIL

Les avantages absolus

La théorie de A. Smith s'appuie sur un tableau qui présente la situation de deux pays produisant chacun en autarcie les deux mêmes biens.

Nombre d'heures de travail nécessaires à la production d'une unité de chacun des biens

	Vin	Drap	Total
Angleterre	100	60	160
Portugal	50	80	130
Total	150	140	290

• Les coûts de production dépendant du nombre d'heures de travail nécessaires à la réalisation d'une unité du bien en question, et le prix de vente dépendant du coût de production, le prix de vente du drap sera plus faible en Angleterre qu'au Portugal, et le prix de vente du vin plus faible au Portugal qu'en Angleterre. Par conséquent, les deux pays ont intérêt à échanger : les Anglais obtiendront du Portugal du vin meilleur marché que celui produit chez eux, et les Portugais du drap anglais meilleur marché que le leur. Suite à la spécialisation, l'Angleterre va cesser de produire du vin, et le Portugal du drap.

• Grâce à la spécialisation internationale, le nombre de facteurs de production nécessaires à la production des biens a donc diminué. Par conséquent, les coûts de production diminuent, ce qui entraîne une baisse des prix de vente, donc un accroissement de la consommation, source de hausse de la production. Les facteurs de production inemployés du fait de la spécialisation sont de nouveau employés.

• Au final, grâce à la spécialisation, le nombre de facteurs de production employé est le même, mais le niveau de production est supérieur ; le libre-échange est donc source de croissance économique.

Les avantages comparatifs

• D. Ricardo part d'une situation où l'un des deux pays ne possède pas d'avantage absolu.

	Vin	Drap	Total
Angleterre	120	100	220
Portugal	80	90	170
Total	200	190	390

• Malgré tout, si on calcule les avantages comparatifs, les deux pays gagnent à se spécialiser.

	Vin/Drap	Drap/Vin
Angleterre	1,2	0,83
Portugal	0,88	1,125

Le tableau se lit ainsi : en autarcie, une unité de vin s'échange contre 1,2 unité de drap en Angleterre (120/100), alors que la même unité de vin s'échange contre 0,88 unité de drap au Portugal (80/90). À l'inverse, une unité de drap s'échange contre 0,83 unité de vin en Angleterre, et contre 1,125 unité de vin au Portugal. À partir ce constat, chaque pays a-t-il intérêt à se spécialiser et à échanger ?

– Cas de l'Angleterre : à chaque fois qu'une entreprise anglaise produira sur son sol une unité de drap, elle obtiendra en échange 0,83 unité de vin de la part d'une autre entreprise anglaise. Or, si elle avait pu commercer avec le Portugal, elle aurait obtenu, en échange d'une unité de drap, 1,125 unité de vin. Elle obtiendrait donc plus de vin en situation de libre-échange.

– Cas du Portugal : à chaque fois qu'une entreprise portugaise produira sur son sol une unité de vin, elle obtiendra en échange 0,88 unité de drap de la part d'une autre entreprise portugaise. Or, si elle avait pu commercer avec l'Angleterre, elle aurait obtenu, en échange d'une unité de vin, 1,2 unité de drap. Elle obtiendrait donc plus de drap en situation de libre-échange.

• Si on fait les mêmes calculs avec la spécialisation inverse, les deux pays auraient été perdants à l'échange.

• La meilleure situation est donc celle dans laquelle les deux pays se spécialisent dans la production dans laquelle ils ont un avantage comparatif, ou un moindre désavantage relatif.

Nouvelles théories du commerce international

Si la théorie ricardienne a été à la base de l'ouverture internationale des économies, elle n'est cependant pas apte à rendre compte de la réalité des échanges. En particulier, ses hypothèses l'amènent à exclure de son champ d'analyse la multinationalisation des firmes et l'existence d'échanges intra-branches.

Les théories visant à compléter la vision traditionnelle

– L'*approche néo factorielle* : W. Leontieff, désirant valider l'approche HOS (voir p. 138), a calculé les dotations factorielles des exportations et importations américaines en 1953. Il s'attendait à ce que les exportations soient intensives en capital (qui est le facteur de production abondant sur le territoire américain), et les importations intensives en travail. Or, les résultats sont exactement contraires à ceux attendus : c'est le *paradoxe de Leontieff*. Les théories néo-factorielles vont alors tenter de sauver le modèle HOS en posant que les facteurs de production sont hétérogènes : ainsi, les États-Unis sont en fait un pays où le travail qualifié est abondant ; et justement, les exportations américaines sont abondantes en travail qualifié, et les importations abondantes en travail non qualifié.

– L'*approche néo-technologique* tente d'expliquer les échanges internationaux en terme d'écart technologique : les pays en avance technologiquement possèdent un avantage comparatif dans la production de biens technologiques. Cela prolonge l'idée ricardienne selon laquelle les différences de productivité entre pays proviennent de différences de technologie (contrairement au modèle HOS où la technologie est identique dans tous les pays, qui ne diffèrent que par leurs dotations factorielles).

Les théories visant à dépasser la vision traditionnelle

– L'*approche par les économies d'échelles* : la spécialisation internationale dépend de la taille des firmes (*économies d'échelles internes*) ou de la taille des pays (*économies d'échelles externes*). Il existe par conséquent des *effets d'agglomération*, qui incitent toutes les entreprises d'un même secteur à se localiser au même endroit ; le pays en question se spécialisera alors dans cette production.

– L'*approche par la demande* : elle vise à expliquer l'existence d'*échanges intra-branches* (produits similaires). Alors que les théories traditionnelles expliquaient les spécialisations à partir de l'offre des entreprises, ces nouvelles théories insistent sur l'impact de la demande comme source des échanges internationaux.

– Enfin, certaines théories avancent que les avantages comparatifs peuvent se construire à partir de politiques publiques (subventions, droits de douanes…). Dans la théorie ricardienne, les avantages comparatifs sont donnés une fois pour toute, et les pays doivent s'y adapter ; c'est donc une théorie assez fataliste. De même, toutes les spécialisations se valent ; tous les pays sont mutuellement gagnants à l'échange, et ce quel que soit le bien dans lequel ils se spécialisent. Or, ces nouvelles théories vont mettre en avant le fait que certaines spécialisations sont plus porteuses de croissance que d'autres (produits à hautes technologies par exemple) ; les pays ont donc intérêt à se construire des avantages comparatifs dans ces domaines. L'intervention publique, pour orienter les avantages comparatifs, est alors légitimée comme partie prenante du commerce international.

LES ÉCHANGES INTRA-BRANCHES

L'existence d'échanges intra-branches

• L'expression « échanges intra-branches » désigne les importations et exportations de produits similaires entre pays, c'est-à-dire de produits relevant de la même branche d'activité. Les échanges manufacturiers intra-branches ont notablement progressé depuis la fin des années 1980 dans de nombreux pays de l'OCDE.

• Ce type d'échanges ne cadre pas avec la théorie traditionnelle du commerce international. Selon elle, les pays devraient se spécialiser dans des productions différentes, et donc s'échanger des produits différents. Or, là, les produits échangés sont proches, car compris dans la même branche d'activité.

Exportations et importations par groupe de produits en 2014 (en milliards d'euros)

	Exportations FAB	Importations CAF
Agriculture, sylviculture et pêche	**15,5**	**12,2**
Industrie manufacturière, industries extractives et autres	**430,9**	**482,2**
Industries extractives, énergie, eau...	11,3	49,1
Denrées alimentaires, boissons...	44,2	37,7
Cokéfaction et raffinage	16,3	29,1
Équipements électriques, électroniques, informatiques ; machines	82,5	102,2
Matériels de transport	96,6	68,3
Autres produits industriels	180,2	195,7
Services principalement marchands	**122,9**	**136,2**
Commerce	5,3	8,3
Transports et entreposage	28,9	41,2
Information et communication	14,1	17,6
Activités financières et d'assurance	12,2	5,0
Activités scientifiques et techniques ; services adm. et de soutien	57,9	60,1
Services principalement non marchands	**0,8**	**0,7**
Total des produits	**570,1**	**631,2**

Champ : France.
Source : Insee, Comptes nationaux – base 2010.

Comment expliquer ces échanges ?

• *L'approche par la demande représentative* : selon S. Linder, les conditions de la production au sein d'un pays dépendent des conditions de la demande. En effet, dans un premier temps, les perspectives de vente sont avant tout nationales ; les producteurs vont donc produire des biens correspondants à ceux recherchés par la population locale. Le marché extérieur n'est alors que le prolongement du marché intérieur. Plus les pays sont semblables, et plus la gamme des produits exportables est identique à la gamme des produits importables. Les échanges s'effectuent donc entre pays semblables et concernent des produits proches, qui recherchent de nouveaux débouchés sur des marchés extérieurs où la demande pour ce type de produit existe déjà.

• *L'approche par la différenciation des produits* : les produits d'une même branche ne sont pas identiques. Ils sont hétérogènes dans leurs caractéristiques, même si leur utilité est la même (couleur, packaging, publicité...). Selon B. Lassudrie-Duchêne, la demande des consommateurs est une demande de différence dans la similarité : les agents économiques demandent en fait un ensemble de caractéristiques. Or, les produits d'une même branche diffèrent par les caractéristiques offertes. Par conséquent, un consommateur français qui désire acheter une voiture pourra très bien être attiré par une voiture allemande, car les caractéristiques de cette voiture correspondront mieux à ses besoins que celles des voitures françaises (et vice versa pour un Allemand).

Le protectionnisme

L'ouverture croissante des économies tout au long de la seconde moitié du XXe siècle a été de pair avec la restriction progressive des mesures protectionnistes, qui avaient justement pour fonction de limiter les échanges entre pays. Certaines conséquences, de la mondialisation considérées comme néfastes, ont remis en lumière les théories justifiant le protectionnisme.

Les différentes formes du protectionnisme

Le protectionnisme correspond à toutes les mesures prises pour protéger l'économie d'un pays contre la concurrence exercée par les entreprises étrangères.

– Le *protectionnisme tarifaire* : il vise, par l'instauration de droits de douanes frappant les produits étrangers, à accroître le prix de vente de ces biens, afin d'en limiter la consommation nationale.

– Le *protectionnisme non tarifaire* : ce sont les restrictions quantitatives (quotas, contingentements) ; le commerce administré (accords conclus entre deux pays pour limiter « volontairement » les exportations de l'un vers l'autre) ; l'imposition de normes diverses, techniques, sanitaires ou autres (*protectionnisme gris* ou *administratif*).

– Le *protectionnisme monétaire et financier* : il s'agit de manipuler le taux de change (voir p. 146) pour accroître la compétitivité-prix des entreprises nationales.

La théorie du « protectionnisme éducateur » de F. List

Si un pays désire développer sur son sol une nouvelle activité, il devra temporairement la protéger. En effet, une entreprise doit atteindre un certain volume de production pour être rentable, afin de compenser ses coûts fixes. Sans protectionnisme, les produits étrangers, déjà rentables du fait du volume de production déjà réalisé sur leur sol, arriveraient en masse dans le pays à un prix inférieur à celui de la production locale. Les entreprises du pays disparaîtraient rapidement. Il faut donc protéger cette production jusqu'au moment où les entreprises nationales auront atteint un volume de production suffisant pour devenir compétitives. Cette théorie a été mise en avant au XIXe siècle par Friedrich List dans le cadre du Zollverein.

Les autres arguments en faveur du protectionnisme

– La *théorie de l'industrie sénescente* : l'objectif est de protéger temporairement les industries vouées à disparaître, afin de donner le temps aux entreprises concernées et aux pouvoirs publics de pouvoir réallouer efficacement les facteurs de production concernés.

– L'*argument de l'indépendance* : certaines activités peuvent être considérées comme essentielles. Elles doivent alors rester nationales, même si elles ne sont pas compétitives (défense, agriculture).

– La *politique commerciale stratégique* : l'échange est source de gains. Or, ces derniers ne sont pas nécessairement répartis égalitairement entre les différents pays. Par des mesures protectionnistes ciblées, un pays peut s'accaparer une partie de ces gains.

– L'*argument de la concurrence déloyale* : un pays peut estimer subir une concurrence déloyale, du fait par exemple de pays autorisant le travail des enfants ou ne respectant pas certaines normes sociales (voir p. 144). Des mesures protectionnistes peuvent alors servir à rééquilibrer le rapport de forces.

LES POLITIQUES COMMERCIALES STRATÉGIQUES

Selon la théorie ricardienne, le commerce international est un jeu à somme positive. Cependant, cette théorie ne pose pas la question de la répartition du gain ainsi créé. Selon l'économiste Paul Krugman, un pays peut, par des mesures protectionnistes ciblées et appropriées, influer sur ce partage.

L'exemple Boeing / Airbus

• Cet exemple montre les bienfaits apportés par une subvention publique à une entreprise. Voici la matrice des gains dans le cas où aucun des pays ne subventionne son entreprise nationale :

		Airbus	
		Produit	Ne produit pas
Boeing	Produit	Airbus = – 10 Boeing = – 10	Airbus = 0 Boeing = 100
	Ne produit pas	Airbus = 100 Boeing = 0	Airbus = 0 Boeing = 0

Source : d'après Krugman, 1987.

• Dans cette situation, les deux entreprises n'ont pas intérêt à produire ensemble, car alors elles perdraient toutes deux de l'argent. Le cas de gros porteurs, où le marché est quantitativement limité et les coûts fixes très élevés, en est un bon exemple. Si les entreprises se partagent le marché, aucune des deux ne parviendra à écouler suffisamment d'avions pour atteindre son seuil de rentabilité (voir p. 26). Krugman pose l'hypothèse qu'une des deux entreprises à « un coup d'avance » sur l'autre : elle peut décider en premier si elle produit ou non (par exemple, son avion est déjà prêt). Imaginons que ce soit Boeing. Dans ce cas, rationnellement, Boeing décidera de produire, car il saura qu'Airbus, par la suite, ne produira pas ; en effet, si Airbus décidait de produire alors que Boeing produit déjà, Airbus serait sûr de... perdre de l'argent. Les seuls gains de l'échange possibles vont être entièrement accaparés par l'entreprise américaine. L'Union européenne peut alors agir en accordant des subventions à Airbus. Si Airbus reçoit, en cas de production, une subvention de + 20, qu'elle devra à terme rembourser, on obtient alors la matrice ci-après :

		Airbus	
		Produit	Ne produit pas
Boeing	Produit	Airbus = + 10 (– 10 + 20) Boeing = – 10	Airbus = 0 Boeing = 100
	Ne produit pas	Airbus = 120 (100 + 20) Boeing = 0	Airbus = 0 Boeing = 0

• Airbus a alors tout intérêt à entrer sur le marché, car l'entreprise est sûre de gagner de l'argent, que Boeing décide de produire ou non. Dans ce cas, Boeing sait qu'Airbus va entrer et à donc tout intérêt, pour minimiser ses pertes potentielles, à ne pas entrer sur le marché. Airbus pourra alors rembourser l'aide publique reçue. Pour les Européens, l'avantage de cette subvention de + 20 est d'accroître le gain européen de + 100, ce montant correspondant au gain jusqu'alors accaparé par l'entreprise américaine.

Les limites de la théorie de Krugman

• La principale limite de cet exemple est qu'il est difficile de croire que, dans cette situation, le gouvernement américain ne réagisse pas et ne décide pas à son tour de subventionner Boeing afin de redonner à l'entreprise américaine une position de force. On assisterait alors à une véritable « course à la subvention » qui n'aurait pas d'intérêt, car l'avantage recherché par un pays serait aussitôt annulé par le surcroît de subvention accordé par l'autre pays. De plus, l'intérêt d'une subvention au niveau global est nul ; ce qu'un pays gagne, l'autre le perd.

• Pour toutes ces raisons, l'Organisation mondiale du commerce (voir p. 136) cherche à mettre en place des mesures visant à interdire, ou du moins fortement limiter les possibilités de subvention, afin d'éviter les pratiques anti-concurrentielles.

Le dumping social

Les craintes liées à l'internationalisation des échanges dans les pays développés portent en partie sur la concurrence déloyale qu'exerceraient les pays en voie de développement sur un certain nombre de produits. Avec des coûts de production très bas, ces pays parviendraient à gagner des parts de marché. Cependant, le concept même de dumping social est sujet à caution.

Qu'est-ce que le « dumping social » ?

– *Le dumping* est une situation dans laquelle une entreprise choisit de vendre son produit à un prix inférieur à son coût de production. Sur chaque vente, elle perd donc de l'argent, mais cela lui permet d'attirer les consommateurs, et donc d'éliminer ses concurrents. À terme, elle pourra donc augmenter ses prix, et réaliser des profits qui lui permettront de compenser les pertes temporairement subies. Cette pratique est légalement interdite.

– Le « *dumping social* » est une notion qui est très éloignée de cette situation. L'entreprise qui le pratique vend en effet au-dessus de son coût de production. Cependant, elle va « profiter » d'une localisation lui assurant des conditions très avantageuses en terme de réglementations et de coût du travail pour obtenir des coûts de production faibles, qui vont lui donner un avantage compétitif sur ses concurrents, localisés ailleurs. On peut donc parler de « dumping social » à propos d'entreprises de pays développés qui partiraient se délocaliser dans des pays à faible protection sociale afin de minimiser leurs coûts de production, ou d'États qui mettraient sciemment en pratique des politiques de restriction des droits sociaux des travailleurs (libéralisation du marché du travail, diminution des charges sociales et des prestations sociales…) afin de rendre plus attractif leur territoire.

Des conséquences diverses

– Face à la concurrence d'entreprises pratiquant le « *dumping social* », les entreprises toujours localisées dans les pays développés s'exposent à une réduction de leur compétitivité. À terme, cette réduction risque de provoquer des vagues de délocalisation et, par voie de conséquence, un appauvrissement des pays développés et une augmentation du chômage.

– S'il est vrai que les pays à faibles coûts salariaux proposent des produits à des prix défiants toute concurrence, toutes les productions n'y sont pas réalisables. Les activités à forte valeur ajoutée (c'est-à-dire demandant beaucoup de capital et de travail qualifié) ne peuvent être délocalisées dans des pays où la main-d'œuvre est peu qualifiée. On ne peut en effet durablement avoir des travailleurs qualifiés peu payés. Par conséquent, ce « *dumping social* » ne concerne que des activités qui sont de toute façon, du fait de la division internationale du travail (voir p. 139), vouées à disparaître dans les pays développés.

– Chaque pays possède des avantages compétitifs. L'avantage des pays en voie de développement est lié à de faibles coûts salariaux. S'ils devaient se voir imposer des normes sociales équivalentes à celles des pays développés, alors même que leur niveau de développement correspond à peine à celui des pays développés du XIXe siècle (où il n'y avait alors pas de normes sociales), leurs possibilités de développement risqueraient d'être remises en question.

FAUT-IL CRAINDRE LES PAYS À FAIBLES COÛTS SALARIAUX ?

Des coûts horaires du travail inégaux

Coût horaire du travail dans le secteur manufacturier en 2012 (en dollars)

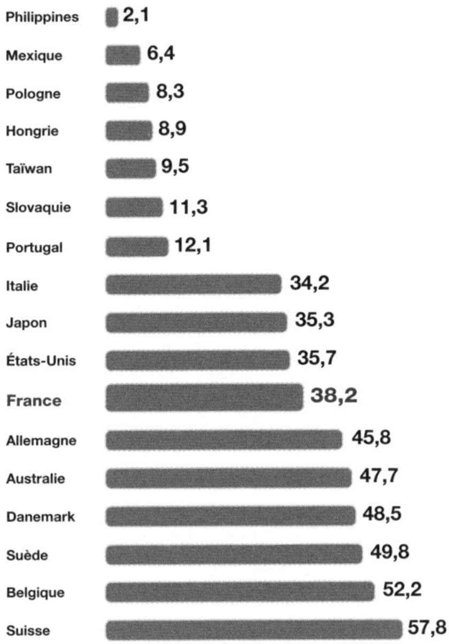

Source : *Alternatives Économiques*, hors-série n° 100, février 2014.

Entre les différentes régions du monde, et au sein même de l'Europe, il existe d'importantes disparités de coût de la main-d'œuvre horaire entre les pays les plus riches et les autres.

Le dumping social, source de délocalisations ?

La notion de dumping social

(...) La concurrence des pays à faible protection sociale dans les industries traditionnelles à forte intensité de main-d'œuvre est devenue de plus en plus tangible (...).

L'inconvénient majeur du haut niveau de protection sociale existant en Europe est que le coût du travail y est plus élevé que dans d'autres pays. Cela peut engendrer des délocalisations.

Certains pays n'hésitent pas, d'ailleurs, à faire la publicité de leur faible coût du travail ou de leur maigre protection sociale. On trouve, par exemple, au Bangladesh, des affiches racoleuses invitant à s'installer dans ce pays pour un « *optimum profit* » et déclarant que ce pays « *offre les coûts les plus bas mais une force de travail productive* ». Elles affirment aussi que « *les lois y interdisent la constitution de syndicats dans certaines zones et que les grèves y sont illégales* » !

Gaëtan Gorce, *Rapport d'information sur le dumping social en Europe*.

L'importance de la productivité

En fait, le différentiel de coût salarial explique peu les investissements à l'étranger. 80 % des investissements directs étrangers se font dans les pays à hauts salaires. (...) Cela ne veut pas dire que certains secteurs, pour lesquels les coûts salariaux sont une part importante des coûts totaux, ne sont pas attirés par les pays à bas salaires. Dans ce cas, on oublie souvent que les différentiels de salaires surestiment l'économie que fait une entreprise en se délocalisant dans les pays à bas salaires. C'est oublier que ces pays ont une productivité du travail beaucoup plus faible que la France, ce qui y augmente le véritable coût du travail.

Philippe Martin, « Délocaliser pour respirer », *Libération*.

Le marché des changes

Les valeurs des monnaies fluctuent quotidiennement les unes par rapport aux autres. Les critères explicatifs de ces variations sont multiples. Cependant, la manière dont se détermine et fluctue la valeur des monnaies dépend du régime de change adopté. Nous sommes globalement passés d'un système de changes fixes jusque dans les années 1970 à un système de changes flexibles.

Marché des changes et SMI

– Le marché des changes est le marché sur lequel se confrontent l'offre et la demande de monnaies étrangères contre de la monnaie nationale. Les devises s'y échangent les unes contre les autres, en fonction d'un *taux de change*, qui se définit comme le prix auquel une monnaie s'échange contre une autre monnaie. Par exemple, si le taux de change euro/dollar est de 2, cela signifie que l'on peut échanger 1 euro contre 2 dollars, ou 1 dollar contre 0,50 euro.

– Le fonctionnement du marché des changes dépend du type de *système monétaire international* (SMI) mis en place, un SMI étant l'ensemble des règles et des institutions définissant les modes de détermination du cours des monnaies, et donc des taux de change.

Les régimes de changes

Il existe deux grands types de systèmes de change : le *régime de changes (ou de parités) fixes*, et le *régime de changes (ou de parités) flottants*, aussi nommé régime de flottement.

– Dans un régime de changes fixes, il existe une parité officielle autour de laquelle les cours effectifs des monnaies ne doivent que faiblement varier. Une référence fixe alors la parité officielle. Cette référence peut être la valeur de l'or, chaque monnaie ayant une valeur précise définie en or (système de « l'étalon-or ») ; ou la valeur d'une devise précise, telle que le dollar (système mis en place lors des accords de Bretton Woods en 1944, où seul le dollar était convertible en or, les autres monnaies étant uniquement convertibles en dollar).

Il peut aussi exister, des *régimes de parités fixes sans étalon*, lorsque les parités officielles des monnaies se définissent deux à deux (exemple : dans le cadre du SME, 3,50 FF = 1 DM ; 10 FF = 1 £...). Dans ce système, les autorités monétaires nationales interviennent sur les marchés financiers pour défendre la valeur de leur monnaie si besoin est.

– Dans le régime de changes flottants, les monnaies n'ont pas de parité officielle. Leur cours peut fluctuer librement sur le marché des changes, en fonction de l'offre et de la demande de chacune des monnaies. Le flottement peut être *administré*, lorsque les autorités monétaires nationales peuvent éventuellement intervenir sur les marchés financiers pour soutenir la valeur de leur monnaie ; il peut aussi être *pur*, lorsque les autorités monétaires ne peuvent intervenir.

Les Accords de la Jamaïque

Le système de changes fixes a été le système dominant jusqu'au début des années 1970. Ce système a été officiellement abandonné en 1976 lors des Accords de la Jamaïque, qui posent que plusieurs régimes de change peuvent coexister dans le monde. Le flottement est aujourd'hui la règle au niveau mondial. Il n'est cependant pas pur, les autorités monétaires pouvant toujours chercher à influer sur la valeur des monnaies.

LES DÉTERMINANTS DU TAUX DE CHANGE

L'offre et la demande

• Dans un système de changes flexibles, la valeur d'une monnaie est déterminée par la rencontre entre l'offre et la demande de cette monnaie. Cette offre et cette demande peuvent elles-mêmes être motivées par quatre comportements distincts :
– des touristes voulant changer leur monnaie ;
– des entreprises ayant vendu leur production à l'étranger, et cherchant à échanger cette monnaie étrangère en monnaie nationale ;
– des spéculateurs cherchant à anticiper l'évolution de la valeur d'une monnaie ;
– des investisseurs cherchant à investir leurs capitaux dans un pays étranger.

• Plus la demande d'une monnaie est élevée par rapport à son offre, et plus sa valeur va augmenter. Cette valeur est donc liée au solde de la balance des transactions courantes (voir p. 124), et à la capacité du pays à attirer des investisseurs étrangers.

La comparaison des taux d'intérêts réels

• Lorsqu'un agent économique a le choix entre la possession de différentes monnaies (par exemple à des fins de spéculation), il souhaite *a priori* détenir la monnaie qui ne perdra pas de valeur avec le temps. Il faut donc que le pays dans lequel cette monnaie a cours connaisse un taux d'inflation faible et des taux d'intérêts nominaux élevés. En effet, on calcule les taux d'intérêts réels (t_i) à partir de la formule suivante :

t_i = taux d'intérêt nominal – taux d'inflation

• Par exemple, un placement à un taux d'intérêt nominal de 5 %, dans un pays où le taux d'inflation est de 5 %, n'enrichit pas l'épargnant ; les intérêts qu'il touche compensent simplement la perte de valeur de la monnaie, de telle sorte que le pouvoir d'achat de son épargne reste constant.

• Par conséquent, la demande d'une monnaie dont le pays propose des taux d'intérêts réels plus élevés que ceux d'un autre pays devrait être plus forte, ce qui devrait amener à une appréciation de la valeur de cette monnaie.

L'intervention des banques centrales

• L'une des missions potentielles d'une banque centrale est de contrôler la valeur de sa monnaie par rapport aux autres monnaies. Elle dispose pour cela de réserves de change, c'est-à-dire de devises étrangères, qu'elle obtient grâce aux exportations réalisées par les entreprises nationales (en effet, lorsqu'une entreprise française exporte aux États-Unis, elle obtient des dollars qu'elle va ensuite déposer à sa banque contre des euros, cette banque l'échangeant à son tour à la banque centrale contre de la monnaie banque centrale).

• Or, lorsqu'une monnaie perd de sa valeur, et que la banque centrale souhaite qu'elle reprenne son ancienne valeur, elle peut directement intervenir sur les marchés internationaux en revendant des devises étrangères contre sa monnaie nationale.

• Face à l'importance des volumes mondiaux d'échanges de monnaie, cette possibilité d'intervention est aujourd'hui limitée.

Anticipations autoréalisatrices et confiance dans l'économie

Ce déterminant concerne plus particulièrement les spéculateurs.

• Soit le taux de change euro/dollar suivant : 1 euro = 1 dollar. Si un spéculateur américain anticipe que, dans 6 mois, le taux de change sera de 1 euro = 2 dollars (accroissement de la valeur de l'euro par rapport à celle du dollar), il a alors intérêt à échanger aujourd'hui ses dollars contre des euros. En effet, s'il possède 100 000 dollars, il va les échanger contre 100 000 euros et si son anticipation se réalise, il échangera dans 6 mois ses 100 000 euros contre 200 000 dollars.

• Ainsi, si les agents économiques spéculateurs anticipent un accroissement de la valeur d'une monnaie, ils vont procéder à des achats en masse… ce qui va entraîner une hausse de la demande de cette monnaie, et donc une appréciation de son cours ! On parle alors d'*anticipations autoréalisatrices*.

L'évolution de la valeur des monnaies

Les cours des monnaies varient quotidiennement les uns par rapport aux autres. Après une longue période de dépréciation, le cours de l'euro est ainsi remonté par rapport à celui du dollar depuis 2002. Or, toute variation de la valeur d'une monnaie a des conséquences sur l'activité économique.

Les conséquences positives de la dépréciation

Prenons l'hypothèse d'une dépréciation de l'euro par rapport au dollar.
– L'*impact positif sur les exportations* : suite à la dépréciation de l'euro, les produits exportés des pays l'utilisant vers des pays dont la monnaie d'échange est le dollar gagnent en compétitivité-prix. Cet accroissement de la compétitivité-prix devrait conduire à une augmentation des exportations, source d'accroissement de l'activité économique dans les pays européens.
– L'*impact négatif sur les importations* : l'impact est inverse pour les produits américains importés en Europe, qui voient leur compétitivité-prix diminuer. La demande des consommateurs européens devrait donc se détourner des produits américains pour se reporter vers des produits européens, redevenus plus compétitifs.
Globalement, une dépréciation de la valeur de l'euro devrait entraîner une amélioration du solde de la balance des transactions courantes pour les pays européens (voir p. 124), et donc un accroissement de l'activité économique en Europe.

Les conséquences négatives de la dépréciation

Certains produits importés correspondent à des importations *incompressibles*, c'est-à-dire à des produits que les Européens ne savent pas (ou peu) produire (exemple : le pétrole). L'augmentation de leur prix ne va alors pas conduire à une réduction de leur demande, puisqu'il n'existe pas de produits de substitution. Par conséquent, la dépréciation de la valeur de l'euro va :
– augmenter le montant global en euros des achats de produits importés, ce qui tend à dégrader le solde de la balance des transactions courantes ;
– augmenter le niveau global des prix, car non seulement le prix de ces produits destinés aux consommateurs augmente, mais en plus certains de ces produits sont achetés par des entreprises européennes qui en ont besoin dans leur processus de production (matières premières…), et qui ensuite répercutent cette hausse dans leurs propres prix de vente. Cela va donc non seulement réduire le pouvoir d'achat des consommateurs européens, mais en plus diminuer les gains en terme de compétitivité-prix pour les entreprises européennes concernées.

L'importance de la compétitivité structurelle

L'impact globalement positif ou négatif d'une dépréciation va dépendre de plusieurs facteurs. On peut citer en particulier l'importance de la compétitivité structurelle pour les produits échangés. En effet, tous les raisonnements présentés reposent sur l'idée qu'une diminution des prix à l'exportation entraîne un accroissement de la demande se portant sur ces produits. Or, si les consommateurs sont avant tout influencés par la qualité du produit, son *design*, son image de marque, son aspect innovateur, etc., une réduction des prix ne se traduira pas automatiquement par une augmentation de la demande.

DÉPRÉCIATION ET SOLDE DE LA BALANCE DES TRANSACTIONS COURANTES

La théorie de la courbe en J

• Cette théorie cherche à montrer que, sous certaines conditions, une dépréciation de la valeur d'une monnaie (dans le cadre d'un système à changes flexibles) ou une dévaluation (dans le cadre d'un système à changes fixes) détériore immédiatement le solde de la balance des transactions courantes, avant de l'améliorer quelques mois à un an plus tard, comme le montre la représentation graphique suivante :

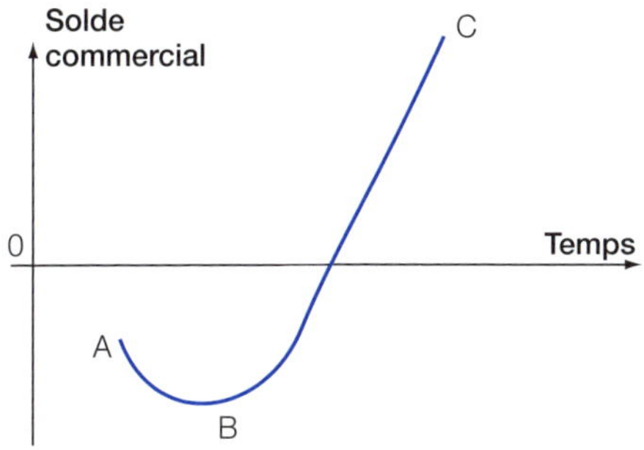

• Dans un premier temps, les conséquences de la dépréciation de la monnaie sur l'activité économique sont négatives parce qu'il existe un effet d'inertie chez les consommateurs, qui ne changent pas immédiatement leurs habitudes de consommation suite à une variation des prix. Par conséquent, à court terme, la diminution des prix des produits exportés n'entraîne pas d'accroissement des exportations, de même que l'augmentation du prix des produits importés n'entraîne pas la diminution des importations. Mais comme ces derniers coûtent à présent plus chers, le solde de la balance des transactions courantes se dégrade (on passe du point A au point B).

• Dans un deuxième temps, après que les habitudes de consommation se soient transformées suite à l'évolution des prix relatifs, et que les producteurs nationaux aient adapté leur production à cette nouvelle demande anticipée en proposant des produits se substituant aux produits étrangers, le solde de la balance des transactions courantes repart à la hausse (point B à C).

Les limites de la courbe en J

• Cette théorie n'est valable que si la condition de Marshall-Lerner, encore *appelée théorème des élasticités critiques*, est réalisée, c'est-à-dire que si la somme des élasticités prix de l'offre d'exportation et de sa demande d'importation d'un pays est supérieure à 1 :

$$\frac{\Delta D_e}{\Delta P_e} + \frac{\Delta D_i}{\Delta P_i} > 1$$

avec D_e : demande du produit exporté ; P_e : prix du produit exporté ; D_i : demande du produit importé ; P_i : prix du produit importé.

• En effet, si l'élasticité prix des produits exportés et celle des produits importés sont élevées, alors les aspects positifs sur l'activité économique d'une dépréciation de la valeur de la monnaie vont l'emporter sur les aspects négatifs, et vice versa.

• De plus, cette théorie n'est valable que dans le cadre d'un régime de changes fixes. En effet, dans un régime de *changes flexibles purs* (où les marchés financiers sont parfaits), une évolution de la valeur de la monnaie n'a aucune incidence sur l'activité économique, étant donné que l'impact négatif d'une dépréciation de la valeur de la monnaie nationale sur les prix nationaux compense exactement l'impact positif en terme de compétitivité prix, de telle sorte que le niveau des exportations et des importations reste identique avant et après la dépréciation. Cependant, dans la réalité, on ne se trouve jamais dans cette situation, et l'on peut donc, sous certaines conditions, élargir la théorie de la courbe en J à l'étude de situation de changes flexibles « imparfaits ».

La construction européenne

La construction de l'Union européenne s'est faite de manière progressive. Son objectif était de créer une zone de libre échange économique et un ensemble politique stable pour garantir la paix. Jusqu'à aujourd'hui, les principales réalisations ont été d'ordre économique, l'union politique étant plus complexe à réaliser.

Les principales étapes de la construction européenne

La construction européenne trouve son origine dans la volonté, au lendemain de la Seconde Guerre mondiale, de promouvoir la paix en Europe. Cette construction s'est faite en quatre grandes étapes :
– 1951 : l'Allemagne, la Belgique, la France, l'Italie, le Luxembourg et les Pays-Bas signent le Traité de Paris instituant la Communauté du charbon et de l'acier (CECA).
– 1957 : le 25 mars, ces six pays signent le Traité de Rome créant la Communauté économique européenne (CEE). Ce traité prévoit la mise en place à terme d'un Marché commun entre les pays membres de la communauté, c'est-à-dire d'une zone de libre circulation des biens, des services, des capitaux et des hommes.
– 1986 : signature de l'Acte unique européen, qui fixe l'ouverture du Marché unique au 1er janvier 1993.
– 1992 : signature du Traité de Maastricht, qui pose les fondements de l'Union économique et monétaire (UEM), et de la création d'une future monnaie unique, l'euro.

Les grandes réalisations

Les principales avancées réalisées depuis la création de la communauté européenne sont :
– la suppression des droits de douane entre les pays membres ;
– la suppression partielle des barrières physiques (suppression totale entre les treize pays membres de l'espace Schengen) ;
– la mise en place de la Politique Agricole Commune (PAC), afin de soutenir financièrement les agriculteurs européens face à la concurrence des agriculteurs des pays tiers ;
– une harmonisation partielle des législations dans un certain nombre de domaines ;
– la mise en place d'une monnaie unique pour douze États membres ;
– la mise en commun au niveau européen d'un certain nombre de compétences, telles que la politique commerciale, la politique monétaire, le contrôle des règles de concurrence…

Les avantages et contraintes d'un marché unique

La mise en place du *marché commun* a eu plusieurs avantages :
– accroître la concurrence, et donc offrir un plus grand choix aux consommateurs ;
– réaliser des économies d'échelles (voir p. 26) suite à l'accroissement de la taille du marché ;
– permettre une croissance économique forte : grâce au libre-échange, les pays européens devraient, en suivant la théorie ricardienne (voir p. 138), gagner en efficacité, et il devrait s'en suivre une homogénéisation des situations des différents pays.
Dans le même temps, ce marché commun, en créant de nouvelles interdépendances entre les pays membres, réduit l'autonomie de leurs politiques nationales, et donc en partie leur souveraineté. Les politiques économiques de relance keynésiennes butent ainsi sur la contrainte extérieure.

L'ÉLARGISSEMENT DE L'UNION EUROPÉENNE

Historique de l'élargissement

1951 **1957**	Six pays forment la Communauté européenne du charbon et de l'acier (CECA) : République fédérale d'Allemagne (RFA), France, Belgique, Italie, Luxembourg et Pays-Bas. Ces six pays formeront en 1957 la CEE.
1973	Adhésion du Royaume-Uni, de l'Irlande et du Danemark (Europe à 9)
1981	Adhésion de la Grèce (Europe des 10)
1986	Adhésion de l'Espagne et du Portugal (Europe des 12)
1995	Adhésion de l'Autriche, de la Finlande et de la Suède (Europe des 15)
2004	Adhésion de Chypre, Malte, Estonie, Hongrie, Lettonie, Lituanie, Pologne, République tchèque, Slovaquie, Slovénie (Europe à 25)
2007	Adhésion de la Roumanie et de la Bulgarie (Europe à 27)
2013	Adhésion de la Croatie (Europe à 28)

Le calendrier actuel

- Le cinquième élargissement, réalisé en 2004, est celui qui a vu le plus grand nombre de nouveaux pays intégrer l'Union européenne.
- Le 31 mars 1998, les négociations d'adhésion ont démarré avec les six pays les mieux préparés : Chypre, Estonie, Hongrie, Pologne, République tchèque et Slovénie. Puis, le 15 février 2000, six autres pays ont suivi : la Bulgarie, la Lettonie, la Lituanie, Malte, la Roumanie et la Slovaquie.
- Les chefs d'États ou de gouvernement ont décidé, lors du Conseil européen de Copenhague de décembre 2002, que Chypre, la République tchèque, l'Estonie, la Hongrie, la Lettonie, la Lituanie, Malte, la Pologne, la République slovaque et la Slovénie respectaient les critères pour entrer dans l'UE. Ils leur ont alors proposé d'intégrer l'Union 1er mai 2004.
- Le traité d'adhésion de la Bulgarie et de la Roumanie à l'Union européenne n'a lui été signé que le 25 avril 2005. Leur adhésion a été effective le 1er janvier 2007.
- Aujourd'hui, cinq pays sont officiellement candidats. Les négociations d'adhésion avec la Turquie ont été lancées en octobre 2005, mais les pourparlers s'annoncent longs et complexes. En juin 2010, les négociations d'adhésion ont été ouvertes avec l'Islande. Par ailleurs, l'Union européenne a accepté la demande d'adhésion de l'ancienne République yougoslave de Macédoine, sans pour autant fixer de date pour l'ouverture des négociations, ainsi que celle du Monténégro, candidat en décembre 2010. La Serbie, quant à elle, a obtenu le statut de candidat à l'Union européenne, le 1er mars 2012.

Le processus d'adhésion

- Les pays qui souhaitent adhérer à l'Union européenne doivent être des États européens, et respecter les principes de l'article 6 du traité sur l'UE : liberté, démocratie et respect des droits de l'homme et des libertés fondamentales, ainsi que de l'État de droit. Ils doivent également satisfaire aux critères de Copenhague :

– maintenir des institutions stables ;
– avoir une économie de marché ouverte et concurrentielle ;
– souscrire aux objectifs de l'Union politique, économique et monétaire.

Enfin, ils doivent intégrer l'acquis juridique communautaire, c'est-à-dire l'ensemble des principes, des règles et des objectifs qui fondent l'UE.

Page rédigée à partir de *Source d'Europe*, site Internet pédagogique de l'Union européenne.

L'Europe monétaire

Après l'intégration économique (libre circulation des biens et des services), et avant une hypothétique intégration sociale (convergence des systèmes sociaux), les États membres de l'Union européenne ont cherché à poser les bases d'une coopération monétaire, qui a été à l'origine de la création d'une monnaie européenne, l'euro.

De Bretton Woods au SME

– L'instauration de principes de fonctionnement monétaires communs aux États membres de la Communauté économique européenne (CEE) a été motivée par la fin du système monétaire de Bretton Woods et par l'abandon du système de changes fixes (voir p. 146) décrété en 1971 par le président américain R. Nixon. La convergence des économies européennes s'est alors trouvée remise en cause par la fluctuation libre des monnaies.

– En 1972, les accords de Bâle mettent en place le serpent monétaire européen. Ce système fonctionne selon le principe suivant : le « tunnel » oblige les monnaies européennes à ne pas s'écarter de plus de 2,25 % de leur parité fixe avec le dollar. À l'intérieur de ce tunnel, les monnaies européennes entre elles doivent respecter un écart maximum de ± 2,25 % par rapport à leurs parités fixes (le « serpent »).

– Les résultats du serpent monétaire ne furent pas ceux escomptés, pour plusieurs raisons : crise pétrolière de 1973, appréciation du deutschemark par rapport au dollar et nombreuses entrées et sorties des monnaies européennes du système cambiaire. Cet échec du serpent européen n'a pas entraîné l'abandon d'une coopération monétaire en Europe. Celle-ci a réellement repris en 1979, avec la mise en place du *Système monétaire européen* (SME). Son objectif initial était d'instaurer la stabilité des monnaies et des taux de change en Europe et à plus long terme, la stabilité des prix et une plus grande convergence des politiques économiques. Plus précisément, il s'agissait d'empêcher la pratique des *dévaluations compétitives*, consistant pour un pays à réduire volontairement la parité de sa monnaie afin de gagner en compétitivité-prix.

Du SME à l'UEM

Le SME reposait sur un certain nombre de principes.

– Le retour à un système de changes fixes : les monnaies des pays participants étaient échangeables entre elles grâce à des cours pivots. Chaque monnaie avait un cours défini par rapport à une unité de compte commune, l'ECU (*european currency unit*) et pouvait fluctuer par rapport aux autres monnaies de ± 2,25 % (marge élargie à ± 15 % après la crise de 1993).

– La création de l'ECU : l'ECU était une monnaie composée des devises des pays membres, chaque devise étant pondérée en fonction du poids économique de chaque pays. Les cours pivots étaient ajustables entre eux puisque les parités pouvaient être modifiées selon l'évolution économique des pays. Ainsi, entre 1981 et 1986, le cours du franc a été révisé cinq fois.

– L'obligation pour les Banques centrales européennes d'intervenir sur le marché des changes quand les monnaies s'écartaient de leur cours pivot pour rétablir les parités.

Depuis l'entrée en vigueur de l'UEM (01/01/1999), l'euro a remplacé l'ECU sur la base d'un pour un. Le principe de fonctionnement et de définition de l'euro est quasi identique à celui de l'ECU. En 2014, dix-huit pays forment la zone euro : l'Allemagne, l'Autriche, la Belgique, Chypre, l'Espagne, l'Estonie, la Finlande, l'Irlande, l'Italie, la France, la Grèce, la Lettonie, le Luxembourg, Malte, les Pays-Bas, le Portugal, la Slovaquie et la Slovénie.

BILAN ET PROLONGEMENTS DU SME

Les réussites du SME

Si le SME a connu un certain nombre de crises, il a aussi permis quelques réussites, dont les plus probantes sont :

– une relative *stabilité des taux de change* des monnaies européennes entre elles malgré des ajustements relativement fréquents des cours pivots de certaines monnaies, alors même que durant la même période, les autres monnaies du SMI ont connu des variations parfois très fortes ;

– une *convergence des taux d'intérêt* chez les pays membres du SME, ce qui a contribué à favoriser l'émergence d'un marché financier européen permettant une meilleure allocation des ressources financières au sein de l'espace économique européen ;

– une *convergence et une diminution du taux d'inflation* au sein de l'Union. Les politiques monétaires menées en Europe ont atteint leur objectif prioritaire de lutte contre la hausse des prix.

La réduction du différentiel d'inflation France/Allemagne

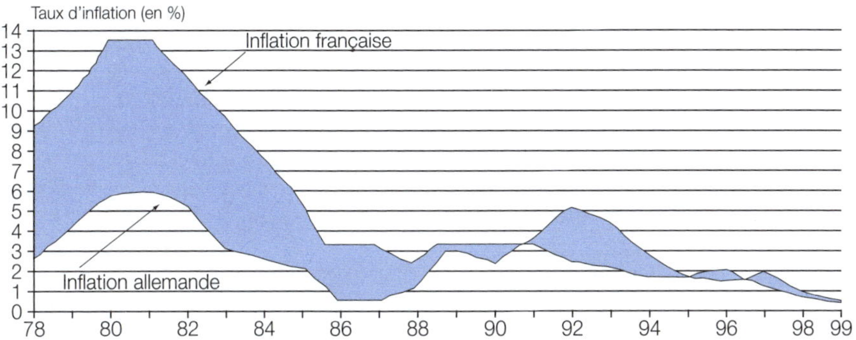

Source : *L'économie au concours des grandes écoles*, éditions Nathan, 2000.

L'Union économique et monétaire

Puisque, grâce au SME, les monnaies nationales des pays membres fluctuaient peu, le passage à des parités irrévocables est apparu souhaitable. Au marché unique correspondrait alors une monnaie unique, l'euro, dont la création a été réalisée suite à la ratification en 1992 du traité de Maastricht, qui fixe le cadre juridique et l'échéancier de l'Union économique et monétaire (UEM).

• Première étape, s'achevant en décembre 1993 : achèvement du marché intérieur, comportant en particulier la libération totale des mouvements de capitaux et des services, condition de la constitution d'un espace financier unique.

• Deuxième étape (1er janvier 1994-30 juin 1998) : création de l'Institut monétaire européen (IME), qui a piloté le SME et veillé au respect par les pays membres des critères convergence (voir p. 131).

• Troisième étape : création d'un Système européen des banques centrales (SEBC) et d'une Banque centrale européenne (BCE) (voir p. 68), installée à Francfort, qui a tenu sa première réunion en juin 1998. Cette phase s'est achevée par l'introduction de l'euro le 1er janvier 1999.

Le SME bis

• Les pays de l'Union européenne n'ayant pas intégré la zone euro peuvent participer à un « SME bis », qui est un sas d'entrée dans l'Union économique et monétaire.

• Les principes de SME-bis sont les suivants :

– l'adhésion à ce système n'est pas obligatoire ;

– le mécanisme est fondé sur des cours pivots définis par rapport à l'euro ;

– les marges de fluctuation sont relativement larges (± 15 %) de manière à éviter la spéculation.

Les conséquences de l'euro

L'euro est officiellement entré en vigueur le 1er janvier 1999, mais les premières pièces et billets ne sont entrés en circulation qu'en janvier 2002. Les conséquences de sa mise en place sont théoriquement positives. La réalité est un peu plus nuancée.

Les avantages économiques théoriques de l'euro

L'adoption d'une monnaie unique doit en théorie relancer la croissance économique pour différentes raisons.

– La disparition des commissions de change lors du passage dans un autre pays de la zone euro doit avoir un impact positif sur le tourisme, et réduire les coûts de production des entreprises qui achetaient une partie de leur matériel dans d'autres pays de la zone euro.

– La disparition de l'incertitude pesant sur les changes permet aux entreprises de ne plus subir les fluctuations financières liées aux variations de la valeur des monnaies.

– L'accroissement de la concurrence est conséquente d'une comparaison des prix facilitée. Cela doit normalement entraîner une pression à la baisse sur les prix, et permettre une plus grande liberté de choix pour les consommateurs. Cette baisse des prix doit relancer la compétitivité-prix des produits européens ainsi que la consommation, ce qui est source de croissance économique.

– Une tendance à la baisse des taux directeurs de la banque centrale (voir p. 116), car une monnaie unique est plus forte qu'un ensemble de monnaies séparées sur les marchés internationaux. Or, cette détente sur les taux d'intérêt est théoriquement source d'une augmentation de l'investissement, et donc de la croissance.

Des avantages économiques à relativiser

– Certains de ces points sont cependant à nuancer. Ainsi, la Banque centrale européenne, qui est l'organisme indépendant des pouvoirs politiques chargé de veiller à la mise en place de la politique monétaire commune, a, depuis la mise en place de l'euro, maintenu une politique de taux directeurs plus élevés que ceux pratiqués aux États-Unis par la Réserve fédérale. Or, cette politique monétaire restrictive, si elle a donné les résultats attendus en matière de lutte contre l'inflation, a contribué à comprimer la demande (voir p. 117), ce qui est un frein à la croissance économique.

– De même, l'accroissement supposé de la concurrence n'a pas forcément eu lieu, car les habitudes (et les possibilités concrètes de consommation) restent fortement nationales.

– Enfin, la baisse des prix attendue est restée en partie lettre morte ; au contraire, dans certains pays, le passage de la monnaie nationale à l'euro a entraîné des arrondis de prix à la hausse.

Des avantages politiques

L'adoption de l'euro avait aussi pour objectif de renforcer le sentiment d'appartenance des Européens à l'Union européenne, au-delà de leur sentiment d'appartenance nationale. Ce sentiment communautaire accru devrait être la base de la prolongation d'un des objectifs majeurs à la source de la constitution de l'Union européenne : la promotion de la paix entre les peuples européens.

COMMENT INTÉGRER LA ZONE EURO ?

Les préalables à la candidature

• Pour pouvoir intégrer la zone euro, un pays doit déjà appartenir à l'Union européenne, et donc avoir conformé sa législation à un certain nombre de règles.

• Être membre de l'UE ne suffit cependant pas. Dans un premier temps, les politiques économiques des États candidats sont soumises à un certain nombre de procédures de surveillance multilatérale, afin de s'assurer qu'elles sont compatibles avec celles des autres membres (en particulier, elles ne doivent pas être inflationnistes).

• Les pays désireux de se doter de l'euro comme monnaie doivent faire acte de candidature pour être admis dans l'UEM. Ensuite, ils doivent intégrer pendant une période d'au moins deux ans le mécanisme de change européen ou « SME bis » (voir p. 153).

Les critères à respecter

• Les pays candidats doivent ensuite respecter cinq critères économiques (les critères de convergence) l'année précédant l'examen de leur candidature, tel que stipulé dans le traité de Maastricht de 1992 :

– un déficit public limité à 3 % du PIB ;
– une dette publique inférieure à 60 % du PIB ;
– un taux d'inflation qui ne soit pas supérieur de plus de 1,5 point au taux d'inflation moyen des trois pays membres de l'Union ayant les taux d'inflation les plus faibles ;
– des taux d'intérêt nominaux à long terme qui n'excèdent pas de plus de 2 points les taux d'intérêt moyen des trois pays membres de l'Union ayant les taux d'intérêt les plus faibles ;
– avoir connu une stabilité de la monnaie par rapport au « SME bis » pendant au moins deux années consécutives.

• L'une des grandes critiques faites à ces critères est qu'ils négligeraient totalement certains aspects économiques et sociaux essentiels, tels que des taux de chômage et de pauvreté faibles, ou une croissance économique forte… En fait, ces critères sont liés à l'objectif alloué : construire une zone monétaire commune. Or, l'existence de cette zone induit nécessairement une certaine discipline budgétaire et monétaire de ses membres, sans quoi les plus vertueux (ceux ayant des déficits et une inflation faibles) payeraient pour les politiques plus laxistes des autres États. Par contre, le fait que certains pays connaissent des taux de chômage ou de pauvreté élevés n'a pas a priori d'incidence directe sur la situation des autres pays de la zone…

Des critères… à géométrie variable ?

En mai 1998, onze des pays souhaitant participer à la monnaie unique sont retenus au regard des critères de convergence fixés dans le traité de Maastricht. La Grèce, qui ne respectait pas deux des critères de convergence en 1998, rejoindra la zone euro le 1er janvier 2001.
Cependant, en 1998, seuls trois pays membres (la France, le Luxembourg et la Finlande) respectaient l'ensemble des cinq critères. Les autres avaient un ratio dette publique/PIB supérieur à 60 % du PIB… Par conséquent, il a été décidé que les pays ne respectant pas ce critère, mais réalisant des efforts pour y parvenir à terme, seraient malgré tout acceptés.

Et après ?

Une fois entrés dans la zone euro, les critères relatifs à la stabilité de la monnaie et au taux d'intérêt n'ont plus de sens (les taux d'intérêt étant déterminés par la BCE, voir p. 116). Les trois autres critères restent à respecter sous peine de sanctions pouvant aller jusqu'à l'amende. Par l'intermédiaire du Pacte de stabilité et de croissance, les pays de la zone euro se sont malgré tout engagés à terme à viser un équilibre de leurs budgets publics… même si certains pays, comme la France et l'Allemagne, en semblent actuellement éloignés.

Index

A

B

C

D

L

M

N

O

P

Q

R

S

T

U

V

W

Z

Édition : Angélique Brézillon, Sara Wlodarczyk
Maquette de couverture : Vincent Rioult
Maquette intérieure : T. Méléard / K. Fleury
Photocomposition – Photogravure : Axiome
Impression & brochage : SEPEC - France
N° d'éditeur : 10221499 - **N° d'impression :** 06601160724 - **Dépôt légal :** Août 2016